中传学者文库编委会

主　任： 廖祥忠　张树庭

副主任： 蔺海波　李　众　刘守训　李新军　王　晖
　　　　　杨　懿　柴剑平

成　员（按姓氏笔画排序）：

王廷信	王栋晗	王晓红	王　雷	文春英
龙小农	付　龙	叶　龙	刘东建	刘剑波
任孟山	李怀亮	李　舒	张绍华	张　晶
张根兴	张毓强	林卫国	郑　月	金　炜
金雪涛	周建新	庞　亮	赵新利	徐红梅
贾秀清	高晓虹	隋　岩	喻　梅	熊澄宇

中传学者文库
1954-2024

主编／柴剑平
执行主编／龙小农　副主编／张毓强　周建新

政治传播与文明传播

白文刚自选集

白文刚 著

中国传媒大学出版社
·北京·

图书在版编目（CIP）数据

政治传播与文明传播：白文刚自选集 / 白文刚著 . -- 北京：中国传媒大学出版社，2024.8.

（中传学者文库 / 柴剑平主编）.

ISBN 978-7-5657-3716-9

Ⅰ . D60-53

中国国家版本馆 CIP 数据核字第 2024HZ7213 号

政治传播与文明传播：白文刚自选集
ZHENGZHI CHUANBO YU WENMING CHUANBO: BAI WENGANG ZIXUANJI

著　　者	白文刚
责任编辑	沈　悦
封面设计	锋尚设计
责任印制	李志鹏
出版发行	中国传媒大学出版社
社　　址	北京市朝阳区定福庄东街 1 号　　邮　编　100024
电　　话	86-10-65450528　65450532　　传　真　65779405
网　　址	http://cucp.cuc.edu.cn
经　　销	全国新华书店
印　　刷	北京中科印刷有限公司
开　　本	710mm×1000mm　1/16
印　　张	15.25
字　　数	226 千字
版　　次	2024 年 8 月第 1 版
印　　次	2024 年 8 月第 1 次印刷
书　　号	ISBN 978-7-5657-3716-9/D・3716　　定　价　76.00 元

本社法律顾问：北京嘉润律师事务所　郭建平

总 序

媒介是人类社会交流和传播的基本工具。从口语时代到印刷时代，再经电子时代至今天的数智时代，媒介形态加速演变、融合程度深入发展，媒介已然成为现代社会运行的基础设施和操作系统。今天，人类已经迈入媒介社会，万物皆媒、人人皆媒，无媒介不社会、无传播不治理。今天，无论我们怎么用力于信息传播的研究、怎么重视信息传播人才的培养都不为过。

中国传媒大学（其前身为北京广播学院）作为新中国第一所信息传播类院校，自1954年创建伊始，即与媒介形态演变合律同拍、与国家发展同频共振，努力探索中国特色信息传播人才培养模式、构建中国信息传播类学科自主知识体系，执信息传播人才培养之牛耳、发信息传播研究之先声，被誉为"中国广播电视及传媒人才摇篮""信息传播领域知名学府"。

追溯中传肇始发轫之起源、瞩望中传砥砺跨越之未来，可谓创业维艰而其命维新。昔日中传因广播而起，因电视而兴，因网络而盛，今天和未来必乘风破浪、蓄势而上，因人工智能而强。在这期间，每一种媒介兴起，中传均吸引一批志于学、问于道、勤于术的

学者汇聚于此，切磋学术、传道授业，立时代之潮头，回应社会需求，成为学界翘楚、行业中坚，遂有今日中传学术研究之森然气象，已历七秩而弦歌不断，将传百世亦风华正茂。

自新时代以来，中传坚守为党育人、为国育才初心，励精图治、勉力前行，秉承"系统治理、创新图强、交叉融合、特色发展"的办学理念，牢牢把握高等教育发展大势、传媒业态发展趋势，瞄准"智能传媒"和"国际一流"两大主攻方向，以世界为坐标、以未来为向度，完成了全面布局和系统升级，正在蹄疾步稳、高质量推动学校从传统高等教育向未来高等教育跨越、从传统传媒教育向智能传媒教育跨越、从国内一流向世界一流跨越，全力建设中国特色、世界一流传媒大学。

中国特色、世界一流，在于有大先生扎根中国大地，汇聚古今、融通中外；在于有大先生执教黉门，学高为师、身正为范；在于有大先生躬耕杏坛，敦品积学、启智润心。习近平总书记更强调，高校教师要立志成为大先生，在教书育人和科研创新上不断创造新业绩。中传广大教师素来以做大先生为毕生职志，努力成为新时代"经师"与"人师"的统一者，做真学问、立高品行，践履"立德树人"使命。

2024岁在甲辰，欣逢中传建校70华诞，学校特邀约部分学者钩玄勒要、增删批阅，遴选已公开刊发的论文汇编成集，出版"中传学者文库"，意在呈现学校在学科建设、科学研究、服务行业实践等方面的最新成果，赓续中传文脉，谱写时代新声。

文库汇聚老中青三代学者，资深学者渊渟岳峙、阐幽抉微；中年学者沉潜蓄势、厚积薄发；青年学者踌躇满志、未来可期。文库与五十周年校庆所出版的"北广学者文库"相承接，大致可勾勒中传知识生产薪火相传、三代辉映之概貌，反映中传在构建中国特色新闻传播类、传媒艺术类、传媒技术类学科体系、学术体系和话语体系方面的耕耘与收获，窥见中国特色信息传播类学科知识体系构建的发展脉络与轨迹。

这一构建过程，虽筚路蓝缕，却步履铿锵；虽垦荒拓野，亦四方辐辏。一批肇始于中传，交叉融合、具有中国特色的学科，如播音主持艺术学、广播电视艺术学、传媒艺术学、数字媒体艺术学、政治传播学等，从涓涓细流汇入滔滔江河，从中传走向全国，展现了中传学者构建中国自主知识体系的学术想象力和创新力。文库展示的虽然是历史，实则是呈现今天；看似是总结过去，实则是召唤未来。与其说这套文库的出版，是对既有学术成果的展示，毋宁说是对未来学术创新的邀约。

回首过往，七秩芳华。我们深知，唯有将马克思主义基本原理与中华优秀传统文化相结合，才能推动中华学术创造性转化和创新性发展，推动中国自主知识体系的构建。我们深知，唯有准确把握媒介形态演变的脉动、深刻认知媒介形态变革所产生的影响，才能推动中国信息传播类学科自主知识体系的构建与时俱进。

展望未来，星辰大海。我们深知，以人工智能为代表的产业和科技革命正迅疾而来，媒介生态正在加速重构，教育形态正在全面重塑，大学之使命与价值正在被重新定义；我们深知，唯有"胸怀国之大者"、面向世界科技前沿、面向经济主战场、面向国家重大需求，才能确保中传始终屹立于中国乃至世界传媒教育发展之潮头。

如何应对人工智能带来的深刻变革，对中传而言是一场要么"冲顶"、要么"灭顶"的"兴亡之战"。我们坚信，不管前方是雄关漫道，还是荆棘满途，唯有勇敢直面"教育强国，中传何为？"这一核

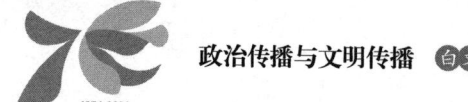

心命题,奋力书写"智能传媒教育,中传师生有为!"的精彩答卷,才能化危为机,奋力开创人工智能时代中传智能传媒教育新纪元。

功不唐捐,芳华七秩;风帆正举,赓续创新。

是为序。

第十四届全国政协委员,中国传媒大学党委书记、教授、博士生导师

序：在传播与历史的相互激荡中求索

中国传媒大学是我国信息传播研究和人才培养的旗舰，在相关领域名家云集。70周年校庆意义重大，是学校实现"三个跨越"，建成"中国特色世界一流传媒大学"的重要节点。能在这样的一个重要时刻被遴选为"中传学者文库"供稿作者，以学术作品的形式参与校庆活动，对我而言是出乎意料的，也是莫大的荣幸和最好的鞭策。

本书选择的十余篇习作，涉及政治传播和文明传播两个领域。前者主要是对中国历史上相关传播实践的考察和理论思考，后者则是从文明传播这一独特视角对当代中国对外传播重大问题的一些初步思考。所选文章主题比较多元，时间跨度也比较大，具体的观点和内容，读者可以在阅读中了解。在本书的序言部分，我想简单介绍一下这些文章的研究旨趣。

本书的"政治传播理论探索""合法性与形象建构""言论空间与舆论治理"三个部分，主要聚焦于对中国古代政治传播的研究。

作为一项社会科学的研究，我对中国古代政治传播的研究起初沿袭了学界的主流做法，即借鉴政治传播的学术视野和相关理论，对中国历史上的相关现象进行描述和分析。如果再进一步，那就是寻求对当代的经验启示。在2014年出版的《中国古代政治传播研究》的"导论"部分，我开宗明义地指出："本书的主旨是自觉地以

政治传播的学科意识对中国古代政治统治中的重要政治传播现象展开比较系统的初步研究，力求比较全面地展现其面向、揭示其特点，并在此基础上总结中国古代政治传播的现代启示，努力为中国特色政治传播理论体系的建立提供历史资源，为中国当代的政治传播实践提供经验借鉴。"（白文刚.中国古代政治传播研究[M].北京：中国传媒大学出版社，2014:1.）本书所选的一些早期的论文，也遵循了这一思路。

后来，认识到中国古代政治传播研究还应该有更上一层的研究旨趣，即为具有一般性意义的政治传播理论的形成提供经验及至理论启示。道理也很简单，从广义的政治传播概念，即把政治传播理解为政治信息的流动来看——忽略中国这样一个历史悠久、特色鲜明、在古代有高度成熟的政治文明的国家的经验，仅仅基于西方实践经验的政治传播理论显然很难说是科学和完备的。不仅如此，历史特有的完结性和长时段还有可能为我们思考社会科学提供独特的营养元素——这是仅仅聚焦于现代社会所没有的。基于这些考虑，在研究中，我也努力做了一些尝试。当然，这种尝试还是初步的、零散的，特别是缺乏对中国古代相关思想的发掘——这不能不说是一个巨大的遗憾，有待后来弥补。

本书的"文明传播与话语创新""中国共产党与文明传播"属于对文明传播，即以文明为区分单位的人类社会信息交流问题的探讨。

拓展到文明传播研究，是一个极其偶然的原因。但一旦进入这一领域，我就被深深地吸引了。一是因为它是一个几乎没有学者研究的领域，包括西方学者；二是因为从这一独特视野出发，原本"无解"的一些政治或国际传播问题，忽然变得豁然明朗，至少是提供了一种全新的理解；三是它不但拓展了传播学研究的视域，将其提升到对文明与文明之间信息交流的探讨，而且使传播学能够与历史学、社会学、政治学一样加入对人类社会最大区分单位——文明的探讨中来。这是理论层面的意义。从实践层面的意义来看，世界百年未有之大变局的不断演进和正在日益复兴的中国——一个被视为文明的国家，展现出的文明对话、文明互鉴的积极意愿，也需要从文明传播的理论视野展开理论思考。或许从文明传播的视野出发，才能更好地理解中国如何平视西方。这些理论兴趣，当然也是开展文明传播的旨趣所在。

需要说明的是，作为一个几乎全新的研究领域，对文明传播的探讨还非常缺乏成熟的理论作指导。本书选择的几篇文章，也都偏重于应用层面而非理论层面的探索。但不论从理论层面还是实践层面思考，文明传播无疑都应该引起学界更广泛的重视。因为至少对政治传播、国际传播、跨文化传播而言，文明传播恐怕是更为基础和本质的传播活动，而复兴的中国要真正实现与世界的文明对话，恐怕也需要提升到文明层次来审视。

回顾十多年的研究历程，不论是对中国古代政治传播的研究，还是对文明传播的研究，其最初的思路都是从传播的视角考察历史，但在这种对历史的考察中，历史由于其独具的长时段、完结性等特征，往往能够有效地加深我们对传播本身的理解，帮助我们通过历史来思考传播。正是这种传播与历史的相互激荡，帮助我们不断加深了对历史和传播的认识。如果说本书所选文章的研究有什么方法特色的话，这大概是最为突出的。

我想进一步说明的是，所谓传播与历史的激荡，并非仅仅是基于历史对传播现象和理论的重新认识，通过传播来认识历史也是题中应有之义。最典型的例子，在从传播，特别是文明传播视野观察历史的过程中，很容易发现长久以来基于所谓传统—现代模式的研究对中国历史的偏见和误读。简单来说，就是自新文化运动以来，研究者深受西方话语的影响，将中国从根本上描绘为"封建专制"的社会，然后在此基础上做所谓"科学研究"，还美其名曰"价值中立"。殊不知这样的研究，直接从根本上否定了中华文明历史上最辉煌灿烂的成就——政治文明。一个抽取了自身最核心内核的文明，谈何自信？

当然，并不因为我们是中国人，就要为中国的历史和现实辩护，而是从文明传播的视角来看，今天流行的评价其实是近代以来西学东渐、西方话语占据绝对优势的历史产物，并非对历史的客观评价，可惜却被作为真理、定论"客观化""知识化"了。而这种"客观的知识"，从某种意义上来说不过是西方话语的俘虏。所以，本书收录的文章中，多有为传统中国和现代中国辩护的部分。传统中国和现代中国当然不是不可以批评，这种批评的空间确实还需要进一步拓展——这也是我们应该努力的方向——但我觉得首先要做的是为其"正名"。否则，有些批评看上去非常尖锐，但可能是非常廉价的，因为其标准和方向是错误的。我们只有在真正认识中国的前提下，才有可能提出更好的批评。而要真正认识中国，首先必须保持文明平等的心态，秉持文明交流互鉴、交替演进的长时段大历史视野来思考问题。在多文明同时共存，迫切需要推进文明平等对话的今天，这种文明平等的文明自觉心态，显得尤为重要。

最后需要说明的是，本书收录的文章都是公开发表的，有些文章还被《新华文摘》、人大复印报刊资料等刊物、报纸和网站转载。作者非常感谢初发刊物，也感谢转载刊物和平台。相关刊载信息，都在文中一一标明了。

白文刚
2024 年 3 月

目　录

政治传播理论探索

政治传播在中国古代政治中的地位与作用 …………………………… 003
从中国古代实践看制约政治传播效果的政治因素 …………………… 012
政治传播中话语战胜的内在机理
　　——清前期正统性辩护话语策略的理论启示 ……………………… 021
简论中国古代核心价值观传播的经验启示 …………………………… 034
政治传播的历史向度
　　——中国古代政治传播研究的回眸与省思 ………………………… 044
论制约当代中国政治传播能力的政治文化因素 ……………………… 063

合法性与形象建构

符命神话与中国古代王朝的天命建构
　　——基于政治传播视角的考察 ……………………………………… 075
受命仪式与中国古代王朝的天命建构 ………………………………… 084
中国古代对外政治传播与"天朝形象"塑造
　　——以明、清两朝为中心 …………………………………………… 095

言论空间与舆论治理

逆向舆论与左宗棠收复新疆 ··· 113
论孙中山的宣传思想 ·· 123

文明传播与话语创新

文明传播中的受众动机与传播效果 ·· 139
美国的"衰落焦虑"与中国对美传播的话语创新 ······················ 153
文明传播视野中的"中国模式"与"中国故事" ······················ 170
文明史视域下的"增强中华文明传播力影响力" ······················ 191

中国共产党与文明传播

中国共产党对世界文明的贡献 ··· 199
从文明史视野理解中国共产党百年奋斗的伟大意义 ·················· 206
讲好中国共产党故事的文明传播视野 ····································· 218

后　记 ··· 228

政治传播理论探索

政治传播在中国古代政治中的地位与作用*

政治传播在中国古代政治中扮演了非常重要的角色,是中国古代政治文明的重要组成部分。不过由于政治传播的术语和理论源于现代西方的政治实践,目前学界对中国古代政治传播的实践和理论还缺乏系统的研究。鉴于此,本文简要阐明政治传播在古代中国政治中的重要地位与作用,以期激发学界对其开展深入研究的兴趣与信心。

一、王朝的合法性建构离不开政治传播

合法性是任何一个政权得以和平维持统治秩序、开展有效治理的基本条件之一。古代中国的合法性一词是以"天命"来表示的。任何一个王朝或君王的统治,要获得臣民的认同,都必须表明自身是天命所归。这是其具有合法性的根本依据。如周武王伐纣推翻商朝之后,即声称周是"膺更大命,革殷,受天明命"(《史记·周本纪》),极力阐明周获得天下是顺应天命所为。

当然,正如学者所言:"很少有与生俱来的合法性政权,合法性政权都是经过或长或短的合法化过程而实现的。"① 古代中国也是如此。由于新王朝的建立有种种不同的背景与方式,王朝的天命并非在政权建立之后马上获得认同,必须通过精心地建构与长期不懈地宣扬才能得到广泛的认可。这种天命的建

---

* 本文首载于《哈尔滨工业大学学报(社会科学版)》2013 年第 2 期,人大复印报刊资料《新闻与传播》2013 年第 6 期全文转载,《新华文摘》2013 年第 14 期论点摘编。
① 杨光斌. 政治学的基础理论与重大问题 [M]. 北京:中国人民大学出版社,2011:167.

构与宣扬活动本身就是一种政治传播行为。正史中有关于这种天命塑造行为的记载，表明这种政治传播活动在王朝政治中的重要性。

自周代商之后，古代中国就形成了"皇天无亲，惟德是辅；民心无常，惟惠之怀"（《尚书·周书·蔡仲之命》）的政治观念。帝王欲得到臣民的合法性认同，不仅要表明王朝的建立是顺应天命，而且要不断地展示自己的圣德，表明自己是以德配天的真命天子，否则就会有失去天命与民众认同的危险。因此，持续建构帝王仁德爱民的形象也是古代中国王朝政治传播的重要任务之一。需要指出的是，各朝继任之君的合法性虽然来自世袭，好像可以依照韦伯（Max Weber）所说的"传统的统治"（Traditional Authority）获得合法性，但事实上他们依然需要不断表明自己仁德爱民，具有"上天所要求的（经典上确定的）'德性'的魅力"。① 这种德性的展示也是通过一系列特定的政治传播来完成的。在展示圣德的同时，君王还需要依靠以礼仪为中心的媒介来塑造与传播自己的威严，建构以自己为中心的权力体系。德威并用才是一个符合天命的天子形象。

王朝的统治不仅需要臣民对其统治权力的认可，还需要臣民对其政治行为的认可。如果君王的政治行为得不到臣民的认可，其统治的政治合法性就会遭到质疑，严重的会导致政权被推翻。周厉王的恐怖弭谤、秦始皇的焚书坑儒、王莽的复古改革等行为，皆因得不到臣民的认可而动摇了其政治统治的基础。鉴于此，明智之君非常重视争取臣民对其政治行为的认可，这种争取是通过特定的政治传播活动来获得的。最典型的是征伐他国时的政治动员，如夏启征伐不服其统治的有扈氏，就作《甘誓》，声言"有扈氏威侮五行，怠弃三正，天用剿绝其命"（《尚书·甘誓》），为自己的战争行为寻找合法性。后世所谓师出有名，其实就是强调征伐行为的正当性。

概言之，构成王朝合法性的天命、帝王圣德与威严并具的形象以及政治行为的正当性，都需要特定的政治传播活动来完成。可以说，没有政治传播，古代王朝的合法性就无法建立与维系。

---

① 韦伯. 经济与社会：上卷［M］. 林荣远，译. 北京：商务印书馆，1998：270.

二、王朝的政治文化传承离不开政治传播

政治文化概念的创立者阿尔蒙德（Gabriel A. Almond），将政治文化定义为"一个民族在特定时期流行的一套政治态度、信仰和感情"①。它是影响政治体系的重要因素，任何一个政治体系要维持其合法性并顺利运转，都离不开其成员在政治文化上的认同。古代中国也不例外。不仅如此，古代中国社会在政治文化方面具有令人瞩目的高度一致性，儒家的政治伦理是两千多年中国社会普遍认同的政治文化，也是各王朝建构自身合法性的意识形态基础。英国学者芬纳（Samuel E. Fine）在其享有盛誉的《统治史》(*The History of Government*)一书中感叹说："它（中国）的政治制度、社会结构与主流的社会价值体系相辅相成，这是自从早期的美索不达米亚和埃及政府以后从来没有过的，特别在西方更不曾出现过。"②显然，这种政治制度、社会结构与价值体系紧密耦合的状况是与古代中国政治伦理的水平和政治文化的成功传承有密切关系的。

政治文化的传承需要特定的政治传播活动，即政治社会化。学者们对政治社会化有不同的定义，但总体来看是指政治体系对社会成员开展政治教育与社会成员通过学习获得政治知识、形成政治意识与信仰的过程。由于政治社会化的对象一般是青少年，所以相对于前文所述王朝合法性建构的共时性行为，我们将其视为合法性建构的历时性行为。因为只有政治文化在一代又一代的共同体成员中传承，政治统治的合法性才能延续。

古代中国与政治社会化对应的术语是"教化"。有学者指出，所谓教化就是古代中国统治者通过学校教育等途径，将儒家政治伦理文化灌输给社会一般成员，使其接受或认同符合统治者根本利益的理念和观念，自觉成为忠臣、

---

① 阿尔蒙德，鲍威尔.比较政治学：体系、过程和政策[M].曹沛霖，郑世平，公婷，等译.北京：东方出版社，2007：26.
② 芬纳.古代的王权和帝国：从苏美尔到罗马[G]//统治史：卷一.马百亮，王震，译.上海：华东师范大学出版社，2010：289.

孝子的过程。① 简言之，教化就是儒家政治文化的传播过程。

为了确保"教化"这种政治传播活动的成功，古代中国在长期的历史发展中建构了以学校为中心的政治教化体系。作为政治教化的主要载体，从上古三代到帝制结束，除极个别的短暂时期外，学校一直延续，不断发展，成为古代中国最主要的意识形态国家机器。《礼记》说："建国君民，教学为先"，"化民成俗，其必由学"。（《礼记·学记》）其可谓是对古代中国学校功能的精准概括。学校之外，官吏、绅士、宗族、乡约分别成为不同的教化载体，使教化的范围扩展到几乎每一个帝国臣民。此外，国家还系统地利用政治录用以及表彰忠孝、节烈等活动来规劝民众自觉地接受政治教化。正因为建立了如此完备的教化体系，古代中国的政治文化才能不断传承、延续，古代中国的政治体制才能获得长久的支持与稳定。

需要指出的是，古代中国的教化与政治文化认同的努力并非仅仅致力于维持统治秩序，而是有更高远的目标，即使人民具有"美善之品性与行为"②。所以，孔子认为国家对民众要承担"富之""教之"（《论语·子路》）的责任。作为四书之首的《大学》也开宗明义地说："大学之道，在明明德，在亲民，在止于至善。"（朱熹《大学章句集注》）其后才谈修身、齐家、治国、平天下等一套理念与方法。

三、王朝的政治运转离不开政治传播

政治系统顺利运转的一个基本条件是有效的政治传播，特别是对于地域广阔的国家来说，这一点尤为重要，正如伊尼斯（Harold Adams Innis）所说："辽阔领土的治理，在很大程度上依赖有效的传播。"③古代中国就是一个广土众民的大帝国，因此，政治传播在古代中国的政治运转中占有极其重要的地

---

① 葛荃.教化之道：传统中国的政治社会化路径析论［G］//江荣海.传统的拷问：中国传统政治文化的现代化研究.北京：北京大学出版社，2012：290.
② 萧公权.中国政治思想史［M］.北京：新星出版社，2005：44.
③ 伊尼斯.帝国与传播［M］.何道宽，译.北京：中国人民大学出版社，2003：5.

位。当然，此处所说的政治传播更多的是从政治系统的信息流动与处理着眼，与以劝服和追求认可为目的的政治传播有一定的差异。

基于这类政治传播在古代中国政治运转中的重要性，目前有关古代中国政治传播的研究多从这个角度着手，对其种类与效果开展探讨。代表性的如孙旭培认为朝廷决策传播、下情上达与监察信息的传播是古代中国政治传播最具特色的环节①。潘祥辉则以秦汉为例，重点探讨了官僚科层制与政治传播的内在关联，认为古代中国的官僚科层制与信息扭曲之间存在着无法克服的悖论困境②。

事实上，古代统治者早已深刻认识到了政治信息对于政治运转的重要性，明智之君都注意从多种渠道搜集、掌控重要信息，并竭力确保相关信息能够依照统治的需要在政治系统中准确快速地传播。《国语·周语》有"故天子听政，使公卿至于列士献诗，瞽献曲，史献书，师箴，瞍赋，矇诵，百工谏，庶人传语，近臣尽规，亲戚补察，瞽、史教诲，耆、艾修之，而后王斟酌焉，是以事行而不悖"的言论，表明至少在西周时期，天子在决策时已经形成了系统地从多方面听取信息的制度。在之后的两千多年历史中，具体制度虽有变迁，但君主积极通过多种方式搜集、掌控各种信息来服务于决策与控制的政治统治的思路却一直延续下来。

从提高传播效率与加强信息掌控的目的出发，古代中国从媒介技术与制度建设两个方面都作出了卓有成效的努力。文字的统一与简化、纵横交错的驰道的建设、遍布全国的驿站的设立，其主要目的之一就是通过技术改进来提高信息传播的效率，尤其值得一提的是造纸术与印刷术。作为公认的对世界文明发展具有重要贡献的媒介技术发明，与其说它们的发明提升了传播效率，还不如说它们根本就是政治传播需要的产物。从某种程度上来说，这两项伟大发明在中国诞生是有其历史必然性的。依据伊尼斯的理论，轻巧而便于运输的媒介适合信息在空间中横向传播。③因此，地域辽阔的中华帝国内在

---

① 孙旭培. 华夏传播论：中国传统文化中的传播 [M]. 北京：人民出版社，1997：225.
② 潘祥辉. 官僚科层制与秦汉帝国的政治传播 [J]. 社会科学论坛，2010，21：148-157.
③ 伊尼斯. 帝国与传播 [M]. 何道宽，译. 北京：中国人民大学出版社，2003：5.

地需要发明造纸术与印刷术以提高政治传播效率，维系自身的统治。

除不断提高媒介技术外，古代中国还不断通过制度建设来提高政治传播效率，强化对政治信息的掌控与处置。以清朝为例，在信息输入环节，其在明朝题本制度的基础上，发展出了奏折制度；在输出环节，则相应地在明发上谕的基础上发展出了密谕与廷寄制度。信息的分类传递提高了朝廷搜集与掌控、处置政治信息的效率。

古代中国王朝虽然高度重视信息传播的速度与准确性，但是由于庞大而复杂的官僚科层制，"政治传播中的信息歪曲与失真不可避免"①。尤其是在王朝衰败时期，由于官僚体系的腐败，信息更加难以及时地传播，很多王朝的覆灭往往伴随着政治传播体系的崩溃。这从一个侧面证明了政治传播对于王朝运转与维持统治的重要意义。

四、王朝的天朝形象与地位建构离不开政治传播

天下是古代中国最大和最高的政治单位。中国帝王在理论上统治整个世界，是真正意义上的"世界政府"②。但在具体统治实践中，中国帝王并不能真正统治全世界，除能直接派官员巡视行政管辖的疆域外，中国朝廷还需要通过塑造所谓天朝形象来建构以中国王朝为中心的世界秩序体系。这种塑造与建构需要通过特定的对外政治传播活动来完成。当然，古代中国的对外政治传播，是对与中国所对应的"四夷"的传播。

首先，新王朝在成立之初，会遣使到知识与能力所及的"四夷"之地，向其国王或首领宣告消息，宣扬新朝取代旧朝的合理性与新朝帝王足堪荣膺天命的圣德，寻求其认同与朝贡。例如明朝成立之初，朱元璋即派使节四处诏谕元亡明兴的消息，宣扬自己"兴举义兵，攘除乱略"（《明太祖实录》卷五十三）的伟大功绩，要求"四方万国顺附"（《明史·爪哇传》），建立以明朝为中心的朝贡体系。明成祖即位后，又派郑和率领当时世界上最先进最庞

---

① 潘祥辉.官僚科层制与秦汉帝国的政治传播[J].社会科学论坛，2010，21：148–157.
② 赵汀阳.天下体系：世界制度哲学导论[M].南京：江苏教育出版社，2005：42.

大的船队出使西洋,"耀兵异域,示中国富强"(《明史·郑和传》),传播中华文明于海外,大大增加了朝贡国的数量。

其次,在朝贡关系建立之后,中国王朝特别注意在朝贡活动中借助多种媒介开展政治传播活动,展示天朝德威与文明,建构以天朝帝王为中心的天下秩序体系。其一,中国朝廷会依靠制度与礼仪有效主导朝贡活动的每一个环节。各国的贡期、贡品、表文格式、入境中国的口岸、到达京城的路线以及整个朝贡过程的礼仪,都必须依照中国的规定。在觐见中国皇帝时,朝贡者必须依照中国对其政治角色的理解被安排在具有明确政治寓意的适当位置参与朝会,并要向中国皇帝行著名的三跪九叩大礼。这种规训式的政治传播,主要目的就是展示中国统治者的威严,建构中国王朝与朝贡者的君臣关系。其二,在完成对朝贡者的规训之后,中国君王会通过颁发谕旨、赏赐礼物等方式展示其怀柔远人的圣德,塑造自身德威并用的天子形象。其三,除了外国来朝之外,中国朝廷还对关系密切的藩国实行制度性的册封活动。在册封活动中,中国朝廷常常派遣专使前赴藩国,这样做的目的不但在于明确建构、复制与强化中国与被册封国之间的权力关系,而且也是为了有机会让藩国臣民直接目睹与感受德威并用的天朝形象。

古代中国天朝形象的塑造与天朝地位的建构相当成功。朝贡体系得到长期的发展与维系,一些朝代出现了非常忠诚的藩国。作为中国文明标志的政治伦理、礼仪制度也被一些朝贡国虔诚地学习、践行。这种成功是对外政治传播的成功。

五、王朝的更迭离不开政治传播

王朝更迭是古代中国政治文明的特征与内在要求。前文已经指出,维护王朝统治并不是古代中国政治的最高目标,养民、教民,使民众具有美善之品行才是政治的最终目的。如果一个王朝腐败暴虐,丧失了其养民、教民的职能,就需要被推翻。《左传》言:"民之所欲,天必从之。"《尚书》言:"抚我则后,虐我则仇。"儒家前有孟子,后有黄宗羲,皆明确主张暴虐之君应该被毫不留情地推翻。正是基于这一基本认识，王朝更迭才有了其理论上的合法性与内在的动力。

但是，推翻旧有政权必须组织力量，而要组织力量就要制造舆论，开展社会动员。英国哲学家罗素（Bertrand Arthur William Russell）认为："舆论是万能的，其他一切权力形态皆导源于舆论。"① 古代中国人也认识到舆论的重要作用，尤其在反叛旧王朝的政治活动中，无不重视制造与传播舆论，争取社会力量的支持。

早在商汤伐桀之时，汤就发布《汤誓》，历数夏桀之暴虐，号召诸侯辅助他"致天之罚"。在周武王伐纣之时，武王也发布《泰誓》，指责商纣王"弗敬上天，降灾下民"，宣称自己是奉天伐罪，要求诸侯民众听从自己的命令，武力推翻商朝。自此之后，不论是农民起义，还是权臣夺位，往往都要通过制造舆论，寻求广泛的社会支持。例如陈胜、吴广先是通过鱼腹丹书、篝火狐鸣制造神迹，接着又在杀死秦尉之后斥秦暴政，提出"王侯将相宁有种乎"（《史记·陈涉世家》）的口号，从而发动了大泽乡反秦起义。王莽代汉之前则"折节力行，以要名誉"（《汉书·王莽传》），在堕落腐败的西汉政权中独树一帜，以至于全国吏民有四十八万七千五百一十二人上书要求其受禅代汉②。可见政治传播的重要性。

纵观中国数千年历史，更迭王朝之历史无不伴有舆论制造之行为。这种舆论制造是一种以动员社会为目的的政治传播。这种政治传播与其他以维护政治统治为目标的政治传播活动一起构成了古代中国政治文明的政治传播体系，维系和推动了古代中国政治文明的演进。

综上所述，政治传播在中国古代政治的各个环节都扮演了重要角色、发挥了重要作用，在中国古代政治文明中占有重要地位。政治传播的概念虽起源于现代西方，但其实践遍布古今中外的人类历史。各国政治既有共性，也有个性。同样，各国的政治传播也是既有共性，也有个性，必须将其置于特

---

① 罗素.权力论：新社会分析［M］.吴友三，译.北京：商务印书馆，1991：97.
② 钱穆.国史大纲：上册［M］.北京：中华书局，1996：152.

定国家的政治历史环境中才能被深刻理解。因此,中国有理由也有必要建构具有中国特色、中国风格、中国气派的政治传播理论。而丰富的中国古代政治传播实践无疑能为这种理论的建构,乃至当代中国的政治传播实践提供有益的借鉴,应当受到高度重视。

从中国古代实践看制约政治传播效果的政治因素*

提升政治传播能力、改善政治传播效果是当前中国政治传播学界关注的焦点问题。值得注意的是，虽然已经有学者敏锐地提出了在政治传播中"政治统摄传播"的论断①，但目前学界更多的还是着眼于从改进传播策略、手段、技术、话语等层面来思考问题，对政治在政治传播中的制约性影响缺乏深入的探讨。中国古代的政治传播实践以丰富的案例充分揭示了政治传播中政治对于传播效果的影响，对我们认识这一问题有重要的启示。总结、提炼这种启示，不仅有利于我们更全面地认识影响政治传播效果的因素，而且能帮助我们更全面、准确地把握提升当代中国政治传播能力的着力点。建构政治合法性、沟通政治信息、塑造国家形象是政治传播的三个主要功能，也是当代中国政治传播面临的重大挑战，所以本文对相关问题的论述也围绕这三个主题展开。

一、建构政治合法性的传播活动离不开社会共享的政治文化

政治合法性是一个政权建立与维持政治秩序的基础。但是，对绝大多数

---

* 本文原载于《青海社会科学》2015年第4期。人大复印报刊资料《新闻与传播》2015年第11期全文转载。

① 荆学民. 政治传播活动论 [M]. 北京：中国社会科学出版社，2014：18.

政权而言，政治合法性并不是与生俱来的，它需要精心建构，而要建构合法性就离不开广泛的政治传播活动。从中国古代政治传播的实践来看，紧紧依托社会普遍认同的政治文化开展政治传播活动是取得良好成效的重要经验。首先，合法性议题的设定要以社会公认的政治文化为基础。设置议题是开展政治传播活动的首要环节，因为成功的议题设置能够有效地引导受众关注的焦点并进而影响其态度，从而有利于统治者的合法性论证。纵览中国古代数千年以建构王朝政治合法性为目的的政治传播活动，帝王的天命、圣德与王朝的正统性是历朝构建政治合法性议题中最核心的三大议题。在这三个议题中，从传说中的三皇五帝一直到明、清两朝，帝王的天命、圣德是贯穿始终的，而从三国魏晋开始，正统性也成为重要的核心议题之一，尤其对于少数民族建立的中原政权而言，后者更是必须辩护的主题。究其原因，这三个议题是中国历史上具有悠久传统的、普遍而根深蒂固的政治文化与社会信仰的核心观念。这种悠久不是对我们今天而言悠久，而是对中国古人而言就非常悠久，是其重要性不再受到任何质疑的元议题。因此任何政权，只要能获得臣民对其在上述三个因素方面的认同，就能比较成功地建构其自身的政治合法性。正因为如此，历代王朝以建构政治合法性为目标的政治传播活动才毫无例外地一再重复论证和宣扬这三项议题。

其次，政治符号的选择要充分考虑社会共享的政治文化。政治符号是建构合法性过程中运用的重要媒介，主要是"通过其象征意义对人们产生影响"①。在中国古代建构王朝合法性的政治传播活动中，频繁地运用了大量的政治符号，充分利用了这一重要媒介所特有的象征功能来为核心议题的论证服务。如为了构建新建王朝的天命，历代新朝的建立者普遍运用了包括帝王神话、异象神话、谶纬神话等各种符命政治神话，并频繁操演了劝进、禅让、改制等各种政治仪式；而符瑞神话与祭祀、封禅等仪式则是帝王塑造自身圣德常用的政治神话与政治仪式。这些政治符号在中国古代的政权更迭与统治

---

① 胡国胜. 政治符号：概念、特征与功能 [J]. 深圳大学学报（人文社会科学版），2013，2：72.

中被统治者频繁运用，显示其具有良好的传播效果。而之所以能取得这种效果，与这些政治符号的创制建立在当时中国的政治文化与社会信仰基础之上有密不可分的联系。在中国古代的政治文化中，人们普遍相信各类符命现象是天命的昭示，劝进等各类政治仪式是建立王朝合法性的基本程序，而众多的符瑞现象与封禅等仪式，则反映了帝王具有足以感动上天的圣德的标志。正因为知道基于普遍的政治文化与社会信仰，臣民对这些政治符号的寓意具有高度一致的认识，中国古代统治者才热衷于频繁运用这些政治符号来制造政治认同。

再次，理想的政治修辞要植根于深厚的政治文化之中。政治合法性的建构，离不开通过政治语言进行论证，因此也就离不开政治修辞活动。亚里士多德认为成功的修辞技巧要从逻辑推理、说话者的人格品质与受众情绪三个层面入手考虑。中国古代政治传播实践则启示我们，上述三个层面对修辞技巧的思考，必须植根于具体的政治文化环境之中。因为对说话者人格品质的判断、受众的情绪乃至逻辑推理，都与特定的政治文化背景有密切的关系。中国历史上有大量杰出的论证政治合法性的政治文书，这些文书的共同特点除文辞优美之外，就是其论证的展开均紧紧依托于当时的政治文化。如雍正面对清朝在论证合法性时种族身份的困境，竭力从儒家学说出发，强调天命、圣德对种族地域而言在建构合法性时至高无上的重要性，并且把满人与汉人的差别视为地域而非种族差异，大大弱化了种族身份对其合法性建构的影响。曾国藩在《讨粤匪檄》中高举维护孔孟的旗帜，更是成功拨动了大批汉族文人学士的心绪，使其积极加入了帮助清政府镇压太平天国的阵营。

最后，成功的政治社会化要以成熟的政治文化为前提。政治社会化的实质是政治文化的代际传承。对一个政治体系而言，实现政治文化的代际传承，是维护其合法性认同的重要条件，如果政治文化不能传承，其合法性认同就面临着难以延续的威胁。中国古代有的王朝能够延续数百年，关键的一个因素是其政治社会化比较成功，即政治文化能够比较顺利地实现代际传承。之所以出现这种状态，一个根本的原因是中国古代具有成熟的政治文化。这一建立在儒学意识形态基础上的政治文化，不仅核心价值观非常明确，体系非常完备，而且得到了社会各阶层的普遍认同，深刻地影响了中国古代政治社会生活的方方面面。正是基于全社会，尤其是士大夫阶层对这一政治文化的推崇，中国古代才形成了国家与社会协力合作的政治文化传播体系，才产生了丰富的政治文化传播媒介，才创造了全社会普遍践行政治文化核心价值观的理想局面，并最终实现了政治文化的顺利传承。

二、良好的政治传播效果有赖于宽松的政治言论环境

现代政治传播研究在讨论传播效果时，常常会从传播的主体、媒介、策略乃至体制等方面进行探讨。中国古代的政治传播实践则告诉我们，除了这些原因之外，政治言论环境的宽松与否也是影响政治传播效果的重要因素。尤其是对中央集权官僚制国家而言，创造并保持宽松的政治言论环境对确保政治传播的效果尤为重要。①

作为世界最成熟的古代政治文明之一，中国古代的政治传播实践也达到了古代官僚制帝国的先进水平。辉煌成就的取得，除了中国历代王朝依托官僚体系建立起来的相对完备的信息传播体系，并不断改进传播技术、完善具体传播制度外②，一个关键的原因是，相比于其他古代帝国，中国古代王朝虽然有"焚书坑儒""文字狱"等用高压暴力手段钳制言论的黑暗时刻，但作为世界古代史上最成熟的中央集权官僚制国家，总体而言保持了相对宽松的政治言论环境。

从制度层面来看，谏诤制度在历代王朝的存在与发展是中国古代政治言论环境整体较为宽松的重要标志。谏诤制度是中国古代存在的一种主要以给帝王提批评意见为目的的政治传播制度。在世界古代政治史中，尤其是在世界古代著名的大帝国中，只有中国有如此成熟且长期延续的谏诤制度。

---

① 用宽松而非自由界定言论环境，不仅是从理论上来说自由的言论环境当然是宽松的，而宽松的言论环境未必已经达到了自由的程度，而且从我们研究的实践对象以及我们的启示的适用性所希望涉及的范围——整个人类文明史而言，用宽松显然比自由更合适。
② 白文刚.中国古代政治传播研究[M].北京：中国社会科学出版社，2014：185-223.

《荀子·臣道》篇说:"君有过谋过事,将危国家、殒社稷之惧也,大臣父兄有能进言于君,用则可,不用则去,谓之谏;有能进言于君,用则可,不用则死,谓之争。"①这里的"争"与"诤"通义。从这句话可以看出,谏与诤都是针对君主有过错的决策或行为做出批评,而且要求君主接受。

为了鼓励谏诤,不仅专司谏诤之职的谏官组成结构在两汉、唐、宋等朝不断得到调整和优化,而且谏诤形式也日趋丰富,最终形成了由讽谏、顺谏、规谏、致谏、直谏五种形式构成的谏诤体系。需要说明的是,设置专职谏官只是鼓励或保障言论的一种制度性举措,事实上,可以给帝王提批评意见的并不止于谏官,而谏官批评的对象也不仅限于帝王本人。相关的典型事例,在史籍中比比皆是。

从实践层面来看,中国历史上的杰出帝王大多致力于创造比较宽松的政治言论环境。鼓励臣民进谏,营造宽松的言论环境是中国上古三代盛世及其圣君光辉形象的重要组成部分之一。《淮南子·主术训》描绘了这种盛况:"古者天子听朝,公卿正谏,博士诵诗,瞽箴师诵,庶人传语,史书其过,宰彻其膳。犹以为未足也,故尧置敢谏之鼓,舜立诽谤之木,汤有司直之人,武王立戒慎之鞀,过若豪氂,而既已备之也。"②

同样,秦汉以来,已经建立了中央集权官僚体制的历朝开明君主,几乎无一例外地重视创造宽松的言论环境,鼓励臣民积极进谏。创立文景之治、贞观之治等盛世的汉景帝、汉文帝、唐太宗乃至女皇武则天以及宋代帝王群体,均可以被视为保持宽松言论环境帝王的代表。他们不仅体现了接受批评的雅量,还采取各种措施积极创造臣民批评政治的宽松环境。如汉文帝就下令废除了秦汉以来的诽谤、妖言之法,认为其"使众臣不敢尽情,而上无由闻过失也"③;唐太宗刻意包容进谏者的各种激烈批评的言辞;武则天设置铜匦鼓励臣民进谏;而宋代帝王则有"不得杀士大夫及上书言事人"的家法。

必须指出,相对于这些杰出的开明帝王而言,一般帝王统治时期,王朝

---

① 王先谦.荀子集解[M].北京:中华书局,1988:250.
② 刘文典.淮南鸿烈集解[M].北京:中华书局,1989:310.
③ 班固.汉书[M].北京:中华书局,1962:118.

的政治言论空间的宽松程度可能要打折扣，但除了一些特殊的黑暗时期，显然不会是一下就到了完全没有言论空间的地步。

从文化层面来看，受中国政治文明的理想及长期的制度设置与实践影响，中国古代形成了倡导舆论宽松、反对言论压制的政治文化。在历史上，凡是压制言论的君王都受到严厉的批评，这会成为其不可洗刷的污点之一，如"监谤"的周厉王、焚书坑儒的秦始皇，以及后世兴文字狱的帝王。反过来，广开言路往往是臣民给帝王进谏时提的重要建议，而且在历史上也出现了众多敢于直言进谏，甚至不惜以生命为代价犯颜直谏的著名官员，他们被视为忠臣而被后世历代称颂。这样一种传统到了宋代更是发展到了高峰，此时的士大夫已经不满足于犯颜直谏，而是发展出了"以天下为己任"、与皇帝"同治天下"的自觉而强烈的政治意识。这样一种政治文化，只能在相对宽松的言论环境中产生和发展起来，反过来，它又促进了宽松言论环境的形成和维系。

综上所论，中国古代王朝总体上的确创造和维持了在古代帝国而言比较宽松的政治言论环境。尤其是在杰出帝王统治时期以及王朝处于上升和盛世阶段，言论环境更为宽松。我们当然可以从精神层面寻找杰出帝王们致力于创造与维护宽松言论环境的动因，但更根本的原因，恐怕是中央集权官僚制这种制度特性，决定了要维持良好的政治统治，内在地要求必须尽力创造与维持相对宽松的言论环境。否则，政治信息既难以畅通传播，国家统治也会随之出现问题。

究其原因，中国古代的政治信息传播机制是依附于中央集权官僚制度本身的单一、垄断的信息传播机制。受这种机制的制约，其政治传播即使仅从政治信息的传递来看，也不可避免地存在着信息的"扭曲与失真"，存在着"效率低下"与"欺上瞒下"等现象。[①] 而且在这样一种制度框架内，人们难以从制度设计上根本解决这一困境。更何况，政治传播显然还不仅仅是这些所谓客观信息的传播，即使在中国古代，对现实政治问题，乃至对最高统治

---

① 潘祥辉. 官僚科层制与秦汉帝国的政治传播[J]. 社会科学论坛，2010，3：156.

者错误的批评也是政治传播的题中应有之义。但是，官僚政治的实质是"政府权力全把握于官僚手中，官僚有权侵夺普通公民的自由"①。而中央集权的官僚政治，更是权力不仅集中于官僚，而且尤其集中于最高统治者，在中国古代，这个最高统治者就是皇帝。在这样一个缺乏现代自由、缺乏法律保障被统治者言论权利的体制中，统治者又不得不为了维持统治秩序而听取臣民的批评意见，客观上要求统治者必须尽量创造宽松的言论环境，才能激发臣民的言论热情。一旦统治者运用暴力打压臣民的言论，就会出现万马齐喑的局面，而这样的局面又会导致统治的衰败和崩溃。秦的迅速灭亡，东汉与明后期的衰败与统治的最终崩溃，都与对臣民言论的打击有内在的、不可分割的联系。

当代中国政治虽然不论其性质还是面临的环境都与古代中国的截然不同，不过依然具有中央集权的特征，尤其是官僚主义的作风和观念在我国依然有广泛而深远的影响。历史的经验与现实的需要启示我们，当代中国需要不断拓宽法律保障的更为宽松与自由的言论环境，来为当代中国的政治传播创造良好的软环境，从而促进中国政治传播效果不断改善。

三、国家形象从根本上来说是由政治文明的特质及发展水平决定的

国家形象塑造是对外政治传播的重要目标之一，更是当前中国政治传播研究的一个热点问题。目前有关国家形象的研究多集中于传播媒介与传播策略的层面，但中国古代的相关实践则启示我们，一个国家的国家形象从根本上来说是由其政治文明特质及发展水平决定的。

首先，国家形象的建构目标从根本上来说是由一国的政治文明特质决定的。每个国家都有各自与其他国家不尽相同或完全不同的政治制度、意识形态、历史传统和政治文化，这些因素导致不同的国家体现出不同的文明特质。

---

① 王亚南.中国官僚政治研究［M］.北京：中国社会科学出版社，1981：2.

其中最直接的表现就是各自的国家定位与治国理念不同。国家定位与治国理念不同，其预期与实际呈现给外界的国家形象就不同。

中国古代王朝的国家形象建构是以其明确的国家定位与治国理念为前提的。就国家定位而言，中国古代王朝普遍信奉天下观念，认为中国是天下的中心，在整个天下世界体系中具有独一无二的"天朝上国"地位，是世界文明的中心，与中国交往的国家并不被视为与中国平等的政治体，而被视为是中国王朝的藩属之邦。中国的统治者作为天子，不仅是中国的皇帝，也是全世界的最高统治者。就治国理念而言，虽然中国有过法家主导的秦政，实际政治统治中帝王也多王、霸道杂用，但在绝大部分时间里，至少在理论上都是以儒家学说为主导。这种治国理念强调帝王的至高地位，但更要求帝王必须具有圣德，能够关爱民众、抚驭四夷，把天下治理得安宁富足，从而获得民心的拥护。

从这样的国家定位与治国理念出发，古代中国内在地需要塑造一个天子圣明、政制至善、国家富庶、万国来朝的天朝形象。适应这样的要求，中国古代在对外政治传播中主要致力于从如下三个方面塑造天朝形象：第一，至高无上，具有足堪荣膺天命之圣德的天子形象；第二，中国的礼仪制度作为文明标志的形象；第三，国泰民安、繁荣富庶的中华形象。显然，这种形象不仅是光彩夺目的，更是高高在上的。塑造这种形象的目的不是以平等的姿态与其他国家交往，而是谋求其他国家以仰慕的姿态来表达它们的遵从与臣服，建构以中国皇帝为中心的权力关系。也正是基于其国家定位与治国理念，中国古代王朝才在几千年的对外交往历史中坚持朝贡体制，坚持主导交流方式与话语权，也才建立了一种特殊而卓有成效的对外政治传播体制。简言之，由于古代中国的国家定位与治国理念是非常明确的，所以它在对外政治传播中呈现给世界的形象是非常明确的。正因为如此，与中国交往的国家可以明确地知道当时的中国是一个什么样的国家，她的文明特质是什么，是否值得与之建立朝贡体系。

其次，理想的国家形象从根本上来说是由一国政治文明的发展水平决定的。单有明确的国家定位和治国理念只能确定本国在国际上有一个清晰的国家形象，但清晰的国家形象不等于理想的国家形象，要在国际上塑造受到他国赞扬乃至尊敬的光辉的国家形象，从根本上来说取决于这个国家的政治文明是否是先进的，是否处于各国前列。

中国古代之所以能够建立起所谓"天朝形象"，能够建立与维持朝贡体制，从根本上来说是因为中国文明在当时来说处于先进地位。与近代的落后不同，在漫长的古代，中国是当时世界文明程度最高、文化最先进的政治共同体之一。不仅中国政治制度的完善以及政治理念的成熟、先进是当时与其交往的其他藩国无可比拟的，在文学、艺术、建筑乃至技术等诸方面，古代中国也都处于世界先进行列。正因为如此，中国才长期对周边民族与国家形成了强大的吸引力，吸引众多国家派人来华学习中华文化。与此同时，在对外交往中，中国朝廷在相当程度上践行了儒家政治理念，不仅在大多数情况下以仁德与和平的态度与诸国交往，而且能够较为认真地承担天朝上国的义务，甚至不惜为此付出沉重代价。明代对朝鲜抗击日本侵略的帮助就是这样的典型事例。以至于直到清朝乾隆年间，朝鲜使臣依然念念不忘明朝对朝鲜的"再造之恩"。[①] 简言之，古代中国的治国理念、治国水平处于当时先进水平，且与其对自身的国家定位相匹配，因而其形象塑造才较为成功。

需要指出的是，我们强调政治在国家形象塑造中的根本制约性作用，并不是说在国家形象塑造中可以忽视传播媒介与策略的作用。恰恰相反，中国古代王朝正是依靠丰富的媒介、精心设置的传播策略，在特定的朝贡体制中开展对外传播，成功塑造起天朝形象的。其娴熟运用传播媒介的经验、环环相扣的政治传播策略直到今天依然值得我们学习、借鉴。[②] 但一定要认识到，中国之所以能主导当时的"对外"交往模式、能主导当时的话语权，能成功建立并维持朝贡体制，从根本上来说是基于中国文明的特质及在当时的成熟性与先进性。离开这个基础来讨论当时国家形象塑造的策略与成就，就只能是舍本逐末了。

---

① 葛兆光.宅兹中国：重建有关"中国"的历史论述［M］.北京：中华书局，2011：156.
② 白文刚.中国古代对外政治传播与天朝形象塑造：以明、清为中心［A］// 全球传媒评论VIII.北京：清华大学出版社，2013.

政治传播中话语战胜的内在机理*
——清前期正统性辩护话语策略的理论启示

虽然很少被研究者提及，但不可否认的是竞争性是政治传播的本质属性之一。因为从实践来看，所谓政治传播，一般而言并非仅指单一传播主体与受众之间封闭循环的政治沟通，而往往是多元主体为争取受众认同而展开的传播竞争。甚至在只允许单一传播主体存在的极权社会，也存在受众对传播者某种无言的抵抗。在多元力量和多元意识形态并存的社会变革时期，这种竞争性体现得尤为突出。

政治传播的竞争体现在政治传播活动的各个环节，但在最前沿展开激烈博弈的则是政治话语，因为作为"语言事件或者语言的使用"[①]，话语是思想、观念、情感得以表达的第一媒介，任何政治信息的传播最终只能依靠特定的话语来完成。因此在政治传播活动中，尤其在政治传播竞争中，最终在我们眼前展开的，都是话语的较量和搏杀。从某种意义上来说，我们可以用政治传播中的白刃战来比喻话语博弈在政治传播竞争中的地位。特别是在传播的物质技术条件相似的情况下，话语的竞争更是直接决定着竞争主体政治传播效果的优劣。正是基于对话语在政治传播中地位以及当代中国在对内、对外政治传播中话语困境的深刻认知，话语研究成为当下中国政治传播研究的核

---

* 本文原载于《社会科学战线》2017年第1期，人大复印报刊资料《新闻与传播》2017年第10期全文转载。

① 利科.诠释学与人文科学：语言、行为、解释文集[M].孔明安，张剑，李西祥，译.北京：中国人民大学出版社，2012：160.

心话题之一。与西方社会科学家的话语研究主要致力于探讨语言与权力的复杂关系不同，中国社会科学家对话语的研究主要致力于现有话语的改善。对内而言，研究者希望打通官方话语与民间话语之间的壁垒，实现国家与社会的良性沟通；对外而言，研究者希望通过构建一套新的话语体系来"讲好中国故事，传播好中国声音"，为硬实力正在崛起的中国争取国际话语权和树立良好的国际形象。考虑到学者们对相关问题的探讨之多、忧虑之深，我们甚至可以说当下中国出现了相当程度的"话语焦虑"。检视现有研究成果，就对外传播而言，学者们围绕"加强话语体系建设，构建融通中外的新概念、新范畴、新表述"这一重大命题进行了深入探讨，提出了诸多新的观点和看法。① 就对内传播而言，学者们则围绕官方话语的改进这一重要命题提出了很多新建议。② 这些研究提出的新观点、新见解，有效地推进了我们对当代中国话语问题的理论认识。但是，在肯定成绩的同时，我们也必须看到，目前学界就相关问题提出的观点或者是基于理论的推演，或者是基于中国目前现状提出的应用性对策，尚缺乏充分的经验证据来做验证、修正、发展和完善。在这样的背景下，选择与当代中国话语体系面临挑战相匹配的、已经完结的重大话语事例进行剖析，无疑有益于我们更为准确和深入地把握相关理论问题。

　　清初，以少数民族身份入主中原的清王朝在合法性建构方面面临着以华夷之辨话语构建的正统观念的尖锐挑战。为了应对这一挑战，清统治者精心制订话语策略，采用大一统话语来回应挑战，经过顺治、康熙、雍正三代努力，总体上实现了王朝的话语霸权，比较理想地解决了自己的正统辩护和合法性建构问题。清的成功是多种因素综合施力的结果，当然不仅仅是话语的原因，但话语策略的成功运用无疑是重要原因之一。本文希望通过对这一案例的考察，就政治传播中话语战胜的内在机理做一些初步的探讨，以推进我们对相关问题的理论认识。

---

① 陈亦琳，李艳玲. 构建融通中外的新概念、新范畴、新表述：中国政治话语传播研讨会综述[J]. 红旗文稿，2014，1：27-29.
② 荆学民，李海涛. 论中国特色政治传播中的政治话语[J]. 青海社会科学，2014，1：1-7.

一、华夷之辨话语：清初合法性建构面临的话语挑战

中国古代新建王朝的合法性建构主要从天命、圣德和正统性三个方面着手。与前两个观念相比，正统性出现的时间比较晚，大约要到三国、魏晋时期，正统性在王朝合法性建构中的重要性才凸显出来。在之后的历史中，正统的内涵及其在王朝合法性建构中的地位在不同时期有不同的演变。发展到以种族身份来作为衡量正统与否的首要标准，并将其提升为王朝合法性建构最关键的因素，则始于南宋。华夷之辨话语是当时反映这一观念最具代表性的政治话语。在元朝之后建立的明朝在正统观念上遥承南宋，而在晚明和清初，满族入主中原这样"天崩地解"的历史剧变，更是激发了这套话语的生命力，成为明朝遗民和清朝前期反叛者挑战清王朝政治合法性的强大武器。

语词是话语形成的基础，属于关键概念的语词更是区分话语体系的基本要素，语词在话语中的重要性不在于语词本身的物质形态，而在于基于政治社会权力结构等特定历史情境对语词的解释。华夷之辨话语，正是以时人对华、夷这两个核心概念的界定及随之而来的相互关系的解释为基础而形成的。对夷的界定，在这套话语体系的构成中地位尤其重要。华、夷这两个概念在先秦时期就出现了。华，又称夏、华夏、中夏、诸夏、中国等，是主要生活于中原黄河流域、以礼仪文明为标志的族群的自我尊称。夷，常常又称为夷狄，是华夏族对其周边文化相对落后、被认为未遵循礼仪文明的族群和政权的总称。这样的概念显然有高下、优劣的区分，但值得注意的是，虽然华夏文明当时主要在中原地区，但先秦时期人们在使用这两个概念时并非基于种族与地理标准，而主要基于一种政治与文化标准，正如梁启超所言："后世之号彝狄，谓其地与其种族，《春秋》之号彝狄，谓其政俗与其行事。"[①] 正因为如此，华夷之间是可以相互转换的，关键在于是否尊奉作为华夏文明标志的

---

① 梁启超. 春秋中国彝狄辨·序[M]//饮冰室文集：第1集. 昆明：云南教育出版社，2001：135.

礼仪人伦，而非地理与种族。但是，在南宋以来兴起的基于种族主义的华夷之辨话语中，华、夷概念的界定及其相互关系和先秦时期的有了天壤之别。时人通过在对夷狄的界定中刻意歧视性地使用动物来做譬喻，使华夷之间的差别由文化的高下变成了人与禽兽的区分，从而在理论上完全否定了华、夷转换的可能性。南宋遗民郑思肖在其所著的《心史》中，即用动物譬喻夷狄，称："四裔之外，素有一种孽气，生为夷狄，如毛人国、猩猩国、狗国、女人国等，其类极异，绝非中国人之种类。"基于这样的认识，他指出如果夷人学习践行华夏的礼乐文物，是"僭行中国之事以乱大伦，是衣裳牛马而称曰人也"。① 明初大儒方孝孺也用禽兽、犬马、蛇虫等词来譬喻夷狄，声称若夷狄入主中国，就"是率天下为禽兽也"。② 明代中期著名理学家丘濬则把夷狄视为人与禽兽之间的一个物种，声称帝王负有"攘夷狄""驱猛兽"的职责，在华夷之间，"华必统夫夷，夷决不可干中国之统"。③ 黄宗羲、顾炎武、王夫之等明末清初反对清朝入主中原的著名士人，同样以禽兽的比喻来界定夷狄概念。黄宗羲声称："以中国治中国，以夷狄治夷狄，犹人不可杂之于兽，兽不可杂之于人。"④ 而王夫之则断言，如果夷狄效法华夏文化，即是"沐猴冠而为时之大妖"。⑤ 比黄宗羲等人稍晚的清代前期著名的反清思想家吕留良也"以夷狄比于禽兽"。⑥ 正是这种对华夷概念的特殊解释及在此基础上对华夷关系的界定，为华夷之辨话语的形成及流行奠定了基础。

当然，我们把当时有关正统论证的话语称为华夷之辨话语，并非仅仅因为关于华、夷区别的话语是正统论证的代表性话语，更重要的是，当时还以华夷之辨为基础改造和重构了传统的儒家意识形态话语体系，形成了华夷之辨话语统摄的主流意识形态话语体系。

---

① 郑思肖.心史·古今正统大论［M］//饶宗颐.中国史学上之正统论.北京：中华书局，2015：147.
② 方孝孺.后正统论［M］//饶宗颐：中国史学上之正统论.北京：中华书局，2015：156.
③ 丘濬.世史正纲·序［M］//饶宗颐：中国史学上之正统论.北京：中华书局，2015：206.
④ 黄宗羲.留书·史［M］//黄宗羲全集：第11册.杭州：浙江古籍出版社，2012：12.
⑤ 王夫之.读通鉴论：中册［M］.北京：中华书局，1975：386.
⑥ 雍正.大义觉迷录［M］.北京：中国城市出版社，1999：5.

依照英国学者汤普森（John B. Thompson）的看法，"所有的意识形态都是用话语形式表达出来的"。① 从实践来看，这种意识形态的话语表达，首先依靠的就是核心概念。不同的意识形态，是通过不同核心概念的逻辑排列表述出来的。某一概念在意识形态表达中的有无及位置排列，能够有效地影响受众对意识形态的理解。华夷之辨话语对传统儒家意识形态话语体系的改变，正是通过凸显华夷之辨概念在意识形态关键概念链条中的显赫位置而完成的。众所周知，纲常伦理是儒家意识形态最核心的概念，一般而言，华、夷两个概念在这套意识形态中的位置并不明显，至少不突出。但是，基于强烈的种族主义，创制华夷之辨话语的思想家不但在前述概念界定中通过将夷狄譬喻为动物来加剧了华、夷之别，而且将其提升为意识形态话语体系中最关键的概念，置于纲常伦理概念之前，构建了一套以华夷之辨话语主导的儒家意识形态。明朝思想家丘濬的《世史正纲》可谓是体现这套意识形态的典型文本。在这部书的序言中，丘濬明确指出本书的首要宗旨即"严华夷之分"，他论证说：

> 夫华夷之分，其界限在疆域。华华，夷夷，正也。华不华，夷不夷，则人类毂世，不可以不正也。君臣之义，其体统在朝廷，君君，臣臣，正也。君不君，臣不臣，则人纪隳，国不可以不正也。父子之心，其传序在世及。父父，子子，正也。父不父，子不子，则人道乖，家不可以不正也。②

由上述引言不难看出，作者将华夷之辨置于君臣、父子伦常之前，认为其关涉人与物的区分，在此基础上才能谈君臣、父子之伦常。明末清初著名思想家顾炎武则用"君臣之分，所关者在一身。夷夏之防，所系者在天下"③来表达相同的意识形态立场。余波所及，清雍正年间，受吕留良思想影响的

---

① 汤普森.意识形态理论研究［M］.郭世平，等译.北京：社会科学文献出版社，2013：10.
② 丘濬.世史正纲·序［M］//饶宗颐：中国史学上之正统论.北京：中华书局，2015：205.
③ 顾炎武.日知录：卷7 管仲不死子纠［M］.兰州：甘肃人民出版社，1997：349.

反清人士曾静，继续沿用这样的话语体系，强调华夷之辨在儒家意识形态中的至高地位，声称："华夷之分，大于君臣之伦；华之与夷乃人与物之分界，为域中第一义。"①

综上，华夷之辨话语通过对华夷这两个概念的种族主义界定，尤其通过以禽兽譬喻来对夷这个概念进行污名化界定，在华、夷之间挖了一条不可逾越的鸿沟，完全堵死了两者转换的可能性。而将华夷概念置于传统儒家意识形态话语体系的首要地位，更强化了这套话语的威力，使传统儒家意识形态染上了浓厚的种族主义色彩，从而在理论上给清王朝为自己入主中原的正统性和合法性辩护造成了似乎难以逾越的障碍。当代学者葛兆光指出："在中国历史上，可能没有哪一个王朝的覆亡会（像明朝一样——引者注）出现这么多的'遗民'，也没有哪一个王朝的更迭会引起如此激烈的文化震撼。"② 明明是一个腐朽的、对民众横征暴敛的王朝的覆亡，竟然有如此多的遗民，有如此激烈的文化震撼，显然与民众难以接受新统治者满族的身份有关，而这种对统治者身份的不认同，是与华夷之辨话语及其建构的种族主义观念的流行有密不可分关系的。

二、以"大一统"应对"华夷之辨"：清王朝正统性辩护的话语策略

早在入关之际，清统治者就清楚地意识到由华夷之辨话语造成的正统辩护困境是其在中原，尤其是江南地区建构王朝合法性的重大挑战，并开始积极予以应对。③ 而其应对的策略则是从对华、夷概念的重新解释入手，修改、重构南宋和明以来流行的儒家意识形态的核心概念链条，创制了一套既有历史传统为基础，又具有本朝特色的"大一统"政治话语。

雍正年间因"曾静案"刊发全国的奇书《大义觉迷录》，收录了雍正为清

---

① 雍正.大义觉迷录[M].北京：中国城市出版社，1999：116.
② 葛兆光.中国思想史：第2卷[M].上海：复旦大学出版社，2001：384.
③ 杨念群.何处是江南？[M].北京：生活·读书·新知三联书店，2010：232-234.

王朝正统性及本人帝位正当性辩护的大量一手资料,在为清王朝正统性辩护的语篇中,雍正充分运用了具有本朝特色的大一统话语来应对华夷之辨话语的挑战,为我们考察两种话语的博弈提供了典型的范例。前文已经阐明,华夷之辨话语的基础是通过对夷这一概念进行动物化、污名化界定,从而制造出华、夷之间不可逾越的鸿沟。与近代西方在对华交往中把夷理解为野蛮人(barbarian),并要求废弃这一名词不同,清统治者并不避讳这一概念,①而是对这一流传久远的概念做了重新界定。雍正声言:"不知本朝之为满洲,犹中国之有籍贯,舜为东夷之人,文王为西夷之人,曾何损于圣德乎?"又说:"且逆贼吕留良等,以夷狄比于禽兽,未知上天厌弃内地无有德者,方眷命我外夷为内地主。"通过这样的解读、界定,华夷之间,仅有内外地域之区别,不仅没有了几乎是人与禽兽之分的种族主义色彩,而且连文明先进、落后的区分也没有了,华不再有任何优越性,夷也不再有任何贬义色彩。依照这样的界定,由华夷之辨话语构建的华、夷之间的不可逾越的鸿沟就不复存在了。这就给清为自身的合法性辩护清除了最根本的障碍。雍正还进一步将华夷之辨概念历史化来降低其地位、削弱其影响。他指出,华夷之说,是"晋宋六朝偏安之时","自古中国一统之世,幅员不能广远"的产物,在历史上,随着天下一统局面的发展,华夷的边界和所指也在不断发生变化,如"三代以上之有苗、荆楚、狁狁,即今之湖北、湖南、山西之地也。在今日而目为夷狄可乎?"②揭示出夷狄所指随着历史发展而不断变化的事实,使华夷概念历史化,就瓦解了宋明以及清初反清人士在华夷之辨话语体系中建构起来的华夷概念所指普适化、永恒化的历史假象,这无疑会进一步大大降低华、夷概念的重要性。

在彻底解构华夷之辨话语中华、夷概念的同时,清代统治者还通过重新选择和排列儒家意识形态的核心概念,精心创制了反映符合清朝统治需要的儒家意识形态的话语体系,《大义觉迷录》对此有充分的展现。这套体系的基

---

① 刘禾.帝国的话语政治[M].北京:生活·读书·新知三联书店,2014:100.
② 雍正.大义觉迷录[M].北京:中国城市出版社,1999:2,4-5.

础是按重要性依次排序的若干核心概念，依据其特点，我们可以把表达这套意识形态的话语体系称为"大一统话语体系"，因为大一统是这套话语体系的基础。大一统的含义非常广泛，但疆域的广阔，即所谓天下一统无疑是基础。对清朝而言，尤其如此，并且也是其可资利用的优势。所以在构建大一统话语体系时，疆域的广阔和一统成为清统治者反复强调的内容。《大义觉迷录》的首篇中"统一寰宇""天下一家""天下一统""华夷一家"等词随处可见，目的是用来炫耀清朝幅员之广阔，说明"海隅日出之乡，普天率土之众，莫不知大一统之在我朝"。天下的一统，是正统性建构的重要并且历史最悠久的要素之一，并且是旨在构建王朝官方意识形态的大一统话语的物理基础，所以雍正才反复强调。正是从建基于疆域广阔基础上的大一统概念出发，雍正才能贬斥华夷之辨话语不过是"乡曲疆域之私衷浅见"，"讪谤诋讥之说耳"。①

天命与帝王之德是大一统话语体系中非常重要的两个核心概念。当然，这里的帝王之德不能简单理解为帝王的道德与品德，古代中国的"德是一个综合概念，融信仰、道德、行政、政策为一体"。② 在具体文本中常以"恩德""大德""圣德"等形式出现，来表达这种帝王之德的宏大。这里把两个概念合并讨论，是因为在实际运用中，二者也常常被联系在一起，用来证明帝王正是由于其足以感动上天的圣德而赢得了天命，而天命则是中国古代帝王建构合法性最关键的理由，几乎可以视为中国古代合法性的代名词。在《大义觉迷录》收录的上谕中，雍正熟练地运用这两个概念组合而成的话语为清王朝的合法性辩护，成功地在理论上击破了华夷之辨话语给清王朝合法性建构造成的困境。在上谕的开篇，雍正即声言："自古帝王之有天下，莫不由怀保万民，恩加四海，膺上天之眷命，协亿兆之欢心……盖德足以君天下，则天锡佑之，以为天下君，未闻不以德为感孚，而第择其为何地之人而辅之之理。"不难看出，雍正把天命和圣德作为这套话语体系的两个核心概念，矛头指向依然是华夷之辨话语强调的种族、地域观念。在将华夷解读为仅仅是

---

① 雍正．大义觉迷录［M］．北京：中国城市出版社，1999：1-2．
② 刘泽华，葛荃．中国古代政治思想史［M］．修订本．天津：南开大学出版社，2001：7．

内外地域的基础上，雍正用天命与圣德两个核心概念直接阐明了清王朝入主中原的合法性，"是为德在内近者，则大统集于内近，德在外远者，则大统集于外远"，"上天厌弃内地无有德者，方眷命我外夷为内地主"。①

当然，在这一话语体系中，纲常伦理是一个更为核心的概念，通常又被简称为伦常。伦常概念之所以地位重要，不仅就一般而言，君权至上是大一统内在含义之一，而伦常是构建君权至上权力秩序的概念框架，更是就清王朝的合法性建构而言，特别凸显纲常伦理在意识形态中的重要地位，就在理论上剥夺了反清人士运用华夷之辨话语反对清王朝统治的正当性，也即在理论上有效剥夺了反清人士的话语权。雍正显然深谙此理。在上谕中，针对华夷之辨话语用禽兽来比拟夷狄的做法，他把伦常确定为人禽区分的标志，并尤其凸显君臣之伦的核心重要性：

夫人之所以为人，而异于禽兽者，以有此伦常之理也。故五伦谓之人伦，是缺一则不可谓之人矣。君臣居五伦之首，天下有无君之人，而尚可谓之人乎？人而怀无君之心，而尚不谓之禽兽乎？尽人伦则谓人，灭天理则谓禽兽，非可因华夷而区别人禽也。且天命之以为君，而乃怀逆天之意，焉有不遭天之诛殛者乎？②

不难看出，正是依靠伦常概念，雍正完成了对华夷之辨话语的最后一击，如果说之前的概念都是这套大一统话语体系中用来为王朝的合法性辩护的，那么，对伦常概念的运用，则是转守为攻，进行了雷霆万钧的反击。因为在伦常话语中，作为臣民的反清人士挑战清王朝的言行被顺理成章地界定为违反伦常之首的君臣之伦，而依据雍正的界定，违背伦常就沦为了没有话语权的禽兽。

综上所述，面对华夷之辨话语给清王朝入主中原制造的合法性挑战，清

---

① 雍正. 大义觉迷录 [M]. 北京：中国城市出版社，1999：1，5.
② 雍正. 大义觉迷录 [M]. 北京：中国城市出版社，1999：13.

朝统治者选择了大一统话语予以反击,从历史上来看,清朝统治者的话语策略是成功的,不仅依靠这套大一统话语击破了华夷之辨话语的挑战,扫除了合法性建构的主要障碍,而且使这套话语在清代长期占据统治地位,直到晚清现代民族主义话语兴起之前,反清复明的观念和话语只能在一些底层会众社会中流行。

三、清代实践的理论思考：话语博弈的因变原则与竞争基础

本文的目的并不是像常见的历史研究那样,通过引入新的视角、概念来重新解读、理解特定历史事件,而是希望通过选择合适的历史案例来推进我们在话语问题上的相关理论认识。具体而言,就是希望依托对清初话语博弈实践的考察,以政治传播中话语战胜的内在机理为中心,与目前学界流行的关于我国政治话语建设的若干重要观点展开对话,推进我们对相关问题的理论认识。本文强调"话语战胜",是因为话语作为"意识形态的一个至关重要的物质形式"[①],作为反映并同时建构权力的媒介,直接关系到一个政权的合法性与统治。从争夺或维系合法性和权力的角度出发,话语的主体在构建自己的话语体系时,其最终目的必然是话语的战胜,即取得足以维护自身统治合法性的话语霸权,而不可能仅仅是"共振"或"融通"。强调"内在机理",表明我们的探讨聚焦于话语本身的力量及其源头,暂且不考虑传播技术的作用。因为在我看来,传播技术固然非常重要,但在政治传播中最终面对面交锋的依然只能是话语而非技术,最终能够获得受众认同因而达成战胜目标的也只能是依靠话语而非技术。特别是同一历史时期,相对而言传播技术条件是相似或者相近的,而传播的竞争自然都发生在同一历史时期,所以在政治传播中考察话语战胜的内在机理,比外在条件更重要。

结合我国学界有关政治话语建设的一些观点,围绕话语战胜的内在机理,有两个问题值得我们考虑：第一,在政治话语博弈中,关键概念的变革与因

---

① 费尔克拉夫.话语与社会变迁[M].殷晓蓉,译.北京：华夏出版社,2003：30.

循应该遵循什么原则？第二，从根本上来说，政治传播中话语竞争的实质或者说基础到底是什么？前者是讨论政治话语博弈的策略原则，后者是讨论政治话语力量的根源所在。这既是我国政治话语体系建设中必须有清醒理论认识的问题，也是目前各种观点、歧见最集中的问题。而清前期应对华夷之辨话语的策略，能给我们提供一些理论启示。

先来看第一个问题。在目前有关中国政治话语建设的讨论中，实际上存在两种截然对立的观点，一种主张尽量淡化意识形态色彩、规避意识形态纷争；另一种则主张站在语言主权的高度，全面建立中国的政治话语体系。当然，这些建议主要是针对对外政治传播提出来的。不过，前文已经指出，内外有别的策略并不能从根本上解决话语传播的困境，作为政治制度与意识形态的产物，内外话语从根本上来说是一致的。换言之，今天中国在对外传播中面临的话语困境，在对内传播中也同样存在。因为中国对外传播的话语困境主要根源于制度及与之伴随的意识形态差异，而国内的话语困境，从根本上来说也是基于不同意识形态背景的多元社会思潮。而且从政治话语传播困境的本质来说，其实都是关涉合法性辩护的困境，而不仅仅是能否接受的困境。正是基于这样的认识，我们才说清王朝当时面临的话语困境及其做法在当下确有借鉴的价值和研究的必要。那么，我们从清的实践中能得到什么启示呢？最重要的启示就是：在话语博弈中，既要精准选择博弈的关键概念，并且基于自身意识形态需要旗帜鲜明、针锋相对地争夺其解释权，在选择博弈概念时又要以必要性为原则，不宜贪多、贪全，刻意创新。我们知道，所谓华夷之辨话语是以对华和夷这两个核心概念做种族主义的界定为基础的，正是如此界定的两个概念，给清王朝的正统性论证造成了根本障碍。从历史来看，清统治者恰恰是从对这两个概念及其关系的重新解释入手展开反击，针锋相对地彻底剥离了其在华夷之辨话语体系中的浓厚的种族主义蕴含，使其成为仅仅表示内外的地域概念，从而由意识形态最核心的概念变为毫无意识形态色彩的一般语词。而在清王朝建立的大一统话语体系中，也处处指向对华夷之辨话语的驳斥，竭力消除其影响。如果说上述行为体现了针锋相对、毫不妥协的原则，那么考察这场话语博弈，我们会发现清王朝对关键概念解释权的争夺主要就是聚集于华、夷的界定，此外，几乎一切都沿用了明代及明以前中国古代社会长期使用的概念和话语，清朝所谓大一统话语的所有关键概念都是原先就流行的，它并没有重新去创立一套完全崭新的话语体系。也就是说，清王朝的话语调整是以必要性为原则的，并不追求过多的话语创新。究其原因，与具有明显特殊时代色彩的华夷之辨这样的概念不同，传统中华世界存在在当时被视为具有普遍意义的核心价值，表达这些价值的语词为历代普遍接受，被认为是儒家文明的标志。获得受众认同是政治传播中话语战胜的关键，从当时清王朝合法性建构的需要来看，作为当时社会普遍认同的政治文化的表述，这些概念不但没有消极作用，反而有益于清统治者更好地为自身辩护，所以除了坚决解构具有种族主义色彩的华夷概念，之后清王朝并没有做更多的话语变革。① 同样，当代世界也有被认为属于"没有政治冲突性"的政治文明的基本概念，② 在话语体系建设中全面挑战这些基本概念，未必是合理的选择。除此之外，清王朝在这场话语博弈中的策略还启示我们，在话语博弈中，即使关键词的争夺，也未必需要对每一个词进行重新的解释、界定，或许只要适当调整一下旧意识形态话语体系中的关键词及其排序，就能成功地将其改为新意识形态的话语体系。清王朝大一统话语体系的形成，正是通过这种调整完成的，颇有四两拨千斤的意味。

以上，我们依据清前期的历史实践概括提炼了政治传播中话语战胜的策略原则。正确的策略自然是话语战胜的重要条件，不过，还需要进一步追问，从内在机理来看，在政治传播中，决定话语博弈胜负的根本性决定因素是什么？这也就是上文提出的第二个问题。我国学界有关政治话语的研究虽然非常热烈，但基于强烈的现实关怀，在研究的着力点上多少有点偏差，具体来

---

① 或许会有人认为当时的清政权这么做是因为除了沿用这套话语，它没有别的话语可用。但从历史来看，清统治者对蒙藏等边疆少数民族地区运用的话语即与对中原的不同。这表明它在中原做这样的选择是经过深思熟虑的，并不是出于无奈。

② 荆学民教授认为："政治文明是人类各民族各国家历史悠久的政治文化中所积淀的有益于人类的积极成果。因而，政治文明的本质特征是'没有政治冲突性'。"本文对"政治文明"这个概念的运用，还是基于这样的理解。参见：荆学民.政治传播活动论［M］.北京：中国社会科学出版社，2014：115-116.

说，我们的研究过多地着力于通过话语的改进来争夺话语权，但有意无意地忽略了话语的根本性制约因素，似乎话语可以不受制约地为了传播目的而任意改变。从清前期的话语博弈来看，政治话语的竞争其实是政治观念、政治意识形态的竞争，没有相应的观念、意识形态，就没有相应的话语，因此，所谓话语战胜，从根本上来说其实是以话语为媒介的观念或者意识形态在竞争中因得到受众的广泛认同而胜出。华夷之辨话语，是基于种族主义世界观基础上的儒家政治文明；大一统话语，则是基于世界主义世界观的儒家政治文明。世界观的不同，使其对儒家文明有了不同的意识形态解读，而两种话语体系，就是这两种不同意识形态的物质呈现。在这场博弈中，大一统话语胜出的根本原因，在于它所表达的意识形态更符合当时社会主流的观念和政治文化，更能解释当时已经形成的政治权力结构。同样的大一统话语，在清前期可以战胜华夷之辨话语，在晚清则无法抵御在形式上与华夷之辨话语颇为相似的民族主义话语的冲击。这一鲜明的对比，也充分说明了话语博弈的基础其实是意识形态。认识到话语博弈的基础是意识形态，或者说话语是意识形态的表达，有利于我们更深刻地理解当代中国政治传播中话语焦虑的原因所在，也有利于我们更客观、理性地看待我国的政治话语体系建设问题。

综上所述，鉴于政治话语在政治传播中的重要地位与我国目前面临的政治话语困境，本文围绕话语战胜的内在机理这一主题，系统考察了清代前期清王朝应对华夷之辨话语的策略，并在此基础上围绕政治传播中话语战胜的策略原则与获胜的根本性决定因素探讨了这一案例的理论启示，希望以此来与我国学界有关当下中国政治话语建设的一些代表性观点进行商榷。需要指出的是，虽然我认为本文所选的案例与当代中国面临的情况有相当的相似性，但绝不否认一旦涉及具体层面，二者之间也有诸多深刻的区别。况且从理论启示的角度来看，任何一个单一的事例都有其局限性，所以相关理论的形成还有待更多的经验性研究，本研究只是希望能为相关理论的最后形成提供一个可资讨论的文本。

简论中国古代核心价值观传播的经验启示*

从中华民族伟大复兴的历史进程及中国的发展现状来看，培育和践行社会主义核心价值观是当代中国政治文明发展面临的重大历史任务之一——难以想象一个在核心价值观层面缺乏共识的民族能够自信地宣布复兴——而核心价值观的有效传播则是完成这一历史任务的重要环节。因为没有有效的传播，就谈不到真正的培育和践行。核心价值观传播是中国古代政治传播最成功的实践之一，它成功实现了核心价值观被全社会普遍认同的传播目的。因此，考察中国古代核心价值观传播并总结其经验，能够为我们当今的社会主义核心价值观传播提供有益的启迪与借鉴。目前学界围绕核心价值观培育和践行已经发表了数千篇学术论文，但对中国古代核心价值观传播问题的系统探讨却一直付诸阙如。有鉴于此，本文拟从最关键的四个方面来研讨中国古代核心价值观传播的经验启示，以求为学界更为具体、深入的研究提供讨论的基础。

一、核心价值观的成熟稳定是有效传播的前提

核心价值观的成熟与稳定是中国古代政治文明最大的特色之一，也是中国古代核心价值观传播能够取得良好效果最根本的原因。因为中国古代核心价值观完备的传播体系的建立、丰富的传播媒介的涌现，乃至政治社会生活

---

* 本文原载于《中华文化与传播研究》2017 年第 2 期。

中对核心价值观的普遍践行，都建立在当时的核心价值观成熟稳定，获得社会普遍认同的基础之上。没有这一根本前提，其他有利于核心价值观传播的积极因素就难以形成并有效发挥作用。

中国古代核心价值观建基于传统中国完整、精致，以儒学基本理念为主导的意识形态体系基础之上①。这套体系不仅与中国古代社会的政治、经济、社会结构相适应，而且内容丰富、包罗万象，对涉及中国古代政治社会生活的方方面面都有相应的指导与规定，深刻地影响了中国古代的政治实践与政治文化，充分反映了中国古代政治文明的特质。这是其成熟的表现之一。表现之二是这套意识形态体系结构完整，价值层次清晰，核心价值观非常明确。在这套意识形态体系中，儒学是理论基础，我们熟知的纲常伦理思想是其核心价值体系，就核心价值观而言，与中国古代政治理念和实践相匹配，由下往上看，仁可以被视为要求帝王及各级官员具备的最核心的价值观，由上往下看，忠、孝、节、义则是历代王朝大力宣扬的臣民的核心价值观，其中，孝尤其被认为是"五常百行之原"，②这些价值观分别反映了中国古代政治统治的核心理念和君臣、父子、夫妇、朋友这四种当时社会主要伦理关系的核心准则。在一个以伦理政治为特征的社会，这样的核心价值观无疑是与当时的政治文化相适应的、具有极强的针对性的，因而是成熟的。这种成熟的价值观，由于与对应群体的政治、生活关系密切，时时刻刻影响着对应人群的言

---

① 需要说明的是，中国古代虽然毫无疑问有核心价值观的存在，但由于核心价值观的概念是新提出的，所以学界对什么是中国古代的核心价值观尚未有统一的认识。如陈来认为中国古代的核心价值观是"以民为本"［陈来.中华传统文化与核心价值观［N］.光明日报，2014-08-11（16）］；庞朴认为中庸是中国古人的核心价值观（庞朴.中庸：古代中国人的核心价值观［J］.学习与研究，2010，1：74-78.）；还有人把三纲、五常或者"礼义廉耻"作为古代中国的核心价值观。仔细考究，我们可以发现学者们提出的不同的看法，往往是由于着眼点不同。在我看来，中国古代以儒家意识形态为基础的价值体系内容非常丰富，这里有核心观念，也有其他重要观念。考虑到"核心价值观总是由统治阶级所倡导并由统治阶级的统治力保证其优势地位的"（季明.核心价值观概论［M］.北京：人民日报出版社，2013：12.）这一特征，本文认为把"仁"作为中国古代要求统治阶级的核心价值观，把"忠孝节义"作为中国古代要求被统治者的核心价值观是比较妥当的。因为从当时的实践来看，仁是当时社会对统治阶级提出的最根本的要求，而忠孝节义等观念则是统治阶级反复教化民众的重点所在。

② 赵之恒.大清十朝圣训［M］.北京：燕山出版社，1998：103.

行举止，因而很容易被理解和接受。

就核心价值观的稳定而言，学界普遍认为自汉武帝"罢黜百家、独尊儒术"之后，中国就确立了儒学主导下的政治文化与核心价值观，此后从汉到清两千多年间，其总体上保持了意识形态指导地位，这样的局面使儒学推崇的核心价值观深深嵌入了中国社会，深刻影响了中国人从思维到实践的各个方面。事实上，就儒学主张的某些核心价值观而言，其对中国的影响比儒学还要悠久。举例来说，西周的政治伦理观念显然已经包含了后来儒学的某些核心价值观或其萌芽。孔子口口声声要从周、要恢复周礼，其根本原因就是他认可西周这套政治伦理观念。特别要说明的是，即使在某些朝代、某些特定时期儒学整体暂时遭到某种程度的冲击或淡化之时，基于统治的需要，建立在纲常伦理价值体系上的仁以及忠、孝、节、义五种核心价值观也始终受到官方与主流社会的提倡。核心价值观的长期稳定无疑增加了它的权威性和真理性，因而更容易得到受众的认可。

不言而喻，核心价值观的成熟与稳定是相辅相成的。价值观的成熟使其能稳定存在，而稳定存在又使价值观更加成熟、精致。核心价值观的成熟与稳定，使其能够统摄中国古代政治与社会生活的各种观念，并能得到统治者与民众的一致认同，从而深刻地影响当时的政治社会生活。中国古代成功的核心价值观传播实践，正是以这种成熟、稳定的核心价值观为前提的。

二、有效的价值观传播体系需要国家与社会的协力共建

中国古代的核心价值观是通过教化这种特殊的政治传播活动完成的。学者指出，所谓教化就是古代中国的统治者通过学校教育等途径，将儒家政治伦理文化灌输给社会一般成员，使其接受或认同符合统治者根本利益的理念和观念，自觉成为忠臣、孝子的过程。① 由这一定义不难看出，传播核心价值

---

① 葛荃.教化之道：传统中国的政治社会化路径析论［A］// 江荣海.传统的拷问：中国传统政治文化的现代化研究.北京：北京大学出版社，2012：290.

观是教化的根本任务或者说重中之重。所以，我们考察中国古代核心价值观的传播体系实际上就是考察中国古代的教化体系。

完备的教化体系是中国古代政治传播活动最令人瞩目的特点之一，这个教化体系是通过国家与社会协力合作构建起来的。

从结构体系来看，中国古代的教化体系主要由学校、乡约、宗族和家庭四种结构组成。就学校而言，既有国家建立的中央和地方各级官学，又有主要依靠社会力量建立的书院、社学、义学、私塾等各类私学。遍布全国城乡的这些学校共同担负了对不同层次的青少年开展教化的责任。具体来说，除书院外，私学总体上承担了少年儿童启蒙阶段的教化使命，而各级官学则基本上承担了精英即士人的选拔和培育任务，书院在大多数情况下也是针对文化精英开展教化，从某种意义上来说是对官学的补充。乡约是宋代以来形成的乡民社会组织，经过长期的发展，在明清两朝成为普遍存在于中国乡村的一种以教化为主要功能的区域性基层社会组织。主要承担对当地成人男性乡民的教化功能。宗族作为一种基于血缘关系的社会组织，其教化对象涵盖本宗族的全部成员，甚至不能在其他机构中接受教化的女性也能在宗族组织中通过特定的方式接受教化。家庭是宗族的组成单位，作为最小的社会单位，家庭承担着对少年儿童开展最初教化的功能，特别是其他机构不涉及的女童主要在家庭接受基本的教化。这四种教化机构在教化功能的实施方面既有重合的部分，也有各自的侧重，共同构建了中国古代覆盖全社会各个阶层群体的教化体系。

从教化主体来看，在这样一个教化体系中，上至帝王、各级行政长官和专职教官，下至士绅、族长乃至各家家长都充当了教化者的角色，他们既有不同的分工，又共同致力于王朝核心价值观的传播活动，真正形成了政府与社会协力同心开展教化的局面。具体来说，帝王是王朝教化的最高领导者、教化标准的确立者和重大教化政策的制定者；各级官员是王朝具体教化政策的具体执行者；地方士绅是社会教化力量的中坚，很多书院、私学以及乡约的创办者和主持者都是地方士绅；族长和家长则是本族或本家的教化实施者。

这里尤须指出的是，作为社会的中坚力量，中国古代士人群体在王朝的教化活动中扮演了关键性的角色。士人是中国古代一个特殊的群体,从政治身份上来说,他们横跨官民两个群体,出仕即为官,不仕(即未仕或致仕)则为民;从文化身份上来说,他们是儒家政治伦理学说的忠实信徒,以传播儒家政治伦理观念、教化民众为当仁不让的使命。这样一种身份使其成为中国古代教化的主体力量。其教化的对象上至帝王、皇子,下至普通民众。不论是官方的各级教化机构,还是民间自主设立的各类组织,其教化的主体都是士人。更重要的是,士人以其道德、地位、知识受到整个社会普遍的尊重,因此,不仅其教化主体的地位非常稳固,教化效果整体来说也非常可观。

需要特别指出的是,当我们讲有效的价值观传播需要国家与社会的协力共建时,最关键的因素是要有社会力量的积极主动参与,而要实现社会力量积极参与的理想状态,中国古代的实践表明关键是要有成熟稳定的核心价值观与意识形态体系,并且有一个中坚阶层自觉地起到主导性的作用。

三、核心价值观传播需要构建分工明确的媒介网络体系

考察中国古代的核心价值观传播活动,还有一个特点令人印象深刻,那就是其传播媒介种类不仅从传统社会的标准来看非常丰富,而且不同媒介各自针对着特定的受众群体,共同构成了一个分工明确、互相配合的价值观传播媒介网络体系。这一特点在以教化书籍和各种文艺形式为主的媒介中体现得更为明确。这些媒介不论从传播内容还是方式来说,都各自适应了对应受众的特征与特定价值观传播的诉求,因而能够取得较为理想的传播效果。

以"四书五经"为代表的儒家经典文献是中国古代核心价值观传播最核心的媒介。这些文献承载着儒家核心的理论价值体系,其内容完整而深奥,其表达方式也呈现出抽象化、理论化的特点。与其特色相对应,这种媒介的受众主要是具有相当知识水平的潜在士人——他们需要系统地掌握儒家完整的理论体系,并在这样的理论背景下深刻理解其核心价值观。通俗教化读物是中国古代针对普通民众开展教化、传播核心价值观的主要文字媒介。这类媒介承载的内容具有通俗、浅近、易于理解、便于记忆等特点,它们不是通

过理论的论证来传播价值观,而是以格言、韵语或故事的形式来说明道理,通过感化来传播价值观。其中,有针对少年儿童的蒙学读物如《三字经》《百家姓》《千字文》《弟子规》等;有针对族人或普通乡民的家训、宗规、乡约等;还有专门针对妇女的教化读物,如《女诫》《女训》《列女传》《孝女传》等。分类清晰,各自的内容和侧重都很明确。例如,"列女传""孝女传"这样的书名本身就明确表明了其传播的对象与重点宣扬的核心价值观。

除教化读物外,中国古代还通过多种文艺形式传播核心价值观。这些文艺形式包括诗歌、小说、戏剧、讲唱文学等。尤其是元末明初,还出现了教化剧这种专以传播核心价值观为使命的特殊剧种。这种戏剧秉持"不关风化体,纵好也徒然"的创作理念,[1] 主要通过典型故事宣扬忠孝节义等中国古代核心价值观。明清两代,这样的教化剧常常在各种重要场合演出,成为当时最流行的核心价值观传播媒介之一。其中最具代表性的剧目是明朝理学家丘濬创作的《五伦全备》,该剧为了突出宣扬儒家的核心价值观,甚至不惜破坏故事情节,直接通过曲白把儒家经典文句念诵给观众,在当时产生了重大的影响,甚至远播朝鲜。

讨论中国古代核心价值观传播的媒介,不能不提及当时完备的礼乐制度。我们把礼乐制度视为一种中国古代核心价值观的传播媒介,一是在广泛的意义上理解媒介,即不把对媒介的理解局限在技术性或物质性的层面,把传播活动中信息的直接载体都视为媒介;二是因为礼乐制度从本质上来说还是中国古代更深层、更核心的政治文化与价值观念的载体。正是完备的、全面反映了中国古代政治伦理与价值观念的礼乐制度的存在,才使得中国古代的核心价值观传播媒介种类异常丰富,举凡衣食住行、日常用度的各类具体事物和行为规则,无不折射着特定的价值观,充当着核心价值观传播的媒介,使民众在生活日用之中就时时接受着核心价值观的规训与熏陶。

同样需要指出的是,这种理想的媒介网络体系的建立,显然离不开中国古代政治文化与核心价值观的成熟与稳定。各类媒介的生产与运用,建立在

---

[1] 司徒秀英.明代教化剧群观[M].上海:上海古籍出版社,2009:2.

国家与社会对核心价值观高度认同的基础上，很大程度上是社会力量积极自觉行为的产物。

四、积极践行是核心价值观传播的重要环境基础

核心价值观的旨趣不在于抽象的理论探讨，而在于指导社会实践。从逻辑上来说，应该是先有传播，后有践行。但是，中国古代的相关实践却启示我们：在政治与社会治理中认真践行核心价值观是其有效传播的重要环境基础。持平而论，中国古代的政治实践可谓在整体上积极践行了当时的核心价值观。这种践行最集中的表现，就是当时的重要制度设置处处体现着核心价值观的精神。为了更为具象地说明这一点，我们选取中国古代几种重要的制度做一简要分析。

首先，中国古代的人才选拔制度，渗透了强烈的核心价值观精神。两汉的察举制、魏晋的九品中正制、隋唐至明清的科举制，是中国古代不同时期主要的人才选拔制度。但是，不论是哪种形式的人才选拔制度，其选拔标准都渗透着王朝推崇的意识形态与核心价值观的精神。如察举制的主要科目是孝廉科，九品中正制考核的关键是道德，而科举制度则以儒家经典为考核对象，在后期更是越来越刻意突出对王朝核心价值观的考察。仅有1800字的《孝经》长期作为科举考试的必考科目，虽然题目早已枯竭，但统治者还坚持将其作为必考书目，就形象地表明了统治者对孝这种核心价值观的极力褒扬和推崇。

其次，中国古代的赐恤旌表制度，明确体现了官方宣扬的核心价值观。赐恤是对官员生前恪尽职守的褒扬，目的是激励全体官员忠诚于君王和职责，而忠正是中国古代的核心价值观之一。旌表是对民间突出践行忠孝节义核心价值观代表的表彰形式，尤其以对节妇、烈女的旌表为典型，鲜明地表达了国家的核心价值观立场，起到了极为有效的核心价值观传播效果。中国历代正史往往设有忠义传、列女传，记载了众多官员与民间恪守忠孝节义核心价值观的典型事例。人们由此既可看到这种制度推行的力度，也可以看到其传

播核心价值观的效果。

再次，中国古代的礼乐制度，更是全面反映了当时的核心价值观。上文把礼乐制度视为中国古代核心价值观传播的媒介，关键的原因就是这套礼乐制度是基于当时的核心价值观而构建的，而且在整个政治社会生活中得到了全面的贯彻，使上至君王，下至妇孺，大到军国大事，小到日常生活，人们举手投足之间都能受到相应礼乐（尤其是礼制）的规训与感化。著名历史学家钱穆先生说："'礼'为全中国人民树立了社会关系的准则。"① 这个准则是当时的核心价值观制度化的产物。

最后，中国古代的法律制度，也处处表现出对核心价值观的践行。从正面的例子来说，为了倡导和遵循孝这一首要的核心价值观，历代的法律都规定，在父母过世之后，官员都要辞官守孝。历代的法律又有"犯罪存留养亲"的条文规定。依据这一条文，被判处死刑或者长期徒刑的罪犯，如果家中有年迈父母，而罪犯又是唯一的儿子，就可以改判其他刑罚，以便让他留在家中侍奉父母。② 从反面的例子来说，中国古代有所谓十恶不赦的重大罪行，即谋反、谋大逆、谋叛、恶逆、不道、大不敬、不孝、不睦、不义、内乱。这些罪行恰恰严重违背了忠、孝、节、义四大核心价值观，所以不但在任何情况下，犯罪者都不会获得赦免，更严重的还会株连九族。

除了上述正式的制度，事实上，中国古代关涉帝王的某些规则性传统也充分体现了对当时核心价值观的践行。王朝更迭是中国古代最具社会影响力的重大事变。值得注意的是，不论新帝王以何种手段建立新朝，获得帝位，仁德都成为其合法性建构中操纵的核心话题。基本的论证思路都是强调自己是以超绝的仁德获得了天命的青睐，而前朝及其末帝则是由于失去了仁德而失去了天命，因而理所当然地失去了帝位。在同一王朝的帝位承继中，中国古代有嫡长子继承、秘密立储乃至兄终弟及等各种制度和形式，甚至还有通过血腥政变承继帝位的，但不论依据何种规则或方式，官方在合法性建构中

---

① 邓尔麟. 钱穆与七房桥世界 [M]. 北京：社会科学文献出版社，1998：7.
② 布迪，莫里斯. 中华帝国的法律 [M]. 朱勇，译. 南京：江苏人民出版社，2003：22-23.

都要无一例外地重点强调新帝王的仁孝之德,而且愈是通过非正常手段继承帝位,愈是热衷于此。另外,中国古代帝王的谥号(庙号)评定,也以是否具有仁德为根本衡量标准。例如,桀、纣这样的谥号本身就表明该帝王缺乏仁德,表达了后世对其德行的谴责。帝王是中国古代政治最核心的主体,在关涉其选择、更替、评价等方面体现对核心价值观的践行,无疑具有重要的影响力。

概言之,中国古代重要的制度,无一不体现当时核心的政治伦理价值,或者说它们本身就是核心价值理念的产物。这种对核心价值观的长期自觉践行,使其伴随着政治文化的传承深深地融入社会日常生活,内化为人们开展各种社会交往活动时自觉遵循的行为规范。在这样一种长期受核心价值观浸润、渗透的政治社会环境中,核心价值观的传播自然如鱼得水,效果良好。

五、结语

我们总结中国古代核心价值观传播的经验启示,当然有为今天的社会主义核心价值观传播提供资借的考虑,因为虽然传统中国与当代中国有显著的差异,难以一一对应,但不同时代的事物在体现其显著差异的同时,也会在某种程度上体现跨越时代的一致性或者相似性。核心价值观传播显然也不例外。从这一视角来讲,中国古代核心价值观传播的经验启示必然能给当代中国的社会主义核心价值观传播提供有益的借鉴。上文的探讨,正是基于这样的目的展开的。

不过,文章最后有必要指出的是:核心价值观传播是一种不折不扣的政治传播。作为一种政治传播,其传播的过程和效果从根本上来说必然会受到政治的制约。这种制约不仅体现在其规定了政治传播传播什么,而且规定了它能传播什么,甚至在相当程度上影响了其传播效果。中国古代核心价值观传播体系的构建与成功自然有统治者主观努力的结果,但在很大程度上恐怕还有社会发展自然形成的成分。换言之,中国古代核心价值观的传播之所以能够取得较好的效果,从根本上来说是由于中国古代政治文明自身的成熟与稳定。成熟的政治文明自然伴随着自洽的核心价值观与政治传播体系，自然能够取得良好的传播效果。我们在上文看到的有益于核心价值观传播的积极因素，相当部分可能是政治文明成熟的自然产物。认识到这一点，有利于我们深刻认识当代中国社会主义核心价值观传播面临的挑战以及中国古代核心价值观传播经验启示的根本意义。

政治传播的历史向度[*]
——中国古代政治传播研究的回眸与省思

世纪之交，随着信息技术的飞速发展和政治学、传播学、历史学等相关学科研究的不断交叉、深入，中国古代政治传播作为一个新的领域开始进入研究者的视野。20多年来，相关研究成果从无到有，以加速度的态势持续增长，取得了长足的进步。从推动中国古代政治传播进一步发展的目的出发，回顾其发展历程，梳理其发展脉络，勾勒其知识图谱，总结其学术成就，省思其研究不足，展望其发展方向，揭示政治传播历史向度的研究价值、旨趣和方法就成为迫切的学术需要。基于上述认识，本文希望通过对20年来的成果进行概览和爬梳，描绘出该研究领域的发展脉络和学术样态，进行阶段性的总结与分析，以期为学界提供参考。

学界对政治传播的界定尚未达成共识，基于尽可能全面系统地描述、分析中国古代政治传播研究的发展概貌，并在此基础上把脉未来发展路径的研究旨趣，本文从广义上界定政治传播，即泛指发生在中国古代的一切政治信息流动现象。另外，为了最大限度搜集探讨相关成果，文献搜集范围不仅包括自觉以中国古代政治传播为研究主题的成果，而且也涵盖可以从政治传播角度进行解读的文献。依据这一标准，截至2019年底，共搜集到相关论著370篇（部），包括中文论文323篇，英文论文10篇，以及中文学术著作33部，英文学术著作4部。下文的讨论，即以这些文献为基础。

---

[*] 本文原载于《国际新闻界》2021年第1期，与赵洁合作。

一、中国古代政治传播研究的发展历程

由于政治传播事实上是中国古代传播的核心内容之一,因此早在学者们明确揭示这一研究领域之前,中国新闻史和传播史的某些研究成果就已经对中国古代政治传播相关问题有所涉及①②③。但就中国古代政治传播研究持续发展并形成为一个明确的研究领域而言,其发轫要到 20 世纪末 21 世纪初。自此以来的 20 余年间,不同学科背景的研究者从各自不同的问题意识与学术关怀出发,针对中国古代政治传播的特定问题展开研究,通过不同学科的交流与碰撞,探索与争鸣,逐渐形成了中国古代政治传播研究这一特定学术场域。

从文献统计来看,相关成果在 2000 年至 2019 年间整体呈持续增长态势,并且不同时段还呈现出差异化的学术图景(参见图 1)。依据发文数量、学科意识和发展趋势,大体可以分为三个阶段。

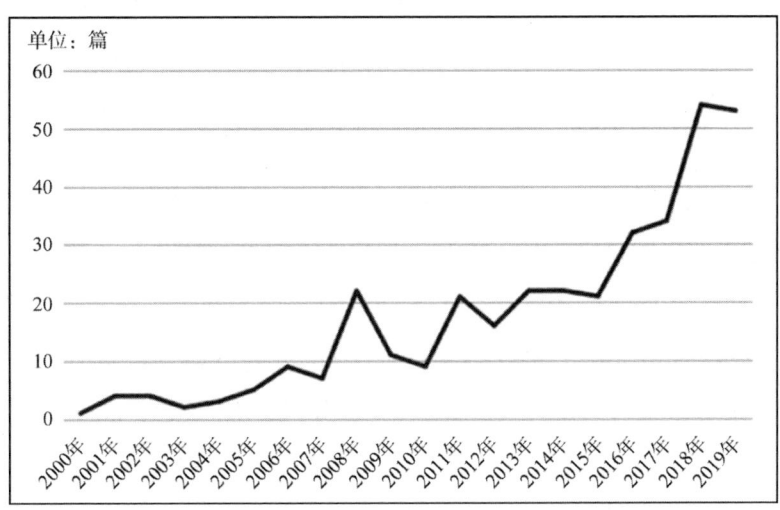

图 1　2000 年至 2019 年中国古代政治传播研究成果年度趋势图

---

① 方汉奇.中国历史上农民起义军的宣传活动[J].新闻业务,1957(3):45-46.
② 方汉奇.历代封建王朝对言论和新闻自由的迫害[J].新闻业务,1957(4):43-44.
③ 张玉法.先秦时代的传播活动及其对文化与政治的影响[M].台北:嘉新水泥公司文化基金会,1966.

（一）中国古代政治传播研究的拓荒期（20世纪末至2005年）

这一时期，可以被纳入中国古代政治传播研究范畴的相关成果开始零星出现，而且有的成果后来还被学界认为是本领域的经典之作；同时，"政治传播"这一名词也开始在中国古代传播的研究中出现①。但相关成果基本上还是基于历史学或传播学本学科的问题意识产生的，研究路径也遵循传统的理论与方法，缺乏政治传播研究的自觉意识；虽然个别成果使用了"政治传播"这一名词，但并没有对其含义和范畴进行专门的辨析和廓清。从发展态势来看，整体的成果数量有限，并未形成规模，且增长速度也比较缓慢。因此，这一时期可以被视为中国古代政治传播研究的拓荒期。

就研究成果而言，这一时期最具代表性的是美国学者孔飞力（Philip Alden Kuhn）的名著《叫魂：1768年中国妖术大恐慌》（*Soulstealers: The Chinese Sorcery Scare of 1768*）（1990/1999）②。这本历史学著作被不少国内传播学者认为是研究中国古代政治传播的经典之作。此外，这一时期还出现了《超越神话：纬书政治神话研究》③《雍正王朝之大义觉迷》④等著作，也可以纳入中国古代政治传播研究的视野。《春秋时期的祭祀与政治传播》⑤《台谏、舆论与北宋改革的命运》⑥等，则是这一时期比较具有代表性的论文。

（二）中国古代政治传播研究的奠基期（2006年至2015年）

与上一阶段相比，在这十年之间，不仅研究成果数量大大增加，增长速度明显加快，而且不少传播学、历史学与政治学的学者开始长期驻足于此，政治传播研究的自觉意识初露端倪，相关概念和范畴得到初步讨论，中国古代政治传播研究作为一个公认的研究领域浮出水面。因此，本文将这一阶段

---

① 孙旭培.华夏传播论[M].北京：人民出版社，1997.
② 孔飞力.叫魂[M].陈兼，刘昶，译.上海：上海三联书店，1999.
③ 冷德熙.超越神话：纬书政治神话研究[M].北京：东方出版社，1996.
④ 史景迁.雍正王朝之大义觉迷[M].温洽溢，吴家恒，译.台北：时报文化出版企业股份有限公司，2000.
⑤ 张卫中.春秋时期的祭祀与政治传播[J].浙江大学学报（人文社会科学版），2003（5）：8.
⑥ 王世农.台谏、舆论与北宋改革的命运[J].文史哲，2004（3）：108-112.

视为中国古代政治传播研究的奠基期。

这一时期最显著的现象是中国古代政治传播研究三种主要学科路径都开始有代表性的成果出现。从传播学路径来看，2009年，《中国古代政治传播思想研究》①问世，这是我国第一本以"中国古代政治传播"为主题的专著。从历史学路径来看，邓小南及其团队以博弈论为理论基础，从信息沟通的视角来观察古代官僚责任制度运作中的央地关系，先后推出了《政绩考察与信息渠道——以宋代为重心》②与《文书·政令·信息沟通：以唐宋时期为主》(上下册)③等著作，代表了国内历史学界对相关问题研究的最高水平。日本学者富谷至的《文书行政的汉帝国》④、美国学者Charles Sanft的 *Communication and Cooperation in Early Imperial China: Publicizing the Qin Dynasty*⑤也都值得关注。政治学路径的研究相对少一些，但也出现了相关成果。《儒式协商：中国威权性协商的源与流》⑥、《古代群体性事件与政治谣言——中国古代政府防控谣言的经验教训》⑦等研究较具代表性。

2014年出版的《中国古代政治传播研究》一书明确阐明其主旨是"真正自觉地以政治传播的学科意识对中国古代重要的政治传播现象进行比较系统的初步研究"⑧，体现了从政治传播学科意识考察中国古代政治传播现象的强烈愿望。同期，潘祥辉、赵立敏、刘大明、贾兵等学者的研究也都体现出比较明确的政治传播学科意识。

---

① 陈谦.中国古代政治传播思想研究[M].北京：中国社会科学出版社，2009.
② 邓小南.政绩考察与信息渠道：以宋代为重心[M].北京：北京大学出版社，2008.
③ 邓小南.文书·政令·信息沟通：以唐宋时期为主[M].北京：北京大学出版社，2012.
④ 富谷至.文书行政的汉帝国[M].南京：江苏人民出版社，2013.
⑤ SANFT C.Communication and cooperation in early imperial China：publicizing the Qin Dynasty[M].New York，NY：State University of New York Press，2015.
⑥ 何包钢，黄徐强.儒式协商：中国威权性协商的源与流[J].政治思想史，2013，4(4):1–21.
⑦ 姜胜洪.古代群体性事件与政治谣言：中国古代政府防控谣言的经验教训[J].人民论坛，2013(15):78–80.
⑧ 白文刚.中国古代政治传播研究[M].北京：中国社会科学出版社，2014：19.

（三）中国古代政治传播研究的初步发展期（2016年至今）

2016年以来，中国古代政治传播的研究成果开始以30篇为基数，快速直线上升，2018年和2019年都突破了50篇。在内容上，上一阶段的发展主要在于基础的概念廓清和理论阐释，而该阶段的研究则在上一阶段的基础之上向纵深发展。考虑到中国古代政治传播研究才正式起步不久，尚面临很多问题，可以把本阶段视为中国古代政治传播研究的初步发展期。

本阶段学者关注重心呈多元化趋势，既有对宏观理论建构的尝试，也有着重将中国古代经验进行现代价值转换的中观研究，还有聚焦于具体政治传播活动的微观成果。并且，不同的知识形态也伴随着差异化的学术路径，各种研究群体相互对话、借鉴与批判，实现多元和良性互动。该阶段比较具有代表性的成果有专著《中国古代王朝政治传播制度研究》①《作为政治的传播：中国新闻传播解释史》②和论文《乡论与秩序：先秦至汉魏乡里舆论与国家关系的历史考察》③《信息渠道的通塞：从宋代"言论"看制度文化》④《简纸更替与中国古代基层统治重心的上移》⑤等。2019年，国家社科基金出现了以"中国古代政治传播研究"为题目的参考选题，也从一个侧面证明这一领域越来越受到学界的重视。

综上所述，20多年来，中国古代政治传播相关主题逐渐吸引越来越多的学科介入，交叉融合，持续发展，历经了拓荒、奠基和初步发展三个时期，呈现出问题意识各异、研究路径多样、文本风格不一的学术对话群体并立的景象，同时基于明确的政治传播学科意识的研究成果也逐渐浮现。这是中国古代政治传播研究走向成熟、形成独特研究范式的必经阶段。

---

① 陈谦.中国古代王朝政治传播制度研究[M].北京：中国社会科学出版社，2016.
② 赵云泽.作为政治的传播：中国新闻传播解释史[M].北京：中国人民大学出版社，2017.
③ 卜宪群.乡论与秩序：先秦至汉魏乡里舆论与国家关系的历史考察[J].中国社会科学，2018（12）：176-198，203.
④ 邓小南.信息渠道的通塞：从宋代"言路"看制度文化[J].中国社会科学，2019（1）：101-122.
⑤ 张荣强.简纸更替与中国古代基层统治重心的上移[J].中国社会科学，2019（9）：180-203，208.

二、中国古代政治传播研究的学科支撑与研究路径

在纵向梳理了中国古代政治传播研究的发展历程之后，本部分希望从横向的学科支撑来剖析中国古代政治传播研究的学术图景，分析不同学科背景主导下的研究路径和研究特色。从研究成果来看，目前以不同学科为基础的中国古代政治传播研究存在差异化的问题关怀、议题偏好和路径依赖，形成了三种主要的学术风格。

以历史学为基础的中国古代政治传播研究大多是史学家尝试政治史研究新视角的产物。概括而言，其研究呈现出四大特点：第一，相较"政治传播""传播"等概念，这类研究倾向于使用"言路""信息沟通"等概念来表征信息的流通与传播；第二，研究主题往往是基于政治史或文化史视野，聚焦于某一朝代官僚体系中政治信息流通的载体和过程，多数属于微观层面的研究；第三，这类研究多属于描述型研究，重现象描述，轻理论建构，即使有理论建构，也是立足于对特定历史的再理解；第四，研究路径主要是从信息流动的新视角发掘史料、钩沉档案、解读文献，并在此基础上对相关问题做历史学的评价。总体来看，基于历史学背景的相关研究，其优点在于考证翔实、内容丰厚，能够为社会科学的研究提供比较翔实、准确的资料，不足则是其研究囿于史学问题意识和研究传统，往往满足于借用社会科学的理论和视角来对历史形成新的认识，却缺乏以翔实的历史案例参与修正或建构社会科学理论——具体而言是政治传播理论的兴趣，把本可逻辑延伸的研究内容拱手让给了社会科学工作者。

以新闻传播学为基础的中国古代政治传播研究也具有鲜明的特点，主要表现为：一是均明确使用"传播""政治传播"等概念，充分展现出其学科属性；二是研究主题范围较广，既有宏观层面的理论建构，也有微观层面对媒介、观念和活动的具体考察。其研究路径主要包括以下三种：第一，尝试基于中国古代政治传播经验，建构本土化的传播理论；第二，通过溯源经典传播学概念在中国的含义发展和书写演变，展开传播理念和机制的比较分析；

第三，尝试用经典传播学中的概念和理论来阐释中国古代政治传播现象，并对其进行理论反思和重构。总体来看，基于新闻传播学背景的相关研究，其优点在于多数研究具有明晰的政治传播研究意识，能够及时抓住新鲜、前沿的话题，并且拥有建构中国特色传播理论的雄心；缺点则在于传播学者对于历史情境的把握不够精准，研究中难免会出现用西方概念强行解释中国史实或者随意剪切历史为己所用的现象，在由历史案例提炼社会科学理论或观点时，忽略了历史情境与现代实践之间复杂的关系，往往失之简单与武断。

以政治学为基础的中国古代政治传播研究体现了鲜明的政治学理论色彩和问题意识，主要围绕"政治沟通""政治社会化""政治教化""政治协商"等概念展开。其研究理路主要有三种：第一，围绕合法性建构等政治学核心问题，聚焦于国家－社会关系中的政治传播现象；第二，致力于提炼中国古代的政治传播经验来为当今政治传播实践提供借鉴与启示；第三，在政治思想史的基础上，考察中国古代既存的政治传播观念。总体来看，基于政治学背景的相关研究，其优点在于具有强烈的问题意识和现实关怀，理论性较强。缺点在于相较前两种研究，一方面，从事这类研究的学者以及发文成果数量均较少，还未能在政治学界形成明显的分支；另一方面，相关研究的传播色彩较弱，更多是基于政治文化的研究理路展开。

上述三种学科背景的研究基本涵盖了目前从事中国古代政治传播研究最主要的研究群体和研究取向。不难看出，由于中国古代政治传播研究尚处于初步发展阶段，上述三种不同的研究取向还都披裹着基础学科的外衣，研究范畴与路径尚未达成共识，研究成果也呈现出多样的学术逻辑和面貌。

三、中国古代政治传播研究的主题与进展

上文从纵向发展历程和横向学科支撑两个维度梳理了中国古代政治传播研究态势，大体编织了一张20多年以来相关研究的发展网络。在此基础上，本部分希望具体讨论这张纵横交织的网的焦点——具体主题及其取得的成绩。

从文献统计形成的图2可以看出，中国古代政治传播研究的主题主要围

绕观念、制度、实践、媒介四个问题域展开。图 3 和图 4 则形象地显示：对中国古代舆论、教化、政治传播观念、形象建构和政治文化的考察是目前的研究热点，而宋、清、明及先秦则是学者关注较多的时间段。下面，本文将依据主题对中国古代政治传播研究中的代表性成果与观点进行归类与论析。

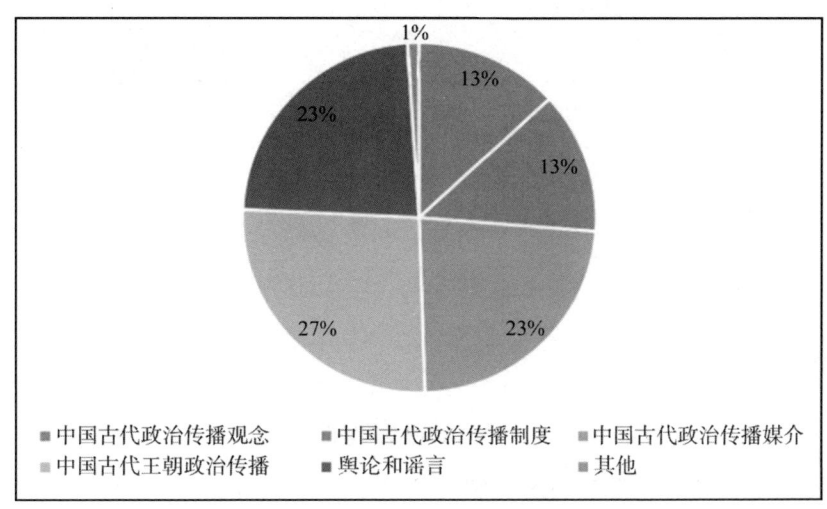

图 2　中国古代政治传播研究主题分布图

图 3　关键词词云图

图 4　题目词云图

（一）对中国古代政治传播观念的阐释与提炼

政治思想史是政治学的主要学科资源之一。同样在对中国古代政治传播的研究中，也有不少学者致力于从中提炼与政治传播相关的观念，为当今政治传播活动的开展和理论建构提供思想资源。对中国古代政治传播观念的研究因此成为中国古代政治传播研究的核心议题之一。

现有成果主要遵循三种研究路径。一是对特定时期具体政治家、思想家或某一学派的政治传播观念的阐释。这一路径往往遵循传统政治思想史的研究方法，通过在相关典籍中寻找和阐释与政治传播相关的论述，提炼中国古代思想家、政治家或者某一学派的政治传播观念。代表性成果有《先秦诸子政治传播观念研究》[1]《仁政思想与孟子的政治传播观》[2]《王安石的宣传观》[3]、*Being Worthy of Persuasion: Political Communication in the Han Feizi*[4] 等。二是

---

[1] 贾兵.先秦诸子政治传播观念研究[D].上海：上海大学，2011.
[2] 刘坚.仁政思想与孟子的政治传播观[J].华夏文化论坛，2008（00）：55–60.
[3] 魏海岩.王安石的宣传观[J].中原文化研究，2017，5（3）：105–110.
[4] DELAPP K.Being worthy of persuasion：political communication in the Han Feizi[J].China media research. 2014，10（4）：29–28.

对中国古代谏议、舆论、政治协商等政治传播观念的整体探讨。代表性成果除《中国古代政治传播思想研究》①一书外，近年来，关于中国古代政治协商思想、国家咨商思想和信息传播控制思想等更具针对性的研究成果也开始出现。三是在对中国古代政治传播观念进行总结、概括的基础上尝试建构本土化的传播范式和理论。《"风草论"：建构中国本土化传播理论的尝试》②可视为是这种努力的代表性成果。

（二）对中国古代政治传播制度的探索与讨论

这里所谓政治传播制度，是指中国古代特有的信息传递制度和机制。从现有研究成果来看，既有宏观的总体考察，又有对某一特定制度或者某一时代相关制度的具体研究，有些研究还把制度与政治变革结合起来研究，视角多样，成果较为丰富。

宏观层面，白钢主编的《中国政治制度通史》就有相关章节涉及对信息传播制度的探讨，应被视为前驱性的研究③；而陈谦2016年出版的《中国古代王朝政治传播制度研究》一书，则在前人的基础上，对中国古代王朝信息传播相关制度的历史演进、类型、特征以及历史得失进行了比较系统的分析，是关于中国古代政治传播制度宏观考察的第一部专著④。

微观层面，就特定制度而言，《中国传统政治中的协商系统》一文从政治学视角出发，把中国古代的言官制度、廷议制度和经筵制度都看作是传统的政治协商制度⑤，颇有时代性。此外，关于监察制度、谏诤制度也有不少研究成果问世。就朝代而言，从商、先秦、秦汉、唐宋，一直到明清的特定政治传播制度和机制均已有研究成果出现。其中，邓小南团队运用历史学的方法，对唐宋时期的相关制度及其运行机制进行了非常深入细致的考察，对相关领

---

① 陈谦.中国古代政治传播思想研究［M］.北京：中国社会科学出版社，2009.
② 谢清果，陈昱成."风草论"：建构中国本土化传播理论的尝试［J］.现代传播（中国传媒大学学报），2015，37（9）：59-64.
③ 白钢.中国政治制度通史［M］.北京：人民出版社，1996.
④ 陈谦.中国古代王朝政治传播制度研究［M］.北京：中国社会科学出版社，2016.
⑤ 谈火生.中国传统政治中的协商系统［J］.天府新论，2016（5）：8-11.

域的研究有很好的促进作用。此外，还有研究把政治传播制度与政治发展结合起来予以讨论，《唐代的政治传播体系建设与国家整合》①《官僚科层制与秦汉帝国的政治传播》②等都是相关主题比较出色的研究。

（三）对中国古代政治传播实践的描述与分析

在中国古代政治传播研究中，中国古代的传播实践和传播活动一直是学者们着力最多的领域，成果也最为丰富。

宏观方面，白文刚的《中国古代政治传播研究》从王朝合法性建构、政治文化传承、王朝日常政治运行、天朝形象建构等方面对中国古代政治传播活动进行了比较全面和系统的梳理③，是对中国古代政治传播主要实践进行宏观考察的第一部著作。

微观方面，根据传播主体的不同大体可以划分为以下两类：

第一，以官方为主体的政治传播实践。这类政治传播活动又可以分为三种类型。首先是以建构王朝合法性为目的的政治传播实践。内容涵盖帝王形象建构④、历史记忆塑造⑤、符命神话制造⑥、王朝正统辩护⑦等。近年出版的专著《"圣王"的想象与实践：古代中国的君权合法性研究》⑧尤值一读。其次是日常行政中的信息传播活动。《中国古代政治传播研究》一书曾专章探讨中国古代王朝行政运行中的信息传播体系。邓小南及其团队则致力于借助对信息传播媒

---

① 陈雅莉，张昆.唐的政治传播体系建设与国家整合［J］.现代传播（中国传媒大学学报），2016，38（10）：36-41.
② 潘祥辉.官僚科层制与秦汉帝国的政治传播［J］.社会科学论坛，2010（21）：148-157.
③ 白文刚.中国古代政治传播研究［M］.北京：中国社会科学出版社，2014.
④ 杨春君.雍正帝与其潜邸形象之塑造［J］.安徽史学，2018（2）：29-33.
⑤ 乔新华，王骏光."康熙射虎"与盛世之音：清代五台山射虎川的历史与记忆［J］.中国史研究，2019（4）：176-186.
⑥ 白文刚.符命神话与中国古代王朝的天命建构：基于政治传播视角的考察［J］.青海社会科学，2014（1）：12-15，19.
⑦ 刘万玲.清初关于历史上夷狄政权的正统辩论与清朝正统问题［J］.燕山大学学报（哲学社会科学版），2018，19（1）：73-80.
⑧ 张星久."圣王"的想象与实践：古代中国的君权合法性研究［M］.上海：上海人民出版社，2018.

介或机制的探讨来管窥唐宋时期日常政治生活中信息流通的过程和官僚体制运作。再次是王朝对外（对边疆）传播。关于这一话题的研究既有着重对外传播实践和效果的考察①，也有探讨古代王朝对外传播和国家认同建构关系的研究②，还有依靠历史反思现实对外传播实践和修正现有对外传播理论的研究，如阮丽萍③和刘源④的相关研究就分别反思和补充了跨文化传播和周边传播理论。

第二，以社会为主体的政治传播实践。这类实践主要表现为舆论和谣言。不论是图 3 的关键词词云图，还是图 4 的题目词云图，都清楚地显示"舆论"是中国古代政治传播研究的核心内容之一。从研究来看，一类成果是对中国古代舆论的宏观考察和理论提炼⑤⑥。一类是对士大夫群体为传播主体的舆论形式如清议⑦、月旦评⑧、经筵会讲⑨⑩等的探讨。还有学者更进一步，对中国古代士人群体的请愿和示威运动进行了考察。代表性的成果如 Ho-Fung Hung 对清朝中期的请愿、示威和骚乱行为进行的考察⑪，以及 Hilde De Weerdt 对宋朝学生请愿活动的研究⑫。

---

① 赵君.唐代儒家思想在吐蕃的传播及其对吐蕃政治的影响［J］.西藏大学学报（社会科学版），2016，31（2）：23-29.

② 陈雅莉，张昆，曾林浩.唐代的对外传播与"中国"在前近代国际关系中的国家认同建构［J］.国际新闻界，2016，38（6）：6-27.

③ 阮丽萍.北宋使辽诗与使臣跨文化政治传播［J］.贵州民族研究，2018，39（1）：196-200.

④ 刘源.清廷与蒙古藩贡的周边传播探析［J］.新闻爱好者，2018（6）：65-68.

⑤ 彭勇.中国古代的舆情收集与舆论监督［J］.人民论坛，2018（17）：140-142.

⑥ 姜华.古代中国舆论的发生及其内在精神［J］.山西大学学报（哲学社会科学版），2018（2），41（2）：69-77.

⑦ 赵立敏.政治传播学视域下中国政治隐语的多维向度和现代转变［J］.新闻大学，2015（5）：64-69.

⑧ 吕进.月旦评及其舆论学意义［J］.中州学刊，2017（10）：112-116.

⑨ 朱鸿军，季诚浩.被压抑的仪式传播：清初经筵的文化涵化、移转和控制［J］.陕西师范大学学报（哲学社会科学版），2016，45（5）：170-176.

⑩ 朱鸿军，季诚浩.经筵会讲：一种中国本土的政治传播仪式及其演变［J］.现代传播（中国传媒大学学报），2016，38（10）：18-24.

⑪ HUNG H-F. Protest with Chinese characteristics: demonstrations, riots, and petitions in the Mid-Qing Dynasty [M]. New York: Columbia University Press, 2011.

⑫ DE WEERDT H, HOLMES C, WATTS J. Politics, c.1000–1500: mediation and communication [J]. Past & present, 2018, 238 (13): 261-296.

谣言也是中国古代政治传播研究的重要内容之一。吕宗力所著《汉代的谣言》是这一领域的代表性著作。该书对不同类型谣言的发生背景、传播形式以及谣言这种舆论形态在政治生活中所发挥的重要作用进行了全面阐释①。除此之外，还有很多专题研究。就谣言的类型和内容而言，目前学界对讹言、谶谣、妖言、歌谣、民谣、童谣均有所关注②③④。就谣言传播活动的功能或者其所引起的政治风险而言，目前学界基本上持两种观点：一种认为政治谣言是民众表达对朝政以及社会的态度和看法的渠道之一⑤⑥；另一种则指出妖术谣言易造成社会恐慌，危及政权稳定，因此，谣言与政权之间存在博弈和合作两种状态⑦⑧。

（四）对中国古代政治传播中介的考察与解读

媒介是传播学中的核心概念。中国古代政治传播研究也不例外，学者们在该主题上着力颇多。值得一提的是，随着研究的深入，相关探讨跳出了狭义媒介的窠臼，从广义的视角开展研究，不仅涵盖更完全，而且凸显出中国历史特色，限于篇幅，以下只能分类做概要性评述。

首先，语言和文字媒介。语言和文字虽然是两种不同的符号体系，但作为人类思维的表达工具，二者是密不可分的。因此，本文在此一并探讨。关于中国古代政治传播中文字/话语运用的研究多集中于对话语使用策略的探讨和对文字所承载的政治意义的分析上。就前者而言，赵立敏对政治隐语的

---

① 吕宗力. 汉代的谣言［M］. 杭州：浙江大学出版社，2011.
② 舒大清. 论中国古代政治童谣的发生机制及其理性精神［J］. 中国诗歌研究，2011（00）：111-136.
③ 李晓瑞. 政治谣谚：中国古代社会一种重要的舆论形态［J］. 新闻爱好者，2007（2）：19-20.
④ 吕宗力. 汉代"妖言"探讨［J］. 中国史研究，2006（4）：39-58.
⑤ 刘大明，徐艳. 宋代邸报的新闻活动探析：围绕政治信息传递相关问题而展开［J］. 国际新闻界，2012（2）：102-107.
⑥ 潘祥辉. "歌以咏政"：作为舆论机制的先秦歌谣及其政治传播功能［J］. 新闻与传播研究，2017，24（6）：68-86，127-128.
⑦ 吕宗力. 汉代"妖言"探讨［J］. 中国史研究，2006（4）：39-58.
⑧ 刘泰廷. 天狗：中国古代的讹言与恐慌［J］. 史林，2017（1）：75-86，219.

分析值得关注①；就后者而言，有学者以秦朝"书同文"为背景，探讨文字作为一种媒介的政治统治功用②。还有学者则着重于探讨书写与称谓的变化对历史记忆和政治认知的影响。其中比较具有代表性的研究是《清代前期的政治认同与历史书写》一书，该著作下编对清朝前期利用明代历史书写，互动建构社会话语、形塑集体回忆进行了探析③。

其次，图画媒介。图画作为一种媒介，相较文字而言门槛更低，可接近性和可理解性也更强。目前，学界关注到了两类图画的政治传播功能。一类是人物图像，包括帝王图像和功臣图像。丁勤认为帝王图像作为一种在国家公共空间存在的视觉艺术，具有政治象征和塑造帝王形象的价值和功能④。章尚正和王隽则指出图绘功臣具有酬报有功之士、激励贤能之臣，展示人才之盛、宣告国威之强和寄寓道德训鉴意义的功能⑤⑥。另一类是耕织图。王加华针对这一话题发表过一系列文章。他指出耕织图的创作与推广是中国传统道德化行政的体现，展现出传统中国以农为本的治国理念，根本目的在于教化劝农、宣扬、创造并维护安定有序的社会政治秩序⑦⑧。

再次，文书、邸报、告示、学校等物质性媒介。这一部分的研究成果非常丰富，多出现在中国古代新闻史、传播史的研究当中，主要以历代传递行政和军事信息的官方媒介为主。其中日本学者富谷至所著《文书行政的汉帝国》一书，依据汉代简牍资料，以文书为中心，对汉代文书行政体系其运行

---

① 赵立敏.政治传播学视域下中国政治隐语的多维向度和现代转变[J].新闻大学，2015（5）：64-69.
② 赵云泽，杨启鹏."书同文"：中国古代政治制度变化与媒介变革影响研究[J].现代传播（中国传媒大学学报），2019，41（5）：29-35.
③ 陈永明.清代前期的政治认同与历史书写[M].上海：上海古籍出版社，2011.
④ 丁勤.视觉的阐释：中国古代帝王图像的文化意蕴与社会功用[J].北京理工大学学报（社会科学版），2011，13（4）：140-148.
⑤ 章尚正.汉唐图像褒奖功臣论[J].人文杂志，2002（6）：102-107.
⑥ 王隽.宋代功臣画像考述[J].河南大学学报（社会科学版），2011，51（6）：68-75.
⑦ 王加华.谁是正统：中国古代耕织图政治象征意义探析[J].民俗研究，2018（1）：57-71，154.
⑧ 王加华.教化与象征：中国古代耕织图意义探释[J].文史哲，2018（3）：56-58，166.

机制进行了深入的剖析[1]，非常值得关注。此外，《汉代朝政消息的发布——布告》[2]《宋代邸报的新闻活动探析——围绕政治信息传递相关问题而展开》[3]《揭帖：明代舆论的政治互通与官民互动》[4]也均是比较具有代表性的成果。学校作为古代统治者进行社会教化、传播官方意识形态不可或缺的场域和媒介，也已有学者对其媒介属性进行关注[5][6]。

最后，其他传播媒介。除了以上较为常规的媒介之外，古代社会中极具特色的政治传播媒介也得以探索与开发。如，吕静注意到了盟誓仪式是盟誓功能发挥的最重要的机理[7]，白文刚则明确提出可将礼乐制度作为一种政治传播媒介[8]。此外，还有不少研究另辟蹊径，对法律[9]、铭镜[10]、青铜器[11]、农书[12]、历书[13]、时宪书[14]和女性[15]的媒介属性和功能进行探讨，为从政治传播角度研究媒介打开了新思路。

---

[1] 富谷至.文书行政的汉帝国[M].南京：江苏人民出版社，2013.

[2] 黄春平.汉代朝政消息的发布：布告[J].新闻与传播研究，2010，17（3）：54-62，110.

[3] 刘大明，徐艳.宋代邸报的新闻活动探析：围绕政治信息传递相关问题而展开[J].国际新闻界，2012，34（2）：102-107.

[4] 展龙.揭帖：明代舆论的政治互通与官民互动[J].史学集刊，2018（3）：4-15.

[5] 刘源.清代满蒙官学的媒介功能探析[J].中国出版，2018（9）：40-44.

[6] 于祥成.论清代湖南乡村书院的社会教化[J].湖南大学学报（社会科学版），2018，32（4）：128-132.

[7] 吕静.中国古代盟誓功能性原理的考察：以盟誓祭仪仪式的讨论为中心[J].史林，2006（1）：83-91，124.

[8] 白文刚.中国古代政治传播研究[M].北京：中国社会科学出版社，2014：153.

[9] SANFT C.Law and communication in Qin and Western Han China[J].Journal of the economic and social history of the orient，2010，53（5）：679-711.

[10] 时嘉艺.镜铭载史：王莽儒生创作群体的时政传播[J].殷都学刊，2018，39（3）：64-68.

[11] 潘祥辉.传播史上的青铜时代：殷周青铜器的文化与政治传播功能考[J].新闻与传播研究，2015，22（2）：53-70，127.

[12] 葛小寒.明代官刻农书与农学知识的传播[J].安徽史学，2018（3）：33-41.

[13] 汪小虎.颁历授时：国家权力主导下的时间信息传播[J].新闻与传播研究，2018，25（3）：96-111，128.

[14] 王元崇.清代时宪书与中国现代统一多民族国家的形成[J].中国社会科学，2018（5）：185-203，208.

[15] 潘祥辉."秦晋之好"：女性作为媒介及其政治传播功能考[J].国际新闻界，2018，40（1）：109-127.

四、推进中国古代政治传播研究深入发展的着力点

从上述梳理不难看出,过去 20 多年来,中国古代政治传播研究取得了长足的发展,产生了一系列重要学术成果,为本研究领域的发展奠定了良好的基础。但是,研究也存在比较明显的不足和问题,制约了中国古代政治传播研究品质的进一步提高,减损了政治传播历史向度的研究价值。总体而言,学科意识不够清晰、研究旨趣不够高远、研究方法不够精致恐怕是最主要的不足所在,也是我们在未来研究中应该着力克服的难题。

首先,在学科意识层面,应积极开展具有明确政治传播学科意识的中国古代政治传播研究工作。

任何学科都有本学科独特的学科视野、研究旨趣、问题意识和理论方法。作为一个跨越政治学和传播学两个传统学科的新兴交叉学科,政治传播同样具有上述学科特征。如果从政治学、历史学或者传播学等学科介入中国古代政治传播相关问题的研究,其问题意识、研究逻辑事实上都还囿于原来的学科。因此,纵然会因不走寻常路而发现新知,一时惊艳动人,但终究不免给人若即若离的感觉。中国古代政治传播是政治传播的重要组成部分之一,因此只有从政治传播学科意识出发开展研究,才能更全面、深入、系统地探究中国古代政治传播,从而充分发掘其研究价值。

从目前的成果来看,真正基于自觉的政治传播学科意识的中国古代政治传播研究尚比较薄弱。不仅数量不多,而且水平有待提高。引起学界高度关注的一些经典研究,比如孔飞力的《叫魂》、邓小南团队的系列研究,事实上都不是从明确的政治传播学科意识切入的,而真正以明确的政治传播学科意识开展的相关研究,影响力反而不大。换言之,具有自觉的政治传播学科意识的中国古代政治传播研究尚未能在现有与中国古代政治传播相关的研究中占据主导地位,起到引领作用。这恐怕是过去 20 多年来中国古代政治传播研究发展最大的不足所在。因此,推动中国古代政治传播研究进一步发展,应该首先明确其政治传播的学科归属,从政治传播的学科视野去发现其重要问

题，发掘其重要价值。如此，才能确立中国古代政治传播研究的主脉，才能推动这一研究领域逐渐走向成熟。

当然，在强调具有明确政治传播学科意识的中国古代政治传播研究的重要性的同时，还需要积极借鉴和汲取其他学科介入相关领域产生的优秀成果。学科划分是现代社会科学认识社会的方法，但现实中的社会其实是多面、立体和复杂联系的，单从一个学科视角介入，虽然主题会更加鲜明，但难免会忽略社会现象的复杂性，从而使研究与真相之间存在距离。具体到中国古代政治传播而言，它的研究对象本身决定了它跨学科的性质——这也是其他学科介入的重要原因——因此，不但相关研究在某种意义上起源于历史学、政治学、传播学乃至文学等学科，而且这些学科的研究基于其在特定领域的优势，不仅会帮助我们更准确、全面、深刻地理解"中国古代政治传播研究"中必然会涉及的政治、传播、历史等因素及其相互关系，从而不断深化我们对中国古代政治传播问题意识、研究价值和研究方法的认识，还会不断给基于明确政治传播学科意识的"中国古代政治传播研究"以话题和理论的启迪，从而不断注入新鲜的血液，使中国古代政治传播研究常做常新。

其次，在研究旨趣方面，应充分理解中国古代政治传播研究的价值和使命所在。

对中国古代政治传播研究价值和使命的判断，会直接影响到这一主题研究的问题意识、方法运用和成果价值。考察现有中国古代政治传播研究的成果，其研究旨趣大约有四种。第一种是引入信息沟通的视野，对中国古代政治史的某些方面做新的解读。第二种是在传播学理论指导下，对中国古代原本未受到重视的媒介、谣言以及其他政治传播形式做深入发掘和阐释。第三种是从改进当下与政治传播相关的国家治理实践的具体问题出发，运用现代概念解读中国古代相关实践和理念，总结相关经验以服务于现实。第四种是基于明确的政治传播学科意识考察中国古代政治传播，并力图通过相关考察为构建中国特色政治传播理论提供经验基础，乃至从中国古代提炼具有中国特色的政治传播理论，从而显示中国政治传播的特殊性。

这些研究旨趣都是非常重要的，但在此基础上，中国古代政治传播研究或许还应该有更上一层楼的研究旨趣，即为具有一般性意义的政治传播理论的形成提供经验乃至理论启示。所谓一般性，就是不仅仅将其研究旨趣局限于参与中国特色政治传播理论的构建，局限于为中国政治传播提供经验借鉴，还要发掘其参与跨越国家的一般性经验和理论构建的价值。

这样的研究旨趣不仅要求我们在研究中有自觉的理论追求，而且要努力把握突破的方向。基于现代社会科学体系及基本理论奠基于现代西方国家的事实，可能首先寻求在中层理论上的突破是最有效的途径，这就要求我们在中国古代政治传播的研究中，不仅要注重宏观和微观考察，而且在现有基础上，要把更多的力量投入依旧薄弱的中观研究之中。

最后，在研究方法层面，准确把握运用现代理论分析古代实践和思想的中西古今关系。

所谓准确把握中西关系，在此主要指处理好西方经典理论与中国古代政治传播实践之间的张力关系。现代社会科学体系和理论起源于西方，即使研究中国古代政治传播，也必须借鉴西方的相关概念、理论和方法。关键在于准确把握二者之间的张力，既准确理解西方概念、理论，又全面掌握相关历史事实，在此基础上探讨西方概念、理论的实用性，并引入对相关问题的研究。在现有研究中，常常见到在未加讨论的情况下对二者的强行嫁接。具体而言存在以下三种问题：一是对西方传播理论和概念本身理解不透甚至理解错误，而直接运用它来解释中国问题；二是将产生于西方的特定概念与中国古代历史上存在的相同字眼强行对照，并不溯源二者具体的生成背景及最初含义，使某一概念成为只有躯壳而没有灵魂的词语；三是依据西方理论对中国古代历史现象进行解读和评价，罔顾或忽略其适用性，甚至剪切历史使其成为西方传播理论的研究注脚。这样的研究方法，是我们在今后的研究中应努力避免的。

所谓准确把握古今关系，主要是指具体研究中既准确把握历史，又准确把握现实，从而既能真正把握中国古代政治传播的历史真相，又能真正从其中获得对当代有益的经验和启示的问题。就前者而言，应特别警惕研究者透过现代价值观的滤镜来审视中国古代政治传播实践，并对其简单地加以定性和批判，或者脱离历史情境，将古人思想强行塞入自己的逻辑框架。这种情形会导致本身面临特定历史环境、旨在回答特定时代问题的中国古代政治传播实践或相关理论沦为个人意识的注脚。相关研究在涉及中国古代政治传播观念、思想的研究中最为突出，也屡遭诟病。就后者而言，应注意知古不知今，为历史而历史的研究倾向，导致所谓历史经验或者历史智慧无法运用于当代社会，只是成为陈列在橱窗的花瓶。

简言之，中国古代政治传播研究，必然涉及中西古今的关系。在研究中，我们只有准确把握中西古今之间的张力，才能提升研究方法的科学性和精致性，提高研究的学术水平。

五、结语

中国古代政治传播研究作为政治传播研究的历史向度，旨在尝试发掘中国古代政治传播实践和观念的现代价值，探索具有世界价值的在地理论，延伸和拓展政治传播研究的深度和广度，提升政治传播研究的品质，对推动政治传播理论的发展和指导当今政治传播实践的开展具有无可替代的独特意义，也是考察人类文明兴衰不可或缺的视角之一。总体而言，中国古代政治传播研究方兴未艾，研究对象和范畴虽已大体确定，但尚未形成自觉的政治传播学科意识、独特的研究范式、理论和方法。但正是因为多种研究路径和知识形态共存，才使中国古代政治传播研究焕发出生机勃勃的景象。在未来的一段时间内，中国古代政治传播研究仍会长期处于发展阶段，宏中微观层面的研究内容会"百花齐放"，各种研究路径也会"百家争鸣"。在期待相关研究持续发展的同时，加强以政治传播学科意识开展中国古代政治传播研究，同时进一步扩大中国古代政治传播的研究旨趣、提升在研究中对中西古今张力的精准把握能力，是推动中国古代政治传播研究从发展逐步走向成熟，以丰富而高质量的研究成果，不断展现政治传播历史向度尚未被人足够重视的独特研究价值的关键着力点。

论制约当代中国政治传播能力的政治文化因素[*]

作为政治与传播交叉结合的产物,政治传播活动的开展很自然地受到政治与传播两方面因素的制约与影响。但在现有研究中,中外学者大多将注意力集中于传播层面,对于政治层面的制约作用重视不够。这是由政治传播这一概念产生的具体历史背景及初期研究者对这一术语适用政治环境,即现代西方多党竞选的民主政体不言而喻的理解造成的。然而从中外政治传播实践来看,事实上举凡传播的体制、内容、方式、效果无一不受到政治的制约,有学者用"政治统摄传播"[①]来概括这种制约作用,可谓是中肯之论。

制约政治传播活动的政治因素很多[②],限于篇幅,本文仅聚焦于政治文化对政治传播的影响,这不仅是因为政治文化是影响政治传播的重要政治因素之一,更是由于当代中国政治文化的发展水平深刻制约着当代中国政治传播能力的提升,是当代中国政治传播面临的艰巨挑战之一。清醒地认识到这一点,对于我们准确把握当前中国的政治传播状况及其改进方向,都具有积极的意义。

一、政治文化影响政治传播的几个面向

依据美国政治学家阿尔蒙德(Gabriel A. Almond)的界定,政治文化是指

---

* 本文与方飞合作,原载于《中国政治传播研究(第Ⅰ辑)——基础与拓展》,中国传媒大学出版社 2015 年出版。

① 荆学民.政治传播活动论[M].北京:中国社会科学出版社,2014:18.

② 白文刚.从中国古代实践看制约政治传播效果的政治因素[J].青海社会科学,2015(4):8-12.

"一国居民中当时所盛行的态度、信仰、价值观和技能"。① 换言之，政治文化是指一个政治共同体内全体成员普遍的主观政治认知和情感，是一种集体政治心理现象。作为特定政治共同体的普遍精神状态，政治文化深刻影响着政治共同体的维系和运行的全过程，是政治共同体存在与运行的社会心理基础和文化环境。简言之，政治文化深刻影响着各种政治行为。

政治传播作为一种政治活动，很自然地也会受到政治文化的制约和影响。② 不仅如此，因为政治文化属于精神和心理层面的现象，而以追求认同为目的的政治传播所要触及和影响的又恰恰是受众的精神和心理，因此二者有着更加直接和密切的关系。准确地说，前者为后者创造了社会成员普遍共享的社会语境和政治知识图景。

基于这样的关系，我们认为，与政治制度相匹配的主流政治文化越成熟、稳定，越具整合和统摄政治亚文化的能力，越有利于政治传播能力的提高和政治传播活动的有效开展；反之，政治制度所需的主流政治文化越不成熟、整合与统摄能力越弱、政治文化格局越复杂，政治传播面临的挑战就越多，政治传播能力受到政治文化的制约就越大。大体而言，政治文化对政治传播的影响和制约主要体现在政治议题设置、政治话语和象征符号运用、政治社会化等三个重要方面。

首先，有效政治议题的设置要以社会共享的政治文化为基础。设置议题是传播主体开展政治传播活动的首要环节，只有成功的议题设置才能有效引导受众关注的焦点并进而影响其态度。从实践来看，成功的议题设置需要充分考虑特定社会普遍信仰的主流政治文化，因为只有符合社会成员心之所向的议题才能得到普遍的关注和讨论，并产生预期的效果。考察美国政治传播活动的议题设置，不难发现很多议题是建基于自由民主这样的价值之上，是

---

① 阿尔蒙德，鲍威尔. 比较政治学：体系、过程和政策[M]. 曹沛霖，译. 北京：东方出版社，2007：26.
② 从学术史来看，学界对政治传播的理解有控制论与劝服论两个视角。我们讨论政治文化对政治传播的制约作用，当然是着眼于劝服论视角的政治传播，即把政治传播视为传播主体通过政治信息交流来争取政治认同的一种活动。

在有意拨动民众珍爱自由、民主的心弦。究其原因，美国虽然是一个移民国家，但其主流政治文化却是成熟、稳定和得到民众广泛认可的，其中的自由和民主就是美国政治文化中最核心的价值，所以传播主体在设置议题时自然会考虑到对这种核心价值观的回应，以便议题更容易引起民众的关注与认同。中国古代同样具有成熟、稳定、与当时的政治制度相匹配，且受到社会普遍高度认可的主流政治文化，且其历史更为悠久。中国历代王朝在建构王朝合法性的政治传播活动中无一例外地围绕天命、帝王圣德和正统性开展政治议题设置，究其根本，就是因为上述三个因素是中国古代政治文化中关涉政治合法性的核心因素，是其重要性不再受到任何质疑的元议题。

其次，政治话语与政治符号的选用须充分依托于深厚的政治文化。话语和象征符号是政治传播的基础载体。从政治传播实践来看，只有植根于社会成员共享的政治文化语境，政治话语及政治符号所承载的信息才能较为准确地被受众理解、接受，从而达到预期的传播效果。究其原因，政治话语的特定意涵和政治符号的象征意义是在漫长的政治文化积淀过程中逐渐形成的。基于这样的历史，传播者和受众对政治话语与政治符号的意义有不言而喻的共同体认。因此，作为受众的社会成员不仅能相对准确地接收、理解传播者依靠特定政治话语与政治符号发出的政治信息及其隐喻，而且基于对相关话语及象征符号意涵的认同，更容易与传播者达成共识，从而获得较为理想的政治传播效果。相反，脱离了相应的政治文化环境，政治话语与政治符号的运用就难以得到受众的准确理解与认同。举例来说，以纲常伦理为核心的中国古代政治话语以及代表帝王天命与圣德的符瑞神话是中国传统政治文明的产物，它们在中国传统政治中被广泛运用来开展有效的政治传播活动，但用到今天显然难以获得预期的传播效果。因为古今政治文明的性质及相应的政治文化是截然不同的。同样，西方自由、民主的话语与符号象征体系也难以原汁原味地移植于当代中国，因为虽然同处一个时代，但基于传统与体制的差异，中西政治文化依然是有巨大差别的。这种差别直接决定了中西政治话语的差异。

再次，成功的政治社会化离不开主流政治文化的成熟与稳定。政治社会化的实质是政治文化通过以政治传播为主的形式实现代际传承的过程。因此，政治社会化的进程是否顺利、效果是否理想，在很大程度上取决于政治文化的成熟与稳定度。中国古代的政治社会化相对来说比较成功，一个根本的原因就是中国古代政治文化的成熟与稳定，与当时政治制度非常匹配。英国著名政治学家芬纳（Samuel E. Fenner）在其享有盛誉的《统治史》（*The History of Government*）一书中曾赞叹说："中国的政治制度、社会结构和主流的价值体系相辅相成，这是自从早期的美索不达米亚和埃及政府以后从来没有过的，特别是西方更不曾有过的。"① 这一建立在儒学意识形态基础上的政治文化，不仅核心价值观非常明确，体系非常完备，而且得到了社会各阶层的普遍认同，深刻地影响了中国古代政治社会生活的方方面面。因此，虽经历不断的朝代变更与社会思潮冲击，它依然在整个社会的精神领域占主导地位。正是基于全社会，尤其是士大夫阶层对这一政治文化的推崇，中国古代才形成了国家与社会协力合作的政治文化传播体系，才产生了丰富的政治文化传播媒介，才创造了全社会普遍践行政治文化核心价值观的理想局面，并最终实现了政治文化的顺利传承。

二、当代中国多元、冲突的政治文化格局带来的政治传播困境

上文指出，一种理想的政治文化状态应该是与政治制度相匹配的主流政治文化成熟、稳定，并得到社会普遍认同与信奉，因而对多元政治亚文化有强大的整合和统摄能力。以此衡量当代中国的政治文化，不难发现距离这种理想状态还有相当大的差距。

从内容层面来看，成熟的政治文化不仅与政治制度相匹配，更有其明确而精练的核心价值观和与之配套的完备的价值体系。不论是古代中国还是当代西方英美等发达国家，莫不如此。反观改革开放以来的当代中国，社会主义核心价值观尚在探索和建设之中，核心价值体系自然也尚未最后形成。有

---

① 芬纳. 统治史：第1卷［M］. 马百亮，王震，译. 上海：华东师范大学出版社，2010：289.

研究指出:"任何一种政治文化都有其核心理念作为灵魂,核心理念决定着政治文化的性质与方向。"① 显然,一个核心价值观还在探索与培育的政治文化,不能说是成熟的。从社会认同层面来看,改革开放以来,随着经济、社会结构的发展变化和各类思潮的兴起,新中国成立以来原本一元化的政治文化状况被打破,在官方意识形态和主流政治文化不断发展的同时,新兴的各种社会思潮也在不同程度上对官方主导的意识形态与政治文化形成了冲击和挑战,各自影响了一部分民众。整个社会形成了多元政治文化并存和竞争的复杂局面。

从价值观角度出发,学界一般认为当代中国的政治文化格局呈现三足鼎立的态势,即官方倡导的以马克思主义为指导的社会主义主流政治文化,处于亚文化地位的中国传统政治文化以及西方资本主义政治文化。② 事实上,当代中国的政治文化格局远比这种三分法复杂,因为影响当代中国政治文化的社会思潮远远不止上述三种。例如,知名政论家马立诚就认为影响当代中国的主要社会思潮至少有八种,③ 而每一种社会思潮都或多或少地对中国的政治文化产生了不同程度的影响。更严重的是,这些社会思潮的价值观甚至在最基本的价值取向上往往也是冲突的,缺乏最基本的共识,因而难以相互沟通和对话。

概言之,处于传统与现代、东方与西方之间的当代中国,政治文化杂糅共存,缺乏被民众广泛认同的社会基本共识基础,呈现多元、混沌的不稳定状态。这种状况对政治和社会发展产生诸多负面影响,中国政治传播能力的提高,同样受困于当代中国政治文化未定型的混乱状态。

首先,由于主流政治文化不够成熟、稳定,不能有效整合、统摄多元的政治文化局面,作为政治传播主体的国家在设置议题时面临着特殊的困难,主体依据自身意识形态设置的议题难以收到预期的受众应有的普遍关注和反

---

① 李良栋.论如何构建当代中国政治文化的核心理念[J].政治学研究,2013(2):3-10.
② 李艳丽.政治亚文化:影响当代中国政治发展的特殊因素分析[M].武汉:武汉大学出版社,2008:95-96.
③ 马立诚.当代中国八种社会思潮[M].北京:社会科学文献出版社,2012.

应。实事求是地讲,近年来,相关部门和官方媒介一直在积极探索如何更好地设置宣传议题以期提高政治传播水平,但效果似乎并不理想,甚或事与愿违。某些重要议题在传播过程中要么无人问津,要么引来甚嚣尘上的负面评论,甚至被不断地嘲讽、误读或解构。出现这种现象的原因是多方面的,但官方倡导的主流价值观受到社会多元政治亚文化与价值观的冲击,认同度下降无疑是主要原因之一。

当然,多元政治文化背景之下议题设置的困难并非只在官方。事实上,各种思潮的鼓吹者在传播自身观点的同时也面临同样的困境。微博为观察当代中国各种思潮的议题提供了便利条件。稍加观察即可发现,各方议题往往冲突、对立,极端、偏激的言论充斥期间,所以看上去似乎众声喧哗、吵吵嚷嚷,实际上并没有有效的交流和对话,有的只是话语独白和讥讽、辱骂。这其实是混乱的政治文化在社会民众价值取向和心理态度上的折射和反映。

其次,政治话语的表达与政治符号的运用缺乏社会共享语境,使传播效果大打折扣。中国在以毛泽东为核心的党的第一代中央领导集体时期有一套社会共享的政治文化以及与之相匹配的政治话语与政治符号体系。仅就传播者意图的实现而言,可以说这套体系在当时是非常成功的。但是,改革开放至今,伴随着经济的发展、社会阶层的分化以及多元社会思潮的冲击形成的多元政治文化格局,使官方惯用的政治话语体系变得不适宜新环境的需要了。官方赋予特定政治符号的象征意义也常常成为传播主体的一厢情愿,难以得到预期的共鸣,甚至被恶搞、嘲笑,产生了适得其反的传播效果。有研究指出,良好的政治话语在受众思想中发生作用需要具备两个条件,"一是经过沉淀成为一种'隐喻';二是具有明确的价值指向。只有作为一种'隐喻'才能对受众的思想进行有效的'结构化';只有具备明确的价值指向,才能排斥受众思想中不同的价值取向"[①]。政治符号的象征意义显然也依托于这两个条件。反观当下中国,由于主流政治文化尚不够成熟,统摄力尚非足够强大,现实

[①] 荆学民,李海涛.论中国特色政治传播中的政治话语[J].青海社会科学,2014(1):1-7.

的政治话语与政治符号恰恰缺少这两个条件,语言和符号并未在日积月累的政治文化中积淀出共享的隐喻,同时,其价值取向也是混沌不清的。社会民众对语言的使用、对符号的解码、对修辞的理解都是深深植根于政治文化之中的。缺失了这种公认的价值体系,没有理解的共通性和约定俗成的表达习惯,对政治话语与政治符号的解读就五花八门,难以产生有效的政治传播。"雷锋"这一在当代中国本来含义非常明确的符号,在今天的运用难以收到预期的效果典型地反映了这一困境。

最后,困囿于政治文化的不成熟状态,当代中国的政治社会化进程也面临不少困难。政治社会化的实质是政治文化的扩散与传承,核心是政治价值观的传播与习得。严格来说,社会成员终其一生都在接受政治社会化,不过一般而言,政治社会化关注的传播对象主要是青少年。因为青少年处于人生观、价值观形成的关键阶段,是塑造政治人格的黄金时期。前文指出,中国古代由于主流政治文化的成熟,形成了社会与国家协力合作的政治文化传播体系,有着成功的政治社会化实践经历与经验。处于社会转型时期的当代中国则不同,面对多元社会思潮的冲击、社会利益的分化和新型信息传播技术的迅猛发展,尚未成熟的主流政治文化在传播的过程中面临着多方面的艰巨挑战。就成年公民而言,在这样的社会文化环境中,面对大众媒体与新媒体空间充斥着的、多元且相互冲突的舆论信息,自身的政治文化认知都难免会迷失于互斥的价值观念里,因而也就不能普遍主动、自觉地担负起向青少年传播主流政治文化的使命。换言之,当代中国尚未形成社会与国家协力合作的主流政治文化传播体系,在主流政治文化的社会化过程中,基本上是国家在唱独角戏。在这样的背景下,青少年的政治社会化就更不容乐观。目前的情况,他们接受主流政治文化教育的场所主要是学校。一旦离开学校,甚至在家庭接受的政治价值观也与学校不同。更不用说新型媒体与各种社会思潮叠加对青少年政治价值观形成的影响了。作为更敏感、更具叛逆性,但同时也更缺乏社会经验与辨别能力的群体,青少年无疑更容易受到多元社会思潮的吸引和影响。这自然给主流政治文化在这一群体中的传播造成了更大的困难。概言之，由于主流政治文化尚未成熟，整合与统摄能力尚不够强大，在多元社会思潮的冲击下，当代中国的政治社会化不论是针对成年公民还是青少年都面临着巨大的困难。而政治社会化的不成功，又导致社会民众对主流政治文化的认同弱化，从而在某种程度上甚至产生了恶性循环。

三、当代中国政治文化发展与政治传播能力提升

既然不成熟的政治文化是制约当代中国政治传播能力的重要因素之一，那么要解决这一问题，从根本上来说只能等待当代中国政治文化的发展与成熟。不过从历史经验来看，政治文化的转变、成熟和定型是一个漫长的过程，不可操之过急。西方自资产阶级革命以来以自由、民主为核心的政治文化大约经历了三百多年而逐渐成熟，中国古代以儒家学说为指导思想的政治文化的成熟与得到社会普遍认同也经历了数百年的时间。尤其值得注意的是，中国的政治文化属于所谓"文化中轴的政治文化"，与西方"制度中轴的政治文化"相比，中国政治文化中的文化属性和心理属性更为彰显，①这意味着在稳定发展的成熟时期，政治文化蕴涵的丰厚力量能稳固地支撑社会政治生活的变迁和动荡，不至于造成整个社会支离破碎、民心涣散的后果，但同时也意味着这种政治文化的形成和成熟比"制度中轴的政治文化"所需要的时间可能更长，更需要在漫长的政治、社会实践和思想、文化发展中不断地孕育、融合、积淀、成形和扩散，逐渐至成熟和稳定。

但是，反观当代中国，则其历史境遇与形成成熟、稳定的政治文化所需的历史条件截然相反。自鸦片战争以来，中国的政治、经济、社会和文化持续急剧变革，造成了传统政治文化的瓦解，但在1949年之前，从未形成受到社会普遍认同的新的主流政治文化。正如有的学者所言，近代以来，"中国政治文化始终在不断地自我更新或自我否定。每一个历时性结构都意味着对前

---

① 王沪宁. 转变中的中国政治文化结构 [J]. 复旦学报（社会科学版），1988（3）：55-64.

一种结构的否定或批判，结局是没有形成较为稳定的价值系统。每一种新的价值系统还没有渗透进社会政治文化的土壤就被淘汰了"[1]。当然，有一个重要的例外，那就是1949年至1976年，与当时政治和经济相对应的、官方主导的中国化的马克思主义作为唯一被允许存在的意识形态在全社会占据了统治地位，进而形成了当时的主流政治文化，不过这样的政治文化并不健康。改革开放以来，随着经济基础、社会结构的变化，以及西方思潮的冲击和传统文化的复兴，曾经短暂稳定的政治文化被迅速打破，中国社会在相当程度上重新进入了一种多元社会思潮并存、竞争，社会缺乏基本共识的混沌局面。虽然官方竭力推行主流意识形态，但整个社会的政治文化仍然呈现嬗变起伏、脆弱多元的样貌。这样的状态显然不利于成熟的、能够受到社会广泛认同的主流政治文化的形成。换言之，当代中国政治文化的成熟与稳定尚需较多时日。

既然当代中国政治文化的不成熟状态要持续较长时间，那么中国政治传播能力自然也会较长时间地受制于中国政治文化的发展水平，较长时间地面临前文分析的挑战与困境。当然，在深刻认识到政治文化是当代中国政治传播能力提升的重要制约性因素之一，从根本上摆脱相关困境有待于政治文化的发展与成熟的同时，我们也要意识到在现有状况下，政治传播并非没有提升的空间，而政治传播对于政治文化的发展与成熟也有重要的促进作用。要实现这样的目标，最关键的是传播主体要深刻认识当代中国的政治文化状况，在设置议题、选择政治表达方式以及推动政治社会化的过程中改变一元政治文化状态下的思维与习惯，能够设置出比一般社会思潮更具高度、更有包容性和统摄性的议题，寻找到社会政治认同的最大公约数，并且能够真正以平等的姿态交流、对话。不言而喻的是，这种背景下的政治传播能力提升是有其特殊困难与限度的，未必能完全达到预期效果。

综上所述，政治文化发展水平对政治传播有重要的制约作用，当代中国

---

[1] 王沪宁. 转变中的中国政治文化结构 [J]. 复旦学报（社会科学版），1988（3）：55-64.

主流政治文化不成熟的现状制约了中国的政治传播能力，而要改变这种状况，从根本上来说有待于中国政治文化的发展与成熟。需要指出的是，政治文化只是制约政治传播的政治因素之一，政治体制等其他政治因素同样会从不同侧面、不同程度地影响制约政治传播。从根本上来说，减少这些政治因素对政治传播能力的制约依然有待于政治本身的调整与发展，单单依靠传播技术的进步与传播策略的选择是无法从根本上有效解决这些问题的。因为归根到底，政治传播是政治的天然组成部分，所以必然受制于政治。

合法性与形象建构

符命神话与中国古代王朝的天命建构*
——基于政治传播视角的考察

作为一种特殊的政治话语，政治神话在以建构政治合法性为目的的政治传播活动中扮演着重要的角色。在古代中国，充当这一角色的重要政治神话之一是所谓符命神话。尤其是在王朝建立之初的政治合法性建构中，符命神话被历代王朝的建立者普遍地用来展示其天命，而天命是古代中国王朝合法性的根本依据。因此，研究符命神话的制造与传播是我们系统理解古代中国以建构政治合法性为目的的政治传播活动的一个重要环节。鉴于尚无从政治传播角度系统讨论这一问题的成果，本文拟对相关问题做一初步探索，以期推进学界对相关问题的认识。

一、符命神话的制造

符命神话是统治者（即传播主体）基于当时社会普遍的政治文化与知识结构刻意制造的一种政治神话。而这种刻意制造则基于符命神话在古代中国的特殊意义。依据江晓原的界定，所谓符命是兆示天命转移或归属的符瑞[①]。相比于一般符瑞，它具有如下两点特征：其一，它是直接关涉天命归属的；其二，它往往出现在朝代更迭之际。由此可见，符命神话是一种象征天命归

---

* 本文原载于《青海社会科学》2014 年第 1 期。
[①] 江晓原. 天学真原[M]. 南京：译林出版社，2011：96.

属的政治神话。正因为如此，刻意制造符命神话就成为新朝建立之际统治者建构王朝天命的必用手段之一。从记载来看，中国古代的符命神话可以分为帝王神话与一般符命神话两类。

（一）帝王神话

所谓帝王神话，是指以帝王本身为载体制造的符命神话。这些神话凸显了帝王非同常人的"体睿穷机，含灵独秀"①的奇异特征与神秘色彩，昭示帝王是天命眷顾的真命天子。这就为帝王宣称自己拥有天命提供了令人信服的重要论据。对开国帝王而言，因为其承载着所谓天命转移的使命，所以建构帝王神话尤其必要。据统计，自汉代开始，算上曹丕、王莽、刘备、孙权，中国古代开国帝王有神话的共23人，占开国帝王总数的92%。②这些帝王神话主要有如下三种类型。

第一，感生神话。这种神话的制造基于古代中国流行的"圣人皆无父，感天而生"③的信仰，意在表明神话的主人公是上天之子。由于其寓意天命最为明确，所以在帝王神话中，这种神话最为常见。如《史记》记载："（汉）高祖……母曰刘媪。其先刘媪尝息大泽之陂，梦与神遇。是时雷电晦冥，太公往视，则见蛟龙于其上。已而有身，遂产高祖。"④其他开国帝王如北魏太祖拓跋珪、辽太祖耶律阿保机、明太祖朱元璋、清世祖福临等也皆有感生神话。

第二，相貌异象神话。相术在古代中国源远流长，绵延不绝，几乎为全社会所笃信。其理论宣称可以通过观察体貌特征而预知人的前途和命运。帝王因身膺天命，其面相必然有迥异于常人之处。史籍中记载了不少有关开国帝王相貌异象与相士预告其将为真命天子的神话。如：

---

① 沈约.宋书［M］.北京：中华书局，1974：759.
② 孙广德.我国正史中的政治神话［A］//杜维运，等.中国史学论文选集：第6辑.台北：幼狮文化事业有限公司，1986：65.
③ 许慎.五经异义［M］//冷德熙.超越神话：纬书政治神话研究.北京：东方出版社，1996：97.
④ 司马迁.史记［M］.北京：中华书局，1982：341.

（南梁高祖萧衍）生而有异光，状貌殊特，日角龙颜，重岳虎顾，舌文八字，项有浮光，身映日无影，两胯骈骨，项上隆起，有文在右手曰"武"……有一老人谓帝曰："君龙行虎步，相不可言，天下方乱，安之者其在君乎？"问其名氏，忽然不见。①

此外，如汉高祖刘邦、北周太祖宇文泰、隋高祖杨坚也都有非常著名的异象神话。

第三，异事神话。所谓异事神话，是发生在帝王身上的奇异之事。这些事具有预言和神话色彩，可以作为帝王，尤其是开国之君具有天命的符兆。相比于前两种帝王神话，异事神话的数量稍微少一些，但史书中也有著名的事例，其中刘邦斩蛇就是最典型的例子：

（汉）高祖被酒，夜径泽中，令一人行前。行者还报曰："前有大蛇挡径，愿还。"高祖醉，曰："壮士行，何畏！"乃前，拔剑击斩蛇。蛇遂分为两，径开……后人来至蛇所，有一老妪夜哭。人问何哭？……妪曰："吾子，白帝子也，化为蛇，当道，今为赤帝子斩之，故哭。"人以为妪为不诚，欲告之，妪因忽不见……②

（二）一般符命神话

除帝王神话之外，古代中国还有诸多形式的符命神话被制造出来。概括而言，一种是对自然界特殊现象的神话解读，一种是人为制造的谶言神话。以下我们分别举例来做一简要说明。

第一，解读自然异象制造的符命神话。此类神话是通过对天地之间天文、自然异象的解读形成的，神话的载体并没有任何文字说明。如：

---

① 李延寿. 南史 [M]. 北京：中华书局，1975：168.
② 司马迁. 史记 [M]. 北京：中华书局，1982：347.

晋恭帝元熙元年……七月，月犯岁星。己卯，月犯太微，太白昼见……自义熙元年至是，太白经天者九，日蚀者四，皆从上始。革代更王，臣民失君之象也……二年六月，晋帝逊位，高祖入宫。①

这段有关天象的记载，描述的是东晋末年的天文异象，这种自然现象在当时的天学知识中被认为是改朝换代的符命，对这种异象的占卜与解读，就为刘裕代晋建宋提供了重要的天命论证。

此外，在王朝建立前后或建立新朝的帝王诞生前后出现的一些自然异象，如所谓凤凰来、麒麟现、灵芝出、嘉禾生、甘露降之类本来被视为政治修明象征的符瑞神话，也会由于其出现的时间的特殊性而被解读为符命，从而与真正意义上的符命神话共同组成新王朝的符命神话体系。

第二，人为制造的谶言符命神话。此类神话的特征是具有寓意的文字成为神话的重要组成部分。这种符命神话可以假托自然异象出现，也可以通过歌谣、文本等其他形式出现。前者如王莽代汉之前，有人奏武功浚井获得白石，"上圆下方，有丹书著石，文曰'告汉安公莽为皇帝'"②。这被视为王莽获得天命的重要符命。后者如刘秀称帝前，有人从关中奉《赤伏符》，文曰："刘秀发兵捕不道，四夷云集龙斗野，四七之际火为主。"③这则符命成为刘秀称帝最重要的天命证据。

综上，不论是以帝王本身为载体的帝王神话，还是以自然异象与谶言为载体的其他符命神话，其目的无非是想表明神话的主体是天命新的承载者，从而可以有效地争取民众的合法性认同。由于符命神话在象征天命方面的特殊功效，历代开国之君都非常注重制造符命神话，特别是对自身建立新朝合法性认同缺乏自信的王朝，更是热衷于制造多种多样的符命神话，以表明自己称帝建朝是天命所归。如王莽、武则天以及宋、齐、梁、陈等以特殊方式建立王朝的开国之君都制造了大量的符命神话。其中，王莽精心制作的符命

---

① 沈约.宋书[M].北京：中华书局，1974：739.
② 班固.汉书[M].北京：中华书局，1962：4078-4079.
③ 范晔.后汉书[M].北京：中华书局，1965：21.

神话总计竟达 42 篇①，王莽可谓是建制之际制造符命神话最全面系统的一位。

二、符命神话的传播

依靠符命神话建构天命，继而用天命论证政权的合法性是一个完整的政治传播过程。作为一个完整的过程，制造符命神话虽然至关重要，但这只是这一政治传播活动的第一步，符命神话制造完，还需要成功地传布给受众，并使受众能够相信和认同。只有这样，这一政治传播活动才是完整和成功的，否则，神话的制造就失去了意义。正因为如此，古代新建各王朝特别重视符命神话的广泛传播，从历史记载来看，古代中国符命神话的传播主要有两种模式，一种是官方传播，另一种是非官方传播。

所谓官方传播是指以官方信息传递系统为渠道的符命神话传播。从文献来看，帝王的即位诏书往往会明确宣称自己建立新朝有符命为依据，以此证明自己取代前朝是受天明命的义举。即位诏书由此成为最重要的符命神话传播媒介。刘裕代晋建宋的即位诏书即一个典型文本，在运用政治修辞技术，极尽文辞之能颂扬了刘裕的圣德伟绩之后，诏书紧接着叙述了新朝的符命依据，文曰：

> 至乃三灵垂象，山川告祥，人神协祉，岁月滋著。是以群公卿士，亿兆夷人，佥曰："皇灵降鉴于上，晋朝款诚于下，天命不可以久淹，宸极不可以暂旷。"遂逼群议，恭兹大礼。②

文中所谓"三灵垂象，山川告祥"，以及"皇灵降鉴于上"均意指符命，目的是向世人昭示自己建立新政权是遵循天意的正义之举。这种情况非常普遍，如南朝除宋之外，后续的齐、梁、陈诸朝也均沿袭了这一模式。当然，

---

① 班固.汉书[M].北京：中华书局，1962：4122.
② 李延寿.南史[M].北京：中华书局，1975：24.

还有的即位诏书直接把重要的符命神话写入诏书，如刘秀的即位祝文明确引用了关键的谶言符命来论证自身的天命：

> 谶记曰："刘秀发兵捕不道，卯金修德为天子。"秀犹固辞，至于再，至于三。群下佥曰："皇天大命，不可稽留。"敢不敬承。①

这些诏书作为新王朝建立时最重要的公文，不仅会在登基仪式上对大臣与外藩使臣公开宣读，而且会依据需要，通过王朝的信息传播系统传布到统治者认为需要予以传达的任何地域与各级臣民之中。此外，古代中国成熟而完备的史书编修传统，也使这些符命神话可以载入史册、长久流传，成为其后世子孙证明本朝合法性的重要依据与此后历朝制造相应符命的历史根据。

除以即位诏书为载体散播符命神话外，有的开国帝王还特别编辑符命神话集，派遣专人四处散播，不仅遍告中原地区，还远达所谓"徼外蛮夷"之地。王莽即典型例子。建立新朝之后，王莽曾派出王奇等12人为五威将，颁符命42篇于天下。其策命要求这些五威将"普天之下，迄于四表，靡所不至"②。史书记载，这些人东出者，至玄菟、乐浪、高句丽、扶余；南出者至益州；西出者，至西域；北出者，至匈奴庭。③将象征王莽天命的符命集传布到了当时与中原王朝有政治关系的所有地方。在远赴各地传播符命的路途中，五威将的车马服饰还进行了精心的装饰，以郑重其事、扰动视听，最大限度地扩大传播效果。

需要指出的是，就形式而言，官方传播不仅包括以新朝缔造者为传播主体的传播活动，还包括以旧朝帝王或臣民为传播主体的传播活动。后者在权臣以禅让形式建立新朝的朝代更替中极为普遍。以旧朝帝王为传播主体的传播，是指旧朝帝王在相关禅位诏书中公开承认禅位对象的符命神话，并以此为根据之一承认天命已经转移，自身将帝位禅让给篡夺者是顺应天命之举。

---

① 范晔. 后汉书[M]. 北京：中华书局，1965：22.
② 班固. 汉书[M]. 北京：中华书局，1962：4115.
③ 班固. 汉书[M]. 北京：中华书局，1962：4115.

如北周末帝在禅让帝位给隋朝建立者杨坚的诏书中就依据符命异象承认北周天命已失,"布新之贶,焕然在下"[①],杨坚建立新朝是天命所归。以臣民为主体的传播,是指臣民通过官方渠道上奏符命神话的传播活动。其中既有专职官员对具有符命意涵的天文异象的奏报,也有地方官民对本地出现的具有符命含义的异象的报告。这些上报是公开的,而且帝王要下诏回应这些上报,所以这也是符命神话传播的有效途径。需要说明的是,在以禅让形式进行的王朝更替中,虽然有些报告是在旧朝尚存时报告给旧朝帝王的,但政治环境使大家对符命的含义皆心知肚明。

相对于官方传播,我们所说的符命神话的非官方传播,主要是指其以谣言的形式在社会广泛传播。依据被西方学界视为谣言研究奠基人的奥尔波特的定义,谣言"是一种通常以口头形式在人群中传播,目前没有可靠证明标准的特殊陈述",并且"谣言一般是特殊的和有关时事的"[②]。由此定义可知,谣言既是一种有关时事的、证据不能以可靠标准考查的信息,同时还具有特殊的传播方式。本文将其视为符命神话的一种非官方传播方式,恰恰是从这两个方面来理解其内涵的。

考察符命神话不难发现,很多帝王神话在最初主要是依靠谣言这种形式传播的,对开国帝王而言,尤是如此。一则这些开国帝王的神话皆发生在其诞生前后或者青少年时期,最迟也在其登基之前。这些符命神话所述及的内容多无法考证,所以就其内容而言,只适合以谣言的形式传播。二则当时他们也不掌握官方传播系统,在传播途径的选择上,也只能通过民间谣言形式。

虽然符命神话以谣言的形式传播大量地表现为口头传播,但这并不是唯一的传播方式,有些谣言也以文字为媒介进行传播。两汉时期就有大量的谶纬文本流传于世,刘秀称帝重要的符命谶言神话"刘秀发兵捕不道,卯金修德为天子"就来自《赤伏符》这一谶纬文集。

需要说明的是,这些以谣言形式传播的帝王符命神话,一旦时机成熟,

---

① 魏征.隋书[M].北京:中华书局,1973:12.
② 奥尔波特,等.谣言心理学[M].刘水平,梁元元,黄鹂,译.沈阳:辽宁教育出版社,2003:原版序.

就会被官方纳入官方传播渠道。上述有关刘秀的谶言神话就被刘秀写入即位诏书中予以传播,而历代官修史书对帝王神话的记载,事实上也把原本以谣言流传的帝王神话纳入了官方传播系统。不仅如此,有的朝代还以实物的形式再现帝王神话。如依据汉代礼制,获自秦朝、刻有"受天之命,皇帝寿昌"字样的传国玺,"与斩白蛇剑俱为乘舆所宝"①,"法驾出,则多识者一人负传国玺,操斩白蛇剑,参乘"②。出行时这种仪制,无非是为了以实物再现刘邦的符命神话,不断唤起人们对汉朝天命的认同。

三、符命神话建构王朝天命的效果评析

从政治传播的视角来看,符命神话必须对王朝的天命建构产生积极效果才有价值,否则,这种政治神话的传播活动就是失败的。而要产生积极效果,这种神话不仅需要能够迅速而广泛地传播,而且需要得到臣民的普遍相信与认同。以下我们就从这两个维度逐一讨论分析。

先分析符命神话传播的速度与广度。处在网络信息时代的我们显然会感觉古代信息的传播是迟缓与范围受限的,但政治信息从来不是抽象存在的,它的存在与发挥作用必然与特定的历史阶段与政治环境相互耦合。就古代中国而言,庞大王朝的长期存在与有效治理,表明信息传递的速度与广度足以应付当时的需要。从上文所述符命神话的传播来看,不仅有以制度与朝廷意志为保障的官方传播模式保证其传播的速度与范围——这是统治者独占的无可比拟的优势,而且有以谣言为媒介的非官方传播方式予以助力——这是被研究者公认的一种传播扩散速度极为迅速的信息传播方式——我们有理由相信在当时的历史阶段,王朝符命信息传播的速度与广度是可以得到保证的。

难点是第二个维度,即符命神话的受认同程度,一项历史考察,我们不可能以实验的方法来测定受众的认同程度,只能主要通过对符命神话预期受

---

① 沈约. 宋书[M]. 北京:中华书局,1974:506.
② 沈约. 宋书[M]. 北京:中华书局,1974:1239.

众所处的历史文化环境来推断其传播效果,因为传播的实质无非是以符号为媒介的信息交流,传播的效果从根本上来说是由传播者和受众对符号理解的异同来决定的,而对符号理解是基于文化信仰与符号传播时的具体历史背景的。

古代中国王朝建立时的符命神话的制造和传播基于自上古以来即形成的根深蒂固的天命信仰,依据这种信仰,天命会以各种异象昭示。历代有层出不穷、形式繁多的符命神话,但揆诸前史,会发现这些符命神话其实都是有历史渊源的,在很大程度上是重复或相似的异象,而这些异象早已被社会公认为是天命的象征。不仅如此,这些异象神话还通过各种文献在古代中国广为流传,不断强化民众的历史记忆。简言之,从文化信仰的历史背景来看,符命神话作为一种政治符号,其蕴含的天命信息很自然地会被受众认同和接受,问题的关键只在于何时相信符命神话、相信何人的符命神话。

从历史来看,符命神话产生和流行的时期都是在王朝更迭前后。这个时期往往政治腐败、社会动荡,人心思变。此时出现符命神话,迎合了人们求变的心理,因而会受到广泛关注和认同。而符命神话的主人公往往是旧政权的取代者,不仅地位重要,而且在取得政权之后还可以运用政府资源开展符命神话的宣传。依据古代中国的政治文化,在这样的历史时期,只要其治国理政的观念与政策符合民众的希望,民众就更容易认同其统治,当然也就更相信有关他的符命神话。此外,历代王朝的建立者不断重复制造与传播符命神话的历史事实也说明这种政治神话在王朝天命建构中具有积极效果。

符命神话在古代中国王朝天命建构中发挥积极作用的事实表明,政治神话的运用一定要建立在社会的普遍信仰和历史记忆的基础上,并且要把握好时机,否则依靠这种特殊政治话语开展政治传播建立合法性认同就有可能真正成为"神话"。

受命仪式与中国古代王朝的天命建构*

政治仪式作为一种受规则支配、具有沟通性和象征性特征的政治活动,[①]天然地具有政治传播的功能,在政治合法性的建构与维系中扮演着重要的角色。就中国古代政治而言,其重要作用主要体现在王朝政治合法性的根本依据——天命的建构上,因此我们也可以更准确地称之为受命仪式。从历史来看,受命仪式不是一种单一的政治仪式,它是由劝进、禅让、祭祀、改制等一系列仪式组成的一个仪式群,目的是通过运用多种象征手段最大限度地展示新建王朝的天命,以寻求臣民对王朝政治合法性的认同。目前尚未见到从天命建构的角度系统分析这些仪式政治传播功能的研究成果,因此本文希望对此问题做一初步探讨,以便推进我们对相关问题的认识。

一、劝进仪式

一般来说,古代王朝的更迭往往是暴力与权谋的结果。新王朝的建立者或者是以暴力推翻前朝而获得帝位,或者是依靠权势和权谋篡夺前朝而获建新朝。但在形式上,则必然制造成是臣民拥戴,称帝者顺应民心的结果,因为依据古代中国政治文化,民心所向是天命的重要依据。不同于现代民主政治,古代中国的民心不是用投票的形式表现出来的,而是用劝进这种仪式性

---

* 本文原载于《中国传媒海外报告》2014 年第 1 期。
① 马敏. 政治象征 [M]. 北京:中央编译出版社,2012:104.

的政治活动展现的。

从历史记载来看，不论是通过暴力革命建立的王朝如两汉、辽、金、元、明、清等王朝，还是通过禅让形式建立的王朝，如新莽、南朝、隋、唐等，每一个开国帝王在正式登基建立新朝以前，都有臣民劝进的记载。

以暴力革命建立新王朝的，其领袖要称帝建立新朝，必然会有一个下属劝进的过程，而且往往是多次劝进之后，被劝者才宣布迫于天命与众议，不得已称帝建朝。如汉高祖刘邦称帝之前，即有楚王韩信等各诸侯王和其他大臣三百余人劝进，请其称帝。东汉的建立者刘秀在称帝之前也被下属屡次劝进，直到最后有人从关中奉《赤伏符》前来，声称刘秀成为天子有明确的谶言符命昭示，群臣再劝进，刘秀才登基建立东汉。此外，如上述辽、金、元、明、清诸朝的建立者在称帝之前也皆有大臣劝进的记载。

以权臣篡权、前朝禅让方式建立的新王朝，在建立过程中一个主要的合法化程序是禅让，但是在前朝末帝禅让与新朝建立者称帝之间，依然少不了诸侯、群臣的劝进环节。因为必须有这个环节，才能向社会表明新朝的天命不仅得到了前朝帝王的认可，而且得到了臣民的普遍拥护，才能减少篡权的痕迹，增加政权的合法性。史载南朝宋的建立者刘裕，在东晋末帝下诏将帝位禅让与他，并主动逊居琅琊王第之后，其依然"奉表陈让"，"于是陈留王虔嗣等二百七十人，及宋台群臣，并上表劝进，上（指刘裕）犹不许。太史令骆达陈天文符瑞数十条，群臣又固请，王乃从之"。（《宋书·武帝本纪》）刘裕并不是个案，此前的新莽、魏、晋，此后的齐、梁、陈、隋、唐等以禅让方式建立的新朝无一例外地遵循了这一模式。

纵览古代中国王朝新建时期的劝进活动，不仅几乎历代都有，而且普遍呈现如下三个特点，仪式性的特质非常明显。其一，参与劝进活动的人数众多。如南朝萧衍建梁之前，参与劝进的有"齐百官豫章王元琳等八百一十九人，及梁台侍中范云等一百一十七人"。（《梁书·武帝本纪》）而王莽即位之前，劝进之人竟然达到创纪录的四十八万七千五百七十二人，① 在古代中国

---

① 钱穆.国史大纲：上册[M].北京：中华书局，1996：152.

的通信条件下，能达到这样的数字，不能不令人惊讶！其二，被劝进者往往一再辞让，劝进者则必然再三劝进，并非群臣一劝进，帝王则即位。史书中有关劝进活动的记载充满了被劝进者"固辞""不允""三让"，劝进者"固请""至于再三"等词汇，可知这种劝进仪式是包括多次劝进行为的。其三，圣德与符命是劝进时的主要依据，而有些朝代的劝进往往在系统论证符命之后，被劝者会表示接受劝进。

前文已经指出，建立新朝的帝王往往是处心积虑的反叛者或者权臣，其欲建朝称帝的野心本来是"司马昭之心，路人皆知"，但是基于古代中国的政治文化，必然要有一个劝进的过程，通过这个仪式，可以更好地宣扬其圣德与天命，可以更好地为其称帝建基制造万民拥戴的舆论氛围，因为唯有如此，才能把处心积虑追求的个人野心，塑造为天命所示、臣民所推，自身被迫承乏以顺应天意民心的大公之举，才能更有利于建立其合法性。当然，正因为这是一个有意设计的仪式，其目的在以象征的手法表明其称帝建朝是天命所归，所以，我们把这种仪式看作一种不折不扣的政治传播行为。

二、禅让仪式

禅让是古代中国新旧王朝更替的两种主要方式之一。① 仅从形式来看，上古时期的尧舜、舜禹之间即是通过禅让的方式实现政权更替的，这也成为此后历代通过禅让方式实现王朝更替的历史依据。但必须指出的是，相对于传说中的尧舜、舜禹之间的禅让，后代的禅让实质上是权臣的篡夺。本文视"禅让"为一种仪式，就是表明其是一种操演性的政治象征行为，具有鲜明的政治传播意图。

---

① 另一种方式被概括为"放伐"。参见：朴炳奭.中国古代朝代更迭：易姓革命的思想、正当化及其正当性研究[M].上海：同济大学出版社，2011：1。由于禅让只是王朝更替的形式之一，所以禅让仪式并非所有王朝更替时的必然受命仪式，但其他三种仪式则出现在每一次王朝更替、新朝建立的历史变革时期。

近现代学者对尧、舜、禹的禅让是否真实有争议，①但从政治文化的角度来看，尧、舜、禹的禅让是事实或仅仅是先秦思想家的建构并不重要，重要的是自战国以来，古代中国形成了尧、舜、禹之间禅让帝位的历史记忆，而这种记忆所承载的天下为公的精神，即帝位不是私传子弟，而是传给具有贤能圣德，可以治国安民因而得到上天与民众认可的圣人的政治文化，深受中国人推崇。正是基于这样的历史记忆和政治文化背景，秦汉以后以权臣篡夺政权而建立的新王朝才可以上演禅让仪式，而这种禅让仪式也才应该被视为是一种精心策划的政治传播活动。因为这种仪式象征了新朝建立者以其圣德贤能赢得了天命、民心，旧朝统治者充分认识到了天命的归属，主动把天下交给了前者。这种由旧朝统治者对本朝取代者的天命认可，无疑对新朝的天命与合法性建构具有非常重大的意义。

秦汉以来，以禅让方式建立的朝代有新莽，曹魏，西晋，南朝的宋、齐、梁、陈，北朝的北齐、北周，以及隋、唐、后周、北宋等。我们说它们以禅让方式建立，是指它们的建立过程有一个禅让的仪式，就历史实质而言，它们都是通过权臣篡位的方式建立的。禅让只是使其合法化的一个重要政治仪式。

依据台湾学者王寿南的研究，我们可以把禅让过程归结为五个步骤，即将建新朝者勤王、受九锡、前朝帝王禅让、群臣劝进和新帝王即位。②南朝的宋、齐、梁、陈都是通过禅让仪式实现王朝更替的，而且整个禅让过程比较相似和完整，为我们观察禅让仪式提供了良好的条件。我们选择刘宋政权的建立来了解一下这一程序及其政治传播功能。

宋的建立者刘裕，本是东晋北府兵的一名将领，东晋后期权臣桓玄反叛，废晋安帝自立，刘裕站在东晋王朝一边，率兵攻灭桓玄，恢复了东晋王朝，使安帝得以复位。这是其勤王之功，也是其掌握大权的开始。晋安帝义熙十二年（公元416年），晋帝授予刘裕九锡，同时加封其为宋公，"位在诸侯王

---

① 朴炳奭.中国古代朝代更迭：易姓革命的思想、正当化及其正当性研究[M].上海：同济大学出版社，2011：72-74.
② 王寿南.中国历代创业帝王[M].桂林：广西师范大学出版社，2007：115.

上"。(《南史·宋武帝本纪》)所谓九锡之礼,已经是人臣能够获赐的最高礼遇,历史上凡受九锡者几乎皆在不久之后建立新朝,可见九锡之礼是权臣即将篡位的象征。刘裕被授九锡、封宋公后不久,义熙十四年(公元418年)晋安帝又晋封其为宋王,两年之后,晋朝最后一位皇帝恭帝发布禅让文书,正式禅让帝位于刘裕。刘裕假意辞让,东晋的陈留王虔嗣等数百人上表劝进,掌管天文的官员呈天文符应,反复数次,刘裕最终才同意登基做皇帝。

上述事件看上去是一个自然发生的历史过程,事实上却是作为传播主体的篡权者运用象征符号来寻求臣民对其建立新王朝的合法性认同的政治传播过程。禅让的形式只是为了掩盖篡权的实质,正是在这个意义上,我们才把这种禅让称为一种政治仪式。为了说明这一点,我们只需要指出,这种禅让仪式的每一个步骤,尤其是受九锡和最终的禅让其实都是篡权者授意或逼迫的就足够了。

依据司马光的叙述,在晋帝授予刘裕九锡之前,是身为太尉、掌握兵权的刘裕本人"遣左长史王弘还建康,讽朝廷求九锡"。(《资治通鉴》卷一一七)这表明启动这一仪式的幕后推手就是刘裕本人。而在晋帝正式颁发禅让诏书之前,也是刘裕召集朝臣宴饮,在陈述自己的丰功伟绩之后,言不由衷地表示自己准备"奉还爵位,归老京师"。(《资治通鉴》卷一一九)晋的中书令傅亮悟出其意后,逼晋恭帝禅让与刘裕。由此可见,刘裕代晋的整个禅让过程其实都是刘裕精心策划的政治仪式。事实上,每一个禅让仪式都是篡夺者精心设计的争取臣民合法性认同的政治传播活动。

上文已经指出,禅让仪式的政治传播功能,是可以借此形式宣扬新王朝的建立者获得了民心、天命,以至于前朝统治者遵循天意,主动把天下禅让与前者,从而寻求臣民对新朝的合法性认同。但是,其意义还不仅仅在于禅让这一仪式所表明的天命转移的政治意涵。禅让仪式整个过程的每一步,也是受禅者不断宣扬其德能和天命、建构其代旧立新合法性的重要步骤,前文对此已有提及。总之,在篡权者最终建立新朝之前,已经依靠禅让仪式这一过程,不断塑造自身的天命和德性,成功地影响了社会舆论,臣民对其篡位夺权已经不再感到突兀，认为那不过是水到渠成的结果。这对其建立新朝的合法性是非常有利的。

三、祭祀仪式

祭祀在古代中国政治中具有举足轻重的重要地位，《左传》说："国之大事，在祀与戎。"（《左传·成公十三年》）而被视为古代中国治国理政根本宪章的《洪范》，则把祭祀排在"食"和"货"之后，作为"八政"的第三项，其地位仅次于养民。（《尚书·洪范》）祭祀在古代中国政治中之所以如此重要，是因为政府基于社会对天人感应的普遍信仰，依靠各种各样的祭祀仪式来展现天命、维持统治秩序。正因为如此，我们才把这种国家主导的祭祀视为一种政治仪式而非宗教仪式，才讨论其政治传播功能。

古代中国由国家主导的祭祀数目繁多，而且贯穿每一个王朝的始终。但是，就新王朝的天命建构而言，首要的祭祀就是帝王登基当日的祭天大典。古代中国，每一个王朝建立之际，都要在都城的南郊举行祭天大典。这是新朝帝王的第一次郊祀大典。这次郊祀大典的重要意义在于宣告新朝的建立，并首次建立起新帝王与上天的沟通体系，因此在王朝天命建构的环节中意义重大。

从文献来看，这次祭祀是祭祀当中礼仪最为庄重的一次，也往往是参加人数众多的。礼仪的庄重可以让参加者充分感受到仪式的神圣，从而产生对天命的敬畏，而人数的众多则可以使新朝的天命得到广泛的见证。对新王朝的天命建构而言，这两个因素都是非常必要的。

在这一重大祭祀活动中，一个很重要的仪式是燔柴。依据《后汉书》的解释，之所以要燔柴，是因为"天高不可达，故燔柴以祭之，庶高烟上通也"。（《后汉书·光武帝本纪》）可见，燔柴被认为是帝王与上天沟通的重要途径，柴烟被视为一种通向上天的媒介，可以把新朝建立的消息报告于上天。

当然，相对于报告消息于上天而言，首次郊祀的更大政治意义在于宣告新帝王开始取得了与上天沟通的权力。在古代中国，这种权力是被垄断的，谁拥有了这种权力，谁就被认为获得了天命。从实际政治统治来看，新帝王的郊祀之礼，与其说是为了报告上天，还不如说其更实际的目的与效果是使臣民相信他拥有了天命。正因为如此，参加这项祭祀活动的人员必然是广泛而重要的。《晋书》对司马炎建立西晋时郊祀的记述，给了我们了解参加这一祭祀活动人员数目的机会：

> 泰始元年冬十二月丙寅，设坛于南郊，百僚在位即匈奴南单于四夷会者数万人，柴燎告于上帝。（《晋书·武帝本纪》）

《明史》有关登极仪的礼仪规定，也能让我们对这一仪式的政治传播意义有更多的了解。依据记载，在帝王于南郊祭天即位的当天，"丞相率百官以及都民耆老，拜贺舞蹈，呼万岁者三"。（《明史·礼七》）由上述两条史料不难看出，郊祀作为登极帝王尤其是新朝建立者的第一次祭祀活动，从根本上来说，是以祭祀上天的形式展现自身的天命权威，并寻求具有政治代表意义的臣僚、藩属及民众对其天命的普遍认同，从而建立新王朝的合法性。

在郊祀仪式上，即位新君要公开宣读一篇祝文，这篇祝文形式上是写给上天的，文中会充分阐述新朝建立者的圣德功勋、天命符应和臣民的拥戴，表明登基者是一个足堪荣膺天命且顺天应人的真命天子。我们当然知道，这种祝文与其说是向上天报告，不如说是向天下臣民展现其天命所归的理由与证据，与其说是争取天的保佑，不如说是争取天下臣民的合法性认同。因此，这也是构成郊祀仪式政治传播功能中的一个重要环节。

简言之，与前两种受命仪式相比，祭祀仪式直接展示的是帝王与天的沟通特权，而在古代中国的知识体系与政治信仰中，"垄断通天手段是获得政治权威、确立王权的必要条件"[①]。特别对于新朝建立之际的郊祀祭天仪式来说，这是新的统治者开始获得与天沟通的特权的象征，因此具有特殊重要的意义，其操演礼仪的庄重性、参与者的人数与代表性也更为可观。

---

① 江晓原.天学真原[M].南京：译林出版社，2011：97.

四、改制仪式

改制是古代中国王朝兴替之时新朝表明获授天命的重要政治仪式之一。对于这一仪式的重要性,汉代大儒董仲舒在《春秋繁露》一书中有明确的阐述:

> 受命于天,异姓更王,非继前王而王也。若一因前制,修故业,而无有所改,是与继前王而王者无以别。受命之君,天之所大显也……今天大显己,物袭所代而率与同,则不显不明,非天志。
> (《春秋繁露·楚庄王第一》)

简单来说,就是建立新朝之君如果不改制,就不足以彰显自身受天明命、代旧立新的政治身份,就不足以彰显自身获得政权是顺应天命所为。所以,改制是古代中国历代王朝建立时必有的政治仪式。

当然,董仲舒其实只是基于其天人感应的理论对既有事实的一种解读。从根本上来说,古代中国这种异代改制的做法源于政治理论上的五德终始说。所谓五德终始说,"就是以朝代帝王与木火土金水的五德相配,依五行生胜的原理,以解释朝代帝王的更替的理论"。[1] 依据这种理论,所谓天命,是按照五德传承循环的(不论是相胜还是相生),只有符合五德循环的次序与规律,新帝王的天命才能获得认可。

那么,古代中国作为一种受命仪式的改制到底是改什么呢?依照董仲舒的说法,叫"徙居处、更称号、改正朔、易服色"。(《春秋繁露·楚庄王第一》)《白虎通义》则将其概括为"改正朔、易服色、殊徽号、异器械、别衣服"。(《白虎通义·三正》)从历史实践来看,最明显的是改正朔与易服色,

---

[1] 孙广德. 先秦两汉阴阳五行说的政治思想 [M] // 朴炳奭. 中国古代朝代更迭:易姓革命的思想、正当化及其正当性研究. 上海:同济大学出版社,2011:169.

而二者也最能直接影响全体臣民，直观地向臣民表明新王朝是承顺天命建立的。

先来说"改正朔"。依据《礼记集说》："正者，年之始。朔者，月之初。"（陈浩《礼记集说·大传第十六》注）改正朔就是重新确定年与月的开始。这样的改动显然会涉及每一个人的生活，加之古代中国政治文化中大家对改正朔意义的普遍认识，因此不论从传播范围还是从传播效果来看，改正朔都是展现新王朝建立者的天命，制造合法性认同的重要政治传播活动。作为官方化儒学权威文献的《白虎通义》对此有深刻的阐述：

> 王者受命必改朔何？明异姓，示不相袭也。明受之于天，不受之于人，所以变易民心，革其耳目，以助化也。（《白虎通义·三正》）

正因为改正朔有如此有效而重要的展示天命、制造合法性认同的政治传播功能，所以历代统治者建立新朝之初往往都会宣布改正朔，这成为新朝建立的一项标志性仪式。《尚书大传》言："夏以十三月为正……以平旦为朔。殷以十二月为正……以鸡鸣为朔。周以十一月为正……，以夜半为朔。"（《白虎通义·三正》）秦朝建立之初，则宣布以十月为正。汉武帝之后，除个别朝代外，大多以夏正为正，"改正朔"就变成了改年号与颁布新历。

当然，从历史来看，改年号与改历法并非只发生在王朝建立之初，不同帝王登基，乃至同一帝王都会有改年号的举动，如汉武帝本人就有十一个年号，而同一王朝，也可能前后用不同的历法，如这些事实上都和展示王朝或帝王的天命有关。我们这里强调第一次对新王朝建构其天命的重要意义，是因为第一次更改是伴随朝代的更迭与新国号的建立而变更的，所以其意义更为重大。

改制仪式的第二个重要内容是"易服色"。所谓"服色"，各个王朝的指代有变化，总体来说是指舆马、服饰、旗帜、祭祀的牺牲的颜色。简单而言就是各个朝代特别崇仰的颜色，古文称之为"尚某色"。在古代中国，所尚颜色是与新建立的王朝对其五德相胜或五德相生理论所确定的德运相一致的。如黄帝是土德，服色尚黄；夏是木德，服色尚青；商是金德，服色尚白；周是火德，服色尚赤；秦是水德，服色尚黑。西汉初期沿袭秦的水德，色尚黑，文帝之后又宣布袭土德，色尚黄；东汉则袭火德，色尚赤，等等。此后历代都有其依据德运确立的服色。

值得注意的是，历代新建王朝在依据五德运行顺序确立服色以表明顺承天命的同时，还把所谓祥瑞符命和五德运行顺序结合起来确定自身的服色，这样可以更好地阐扬自身的天命。如隋文帝建立隋朝之初，即因在高平获得赤雀而将隋朝的服色确定为赤色。我们从诏书中可以很明显地看出其论证天命的策略：

> （开皇元年）六月癸未，诏以初受天命，赤雀降祥，五德相生，赤为火色。其郊及社庙，依服冕之仪，而朝会之服，旗帜牺牲，尽令尚赤。戎服以黄。（《隋书·高祖本纪》）

从政治传播的角度来看，新朝建立之后改易服色，不仅可以表明自身的德运，即天命，而且可以制造王朝的认同符号，在王朝合法性建构中具有重要的象征作用。

不难看出，如果说前三种仪式是王朝建立者用来展示天命、争取合法性认同的政治符号，改制仪式则是新建王朝顺应天命的象征，其目的在通过影响农业社会每一个人的生活来强化人们对王朝天命的认同与记忆，以不断延续王朝的天命神话。

综上所述，中国历代王朝的建立者在王朝新建之际均会积极运用劝进、禅让、祭祀、改制等受命仪式来显示自身获得了天命的青睐，建立新王朝是顺应天命的正义之举，以此来寻求臣民对其政治合法性的认同。这表明受命仪式在王朝的天命建构中发挥了积极而重要的作用。需要指出的是，受命仪式虽然贯穿了王朝建立的整个过程，但它只是王朝建构自身天命运用的政治符号之一，必须与其他政治符号配合才能完整地完成王朝的天命建构。不仅如此，受命仪式之所以在中国古代王朝合法性建构中具有重要影响，是其规则的设置与操演建立在中国古代的知识信仰体系与政治文化基础之上。受命仪式属于政治仪式的一种，因此，对受命仪式发挥作用的条件探讨，无疑对我们理解政治仪式具有启发意义。

中国古代对外政治传播与"天朝形象"塑造*
——以明、清两朝为中心

与今天一样，古代中国也通过对外政治传播来塑造国家形象。但是基于与现代世界在政治理念、外交体制、媒介技术等方面的巨大差异，古代中国的对外政治传播体现出鲜明的时代性与独特性。对其相关理念与实践进行考察，不仅可以丰富我们在政治传播领域的知识，而且可以使我们对有关历史问题的认识更为细腻。鉴于学界对该课题的研究几近阙如，本文力图在最一般的意义上初步勾勒出古代中国对外政治传播的模式性图景，希冀为学界的后续研究提供初步基础。

古代中国的对外政治传播主要是在朝贡体制的框架内开展的，而明清被认为是朝贡体制最完备的时代，① 因此本文的探讨以明、清两朝为中心，在受众方面也主要选择朝鲜、琉球、越南等与明、清两朝有长期且制度化朝贡关系并在正史中被列为"外国"（《明史》）或"属国"（《清史稿》）的东亚和东南亚国家。

一、天朝观念与天朝形象建构的主要面向

政治传播研究者荆学民等认为："国家理念在国家形象塑造与传播中占据

---

* 本文首载于《全球传媒评论 VIII》，清华大学出版社 2013 年出版，曾收录于《当代中国政治传播研究巡检》，中国社会科学出版社 2014 年出版。
① 何伟亚. 怀柔远人：马戛尔尼使华的中英礼仪冲突 [M]. 邓常春, 译. 北京：社会科学文献出版社, 2002: 12.

着统摄性的位置。"① 这个认识是深刻的，这不仅是因为国家理念指导着特定国家的政治实践，更是因为国家理念决定了特定国家对其国家形象的建构方向与目标。因此，研究古代中国的国家形象塑造，必须先对古代中国的国家理念有一个比较准确的认识。

总体而言，古代中国的国家理念是建立在儒家政治意识形态基础上的。从对外政治传播的角度来看，以下三点值得特别注意：首先，政治体的最大和最高单位被设定为"天下"——即整个世界。中国王朝既不是现代意义上的民族—国家，也不是通常意义上的霸权帝国，而是一种"世界政府"②，所谓外国，并不被视为与中国相敌体的国家，而是被视为中国王朝的藩属之邦。其次，与这种政治世界观相对应，中国的帝王被视为上天选择的治理天下，即全世界民众的最高统治者。作为"天子"，他不仅拥有整个天下，而且地位至高无上，在整个世界中并没有和他对等的第二个统治者，所谓"溥天之下，莫非王土；率土之滨，莫非王臣"（《诗经·小雅·北山》）。同时，作为天下唯一的最高统治者，他必须具有圣德，能够关爱民众、抚驭四夷，把天下治理得和谐富足，从而获得民心的拥护。否则，他就会失去天命，《尚书》中"皇天无亲，惟德是辅；民心无常，惟惠之怀"（《尚书·周书·蔡仲之命》）的训诫就明确表达了这种政治观念。再次，华夏或中国作为天下的中心、天子所在之地，是文明的中心，在整个天下体系中具有独特的优越地位，是所谓"天朝上国"。

这些理念被今天的学者概括为饱含讥讽与批判意味的"天朝观念"，但在当时，却是被中国历代王朝的统治者、精英乃至民众普遍视为真理的共识。这种"天朝观念"不仅是历代王朝开展对外政治传播活动、塑造天朝形象的理论动力，而且还是其开展相关活动的主导思想。

从根深蒂固的天朝观念出发，古代中国在对外政治传播活动中，内在地要求建构一个天子圣明、政制至善、国家富庶、万国来朝的天朝形象，其根

---

① 荆学民，李彦冰.政治传播视野：国家形象塑造与传播中的国家理念析论：以政治国家与市民社会的良性互动为理论基点［J］.现代传播（中国传媒大学学报），2010（11）：20.
② 赵汀阳.天下体系：世界制度哲学导论［M］.南京：江苏教育出版社，2005：42-44.

本目的则是追求天下万邦对所谓天朝的仰慕与臣服，建构以中国帝王为最高中心的世界政治秩序。基于这一追求，在对外政治传播活动中，中国历代王朝特别注重如下几个方面的形象塑造。

第一，至高无上、具有足堪荣膺天命之圣德的天子形象。天子是古代中国政治的中心，是政府形象的集中代表，所以塑造一个天命眷顾的圣德之君就成为天朝形象塑造的中心任务。正因为如此，在对外政治传播中，天子的圣德和无上地位就成为强调的重点。在一切对外的文告中，无不充斥着对天子盛大功德的颂扬。例如明朝永乐年间，明成祖朱棣在赐予满剌加国镇国山碑的御制碑文中即盛赞自己的所谓圣德，文曰：

> 朕为圣德之君，大有功于天地者，范围参赞，相协陶甄，日月星辰以之明，寒暑岁功以之成，天得以为天，地得以为地，各位其所而由宁，万物由是而化生，是其一心之远，经验之妙，有出于天地之外而大于天地者，不可以名言也。（《明成祖实录》卷四）

显然这种辞藻华丽、夸大其词的叙述并非致力于事实的陈述，而是醉心于功德无边的天子形象的塑造，为建构以中国皇帝为中心的政治权力体系提供论证。需要指出的是，基于天子形象在形象塑造中的中心地位，其他面向的形象塑造都是服从和服务于这一核心任务的。

第二，中国的礼仪制度作为文明标志的形象。古代中国自诩为礼仪之邦。完备的礼仪制度不仅是儒家政治理念的体现与治理国家的工具，而且被认为是中国文明先进发达的标志，是中国之所以为中国、蛮夷之所以为蛮夷的根本区别。因为正是依靠这套礼仪才能建构起"君君臣臣、父父子子"的政治社会伦理规范与权力体系，才能实现"君仁臣忠、父慈子孝"、天下大治的政治理想。因此古代中国王朝在对外政治传播中也致力展示这套礼仪，并将其塑造为文明的标志。

第三，国泰民安、繁荣富庶的中华形象。上文指出，在传统中国的天朝观念中，中国是天子所居之地，天下文明的中心，也即所谓"天朝上国"，因此中国不仅是模范地践行了天朝政治理念的礼仪之邦，而且是国泰民安、无所不有的富庶之地。1793年（清乾隆五十八年），乾隆皇帝在马戛尔尼（George Macartney）访华时颁发给英王的那道被后来学者用以嘲讽乾隆无知与自大的敕书，其实真实地反映了中国希望对外塑造的天朝上国形象。敕书说："天朝抚有四海……德威远被，万国来王，种种贵重之物，梯航毕集，无所不有……"① 因为只有这样的上国形象才能充分证明天子的圣德、天朝制度的优越，才能引发四夷、属国对天朝的敬畏。

显然这种天朝形象不仅是光彩夺目的，更是高高在上的。天朝塑造这种形象不是为了以平等的姿态与其他国家交往，而是谋求其他国家以仰慕的姿态来表达它们的遵从与臣服，建构以天朝为中心的权力关系。更确切地说，古代中国是在藩属而非对等国的意义上来理解外国这一概念的。基于这种理念，古代中国与外国的交流只能在费正清所概括的朝贡体制中开展，而不可能在建立在国家平等理念基础上的现代外交体系中进行。与之相适应，我们认为古代中国的对外政治传播主要也只能在朝贡体制中开展。当然，我们对朝贡体制的概念理解要宽泛一些，不仅诸国来朝属于朝贡体制的范畴，中国帝王对外遣使、册封也属于这一体制的有机组成部分。因为唯有加上后者，才能形成一个完整的朝贡外交体系。

二、诸国来朝中的对外政治传播

朝贡活动，表面来看是诸国向中国君主表示向化与臣服的一种政治效忠行为。但事实上，中国政府主导着整个朝贡过程，在朝贡活动的每一个环节精心开展政治传播活动，在树立起以圣德有为、高高在上的天子为中心的天朝形象的同时，将朝贡国纳入天朝的权力体系。正是基于上述意义，我们说朝贡制度是古代中国开展对外政治传播、塑造天朝形象的主要媒介。

依靠制度与礼仪有效管理和规范朝贡活动的每一个环节，是古代中国依

---

① 王之春. 清朝柔远记 [M]. 北京：中华书局，1989：141.

靠朝贡制度开展对外政治传播，塑造天朝形象的第一步。在整个过程中，朝贡者被要求按照天子的意志与天朝严格的礼仪制度开展活动，并且每个细节都受到检查与评判。从某种意义来说，我们可以将其视为一种福柯所说的"规训"行为。正是在这种规训行为中，天朝的威严与礼仪文明得到有效传播。

首先，各国朝贡的贡期是由中国朝廷规定的，尤其是与中国有稳定朝贡关系、中国可以有效对其施加影响的属国。例如，明朝洪武年间，中国朝廷规定高丽、安南都是三年一贡。(《明史·太祖本纪》)清朝嘉庆年间修订的《大清会典》则规定朝鲜一年朝贡四次，合在岁末进贡；琉球隔年进贡一次；安南每两年进贡一次；暹罗三年进贡一次；老挝、缅甸十年进贡一次，等等。① 此外，属国遇到新王登基、册立世子等重大事项也必须派使来朝，请求册封。这种对贡期的制度性规定，无疑规律性地向属国展现了中国朝廷高高在上的存在，持续地规范着属国与中国朝廷的臣属关系。

其次，各国使团必须按照中国朝廷的要求与标准开展朝贡准备工作。依照规定，朝贡使团必须有表文与贡品。表文是用来说明事项的，但更重要的功能是通过文字向中国朝廷表示仰慕和恭顺之意。在表文中必须使用中国历法，这是其臣服于天朝的重要象征。贡品在中国的官方文书中被称为"方物"，它暗示了来贡诸国均属于天子所辖之地，各国不过是天朝的藩属这一政治含义。所以中国朝廷要求各国贡献"方物"，首要关注的并非其使用价值，而是其作为各国向中国朝廷表达臣服、忠顺之意的象征价值。"土物效诚"一语，(《明史·外国一》)明确表达了中国朝廷的这种心态。对贡品种类和数目的规定还能用来传递中国朝廷的政治态度。朝廷对属国不满时，就会增加属国贡品的种类和数量，以示惩罚。清初朝鲜就被刚刚建基的清朝索以重贡，以惩罚其不忠清朝之过。由此可见，各国使团的进贡准备虽然在本国进行，但其时时刻刻都能感受到中国朝廷权力的在场。

---

① 费正清.一种初步的构想[M]//费正清.中国的世界秩序：传统中国的对外关系.杜继东，译.北京：中国社会科学出版社，2010：9–10.

再次，朝贡使团从入境开始到觐见皇帝之前，必须接受依照中国朝廷制订的礼仪标准的检查与训练，并最终在朝觐皇帝时完全按照天朝的礼仪完成其归化。

作为朝贡的第一步，使团必须从规定的口岸入境中国，并提出朝觐请求。当地官员首先要对其前期的准备工作进行审核，判断其是否遵循了中国朝廷的相关要求，并将情况上报朝廷。如果使团的准备不符合中国朝廷的要求，就会被却贡，不能继续前往京师觐见皇帝。明朝初年，日本的朝贡使团就先是因为没有表文被却贡，此后又因表文中不奉中国正朔而再次被却。1488年（明弘治元年）七月，琉球从浙江登岸的朝贡使团，也因"既非正道，又非贡期"（《明史·外国四》）被却贡。却贡就中断了朝贡活动，但是所谓天朝的威严却依靠这种行为得以传播和树立。

资格审核完成之后，朝贡使团须依照中国朝廷规定的路线踏上赴京朝觐之路。在整个行程中，使团不仅被以天朝贡使的身份展现在沿途的天朝民众面前，而且会受到中国礼仪的严格规训。因为在各地官员款待使团的过程中，都会严格遵循一套由中国朝廷制定的礼仪制度。特别是对于初来者，接待官员更要负责指导朝贡者学习、理解与践行这套饱含意识形态和权力关系的礼仪，并及时向朝廷报告详情。到达京城，正式觐见皇帝之前，进贡者还要在驿馆习练三天觐见礼仪，以确保正式觐见时能够正确地践行相关礼仪，充分地表现对中国帝王的仰慕、恭顺与臣服。

最后，在朝觐皇帝的仪式中，朝贡者会被依照中国对其政治角色的理解安排在适当的位置，按照中国朝廷的礼仪对皇帝行礼如仪，从而完成朝贡活动。从对外政治传播的角度来说，中国王朝也依靠这一活动对朝贡者完成了最后的规训，使其满怀仰慕地匍匐于中国天子脚下，表达其恭顺与臣服之意。在觐见仪式中，最著名的就是朝觐者要给天子行三跪九叩礼，这一礼仪极其明确地传递了天子高高在上，朝觐者只是无比敬仰与忠顺于他的臣属与子民的明确政治寓意，因此是中国历代朝廷最重视的一种仪式。此外，在觐见时甚至对觐见者服饰的要求等细节也无不向朝贡者展示了天朝的权威，发挥对朝觐者的规训功能。

当然，在朝贡过程中，天朝并不仅仅是依靠对朝贡者的规训来实现对外政治传播的。在完成对朝贡者的规训、树立了天朝的威严之后，中国的帝王也会利用朝觐场合展示其泽被天下，怀柔远人的圣德。这种展示，是中国帝王在朝贡体制中传播自己的政治观点、塑造光辉的天子形象的重要环节。

其一，在接受了朝贡者的朝拜之后，中国皇帝要颁诰、敕给朝贡国的国王，这些诰、敕在对实际问题发布见解的同时，一个主要内容就是宣扬自己的圣德，对藩国国王提出政治告诫。例如，1673年（清康熙十二年），暹罗国王派使进贡请封，康熙颁诰给暹罗国王。诰文如下：

> 来王来享，要荒昭事大之诚，悉主悉臣，国家著柔远之义。朕缵承鸿绪，期德教暨于遐陬，诞抚多方，使屏瀚跻于康乂。彝章具在，涣号宜颁。尔暹罗国森烈拍腊照古龙拍腊马嗹陆坤司由提呀菩埃秉志忠诚，服躬礼义，既倾心以向化，乃航海而请封。砺山带河，克荷维藩之寄；制节谨度，无忘执玉之心。念尔悃忱，朕甚嘉尚。今封尔为暹罗国王，锡之诰命，尔其益矢志忠贞，广宣声教，膺兹荣宠，辑乃封圻。于戏！保民社而王，纂休声于旧服；守共球之职，懋嘉绩于侯封。钦哉，无替朕命！（《清史稿·属国三》）

不难看出，这道八股式的诰文蕴含了丰富的政治信息，短短二百字，明确地建构了天朝与藩国、天子与藩王的相互关系与地位，传递了中国朝廷的政治理念，完整、准确地表达了对藩国国王的政治要求。事实上，中国朝廷的诰、敕是古代中国对外政治传播最主要的文字媒介，因为它们可以确保中国朝廷的意旨完整、准确地传达给拟定的受众，即藩国国王。

其二，中国朝廷还往往通过某种特殊的礼遇或赏赐表现天子怀柔远人的圣德。在朝贡活动中，中国皇帝也是依照礼制参与活动，但是，如果皇帝忽然对某一礼仪的细节有所修改，就会迅速被朝贡者捕捉，从而有效地传达皇帝的政治态度。正如英国著名文化史学者彼得·伯克在讨论法国国王路易十四的形象时所言："礼制是传统的礼制；正因为如此，哪怕是很小的一点变动,就会被人们——至少是一部分公众——视之为在传递某种政治信息。"[①] 在中国古代的朝贡活动中,这样的细节并不罕见,例如,在明、清两朝,朝鲜使节觐见时都会受到超常的礼遇,这种礼遇表明了中国朝廷对朝鲜恭顺态度的表彰与在藩国中重要地位的认可。而顺治年间,俄国由于缺乏表文在被却贡几次之后最终被允许进贡(《清史稿·志六十六》),以及乾隆皇帝对马戛尔尼在觐见礼仪方面的包容,则传达了中国皇帝怀柔远人的圣德——即使礼仪执行得不够令人满意,表达向化之心也会得到天朝的鼓励。

除了以礼仪上的特殊优容传递政治态度外,赏赐朝贡者礼物是最普遍的塑造天子怀柔远人圣德形象的行为。朝贡活动中,在进贡者虔诚地进献了贡品之后,中国皇帝都要以赏赐的名义给予进贡国国王及进贡使团成员一些礼物。这些礼物通常被认为是比较贵重的,而且承载着政治信息。例如,明成祖即位,朝鲜国王柳芳远遣使朝贡,朱棣为了表彰该国王对中国礼仪的仰慕,"赐金印、诰命、冕服、九章、圭玉、佩玉、妃珠翠七翟冠、霞帔、金坠、及经籍彩币表里"。(《明史·外国一》)1411年(明永乐九年),满剌加国王率妻子陪臣五百四十余人入贡,皇帝不仅给予使团成员各种赏赐,而且在一般赏赐的基础上,又赏给国王大量黄金、白银、钱币、丝纱等各种珍贵物品,以表彰其恭顺向化之心。(《明史·外国六》)朝贡国甚至可以提出希望赏赐的物品,中国朝廷也会予以满足。当然,承载中国政治文明的儒学典籍也常常会被作为礼物赏赐朝贡者,从而获得有效的传播。

必须指出的是,除了赏赐礼物外,中国朝廷还允许朝贡使团携带物品进行贸易,虽然规模有限制,但是显然朝贡使团在这样的贸易中获利非薄,以至于有些国家乐于频繁朝贡,而中国朝廷不得不限定其朝贡次数。当然,在中国朝廷来看,允许朝贡活动中开展贸易活动,主要目的是展示、传播天子怀柔远人的仁德与天朝上国富庶,真正的物质利益并不是首要考虑的因素。

综上,在藩国来朝的朝贡活动中,中国朝廷一方面通过礼仪对朝贡者开展规训式政治传播,充分展示天朝的威严;另一方面通过文字和赏赐展示天

---

① 伯克.制造路易十四[M].郝名玮,译.北京:商务印书馆,2007:47.

子怀柔远人的圣德形象。双管齐下，开展了极具特色的政治传播活动，以特殊的方式塑造了天朝形象。

三、遣使、册封中的对外政治传播

虽然外国来朝是中国朝贡体制的主要部分，并且是中国对外开展政治传播最主要的渠道。但是，中国并不只是被动等待他国来朝，在历史上，中国也不乏派遣使节到其他国家的外交活动。事实上，如果没有遣使这样的活动，朝贡制度也没有办法维持下去，所以应该把中国向外遣使也看作朝贡制度的一部分。而中国朝廷也会通过向外遣使来开展对外政治传播活动，塑造作为文明中心的天朝形象。

遣使活动在中国历史上源远流长，张骞出西域等故事在中国是人们耳熟能详的。从朝贡体制的角度看，中国遣使他国大概主要有三种类型，一种是诏告重大政治事件，一种是对外宣扬天朝威德，还有一种是册封藩国国王与山川。这三种无疑都是重要的对外政治传播活动。

所谓诏告重大政治事件，是指在新朝建立、新帝登基时，会派出使节到他国告知情况，寻求认同。明朝建立之初，明太祖朱元璋就派使赴高丽、日本及琉球、安南、占城等国，诏告明朝建立的消息，目的是寻求各国的认同与朝贡。为此，在诏书中，特别强调自己建立新朝是符合天命的，并示意各国应来朝贡。1370年（明洪武三年）遣使诏谕云南八番、西域、西洋琐里、爪哇、畏兀儿等国的一道谕旨就很典型地表达了明朝寻求诸国认可与朝贡的政治意图。谕旨先阐述了一番中国信奉的有关天子职守与中国与四夷关系的政治理论，然后紧接着就抨击元帝之失德，阐述自己的伟大功绩与明朝建立的合法性：

> 近者，元君妥欢帖木儿荒淫昏弱，志不在民，四方豪杰，割据郡县，十去八九。朕悯生民之涂炭，兴举义兵，攘除乱略，天下兵民，尊朕居皇帝位，国号大明，建元洪武。（《明太祖实录·卷五十三》）

无疑，这段饱含政治修辞的语句，不仅告知了这些国家新朝成立这一消息，而且成功建构了一个顺天应民、救民于倒悬的圣德天子的形象。谕旨同时告知占城、安南、高丽诸国皆已朝贡，暗示了所谕诸国也应前来进贡的政治信息。

另外，新帝登基，也要诏告诸国，特别是关系密切的属国，目的是受诏之国派人前来恭贺、朝贡。这是认同新立帝王合法性的重要活动。

中国历史上也不乏派使远赴他国宣扬天朝德威的事例。明朝初年，郑和奉帝命七下西洋，虽然其目的主要被认为是追查建文帝的下落，但对外宣扬天子的圣德，塑造天朝形象肯定是题中应有之义。《明史·郑和传》对此有明确揭示，文曰："成祖疑惠帝亡海外，欲踪迹之，且欲耀兵异域，示中国富强。"（《明史·郑和传》）事实上，后者也是该事件的最终效果之所在。郑和率领当时世界上最庞大与先进的船队，所到之处"颁中华正朔，宣覆文教，俾天子生灵，旁达于无外"，① 非常充分地展示了明朝的德威。大约有30多个亚非国家因郑和的船队而领略了中华帝国的风采，并产生了向慕之心，前来中国朝贡。从政治传播的角度来看，郑和下西洋可谓是中国在朝贡体制中主动走出国门，积极开展政治传播、展示天朝形象最典型的一个代表性事件。

当然，在朝贡体制中，中国王朝以遣使的方式开展对外政治传播最主要的恐怕还是在册封活动中开展的，特别是在与中国有稳定的朝贡关系的国家中更是如此。遣使册封，不但可以明确建构、强化中国与册封国的权力关系，而且有机会让更多的藩国臣民在一定程度上直接目睹与感受德威并俱的天朝形象。

册封主要可以分为两种情形，一种是朝贡关系建立之初对朝贡国的册封；一种是对有稳定朝贡关系的藩国新王的册封。新的中国王朝建立之后，就需要与前朝的藩国重新建立朝贡关系。为此，新朝建立之初，就会遣使诏谕其国。在藩国首次朝贡、表示臣服之后，中国朝廷即重新册封其国王（往往遣

---

① 郑一钧.郑和下西洋对15世纪初期世界文明发展的贡献［C］// 王天友.郑和远航与世界文明：纪念郑和下西洋600周年论文集.北京：北京大学出版社，2005：24.

使前往册封），颁发任命诏书、赐予其新的国王印信与历法。这种册封表达的政治寓意非常明确，就是将被册封的藩国纳入新王朝的政治体系，建构起天朝与藩属的权力关系。值得注意的是，除以诏书与印信等媒介传达政治信息、建立权力关系外，古代中国王朝还常常册封朝贡国的山川，并勒碑纪念。其内容不外是赞颂中国天子的圣德，表彰藩国国王的向化与忠顺之忱，并借此表明藩国与天朝、藩国国王与中国皇帝的臣属关系。加拿大传播学派的奠基人伊尼斯认为，不同的媒介有不同的传播偏向，轻巧而便于运输的媒介适合知识在空间中横向传播，笨重而不适合运输的媒介适合知识在时间中纵向传播。① 依据这一理论，我们发现古代中国王朝不仅利用诏书、印信等轻便的、具有空间偏向的媒介扩展天朝政治传播的范围，而且运用石头碑刻等媒介，谋求政治传播在时间上的延伸，即所谓"于昭万年，其永无斁"。②

但古代中国册封活动中的政治传播并非仅仅运用上述媒介就算完成。在册封活动中，使者还要利用由天朝制定的礼仪制度在藩国君臣和民众面前直接展示天朝的德威，建构以天朝为中心的权力关系。关于这一点，我们可以在第二种册封活动，即对具有稳定关系的藩国新王的册封活动中予以剖析。明、清两代，朝鲜、琉球、越南等周边国家的新王登基都要由中国朝廷册封，而且中国朝廷也往往派出专使前往册封。我们可以以清代琉球为例，来剖析一下这一政治传播现象。

当琉球新国王继承王位之后，必须遣使到中国请求中国朝廷的册封。在中国朝廷予以正式册封之前，琉球新国王只能称"世子"或"世孙"，在正式册封之后，才可以称"国王"。但是，琉球并不是在新王登基之后就能马上请求册封，因为它需要时间为接待中国使团、完成册封仪式做准备，这个准备往往要若干年，最长的甚至等待了18年。③ 在准备妥当，遣使向中国朝廷提

---

① 伊尼斯. 传播的偏向 [M]. 何道宽，译. 北京：中国人民大学出版社，2003：27.
② 徐玉虎. 郑和下西洋于诸番国勒石立碑新考 [C] // 王天有. 郑和远航与世界文明：纪念郑和下西洋600周年论文集. 北京：北京大学出版社，2005：76.
③ 陈大端. 清代琉球王的册封 [M] // 费正清. 中国的世界秩序：传统中国的对外关系. 杜继东，译. 北京：中国社会科学出版社，2010：128.

出册封的请求后，中国朝廷就会派使节前往琉球册封。这些使节被称为"天使"，意思是天朝的使节或天子的使节。这些称谓的规定无疑具有政治传播的意义，因为他们蕴含着明确的权力关系。当然，中国朝廷也特别注重册封使节的选拔，所派使节必然是学术造诣非常高的官员，往往都是进士出身，正使则一般由翰林院编修出任。目的是确保这些使节在册封活动中能够完美地展示天朝形象。①

在天使到达琉球之后，琉球官员要沿途接待。在到达首都首里之后，琉球国王要率领全体官员赴码头迎接天使，在此过程中，他们要在摆放皇帝诏书的龙亭前磕头，并把使节迎到修葺一新的"天使馆"，尽其所能地予以隆重款待。在册封的当天，琉球国王首先要派人从使馆迎接天使，通过装饰一新、众人围观的街道到达王宫。这就给了民众目睹天朝使节汉官威仪的机会，并使他们深深地感受到天朝高高在上的地位。在王宫，国王要率领官员跪在地上聆听皇帝的诏令，并要多次磕头。需要说明的是，这些礼仪是中国朝廷制定的，并且必须被严格遵守。只有在这套仪式结束之后，世子才能开始被称为国王。按照规定，诏令是要被使节带回中国的，但是，国王为了表示自己对中国朝命的珍视，会请求把诏令留给他们当国宝保存起来。这个特例已经成为惯例，使节出发前已经得到皇帝的允准。但是，这依然可以被看作中国天子的特有恩惠，国王要为此再磕头致谢。

由于地理位置与当时的交通条件，在完成册封之后，使节代表团还要在琉球停留几个月，在此期间，他们会与当地官员与文人开展文化方面的交流，这也是展示天朝形象的一种重要活动。

事实上在任何遣使、册封的活动中，中国王朝都严格地执行了一套礼仪制度，由册封琉球新王的例子，我们可以大体了解中国王朝如何以这套礼仪制度为媒介在受封国树立了天朝形象，建构了天朝与藩国的权力关系。

由上述分析不难看出，对外遣使、册封不仅是朝贡制度的组成部分之一，

---

① 陈大端.清代琉球王的册封[M]//费正清.中国的世界秩序：传统中国的对外关系.杜继东，译.北京：中国社会科学出版社，2010：129.

更是朝贡体制中开展对外政治传播的一个重要组成部分，而且表现了更多的主动性，与藩国来朝共同构成了古代中国的对外政治传播体制。

四、对外政治传播的效果及原因

前文已经指出，古代中国的对外政治传播，其根本目的是追求天下万邦对所谓天朝的仰慕与臣服，建构以中国帝王为最高中心的世界政治秩序。当我们以明、清两朝为中心，用这一标准来检验朝贡体制下中国王朝的对外政治传播时，我们发现这种传播是有效果的，它在很大程度上有效地塑造了令人仰慕的"天朝形象"。特别是在有稳定朝贡关系的国家，这种形象更是受到持久而深入的认可。

证据之一是朝贡体系的长期维系与发展。从明、清两朝的编年史来看，历年都有若干藩国进贡，有的年份甚至有数十个国家进贡，而且不仅有紧邻中国的藩国，还有远在印度洋、非洲的国家前来朝贡，真正呈现出一派"万国来朝"的向化景致。能在数百年间维持这样的朝贡态势，显然是与中国王朝对外塑造的形象受到诸国认可有密切关系的。史学家王赓武曾指出："朝贡制度是展示'权威与实力'及对外传播中国统治原则的结果。"[1]

证据之二是明、清两朝都出现了非常忠诚的藩国。当某一王朝处于强盛时期，各国来朝贡当然可以作多方面的解读，但是当王朝面临危险或已经衰败，甚至已经亡国的情况下，藩国依然保持对其的忠诚，就只能解读为藩国对该王朝的高度认可了。朝鲜对明朝的忠诚就是一个典型例子。在整个明朝，朝鲜一直谨守朝贡之责。在满洲兴起、强兵压境的情况下，朝鲜依然忠于明朝，并派兵协助明朝与清兵作战。朝鲜为此付出了沉重的代价，遭到清军两次入侵，并被迫签订了城下之盟，还在清朝入主中原之初受到重贡的惩罚。但朝鲜依然在内心认可明朝，以至于在整个清朝，朝鲜人私下皆把来北京朝

---

[1] 王赓武.明初中国与东南亚的关系：背景分析［M］//费正清.中国的世界秩序：传统中国的对外关系.杜继东，译.北京：中国社会科学出版社，2010：57.

贡称为"燕行",而在明朝年间,则尊称为"朝天"。① 同样,暹罗在日本的丰臣秀吉入侵朝鲜期间,也曾"请潜师直捣日本",(《明史·外国五》)以助明抗日。清朝也有忠诚之国,近代以来,琉球面临日本的入侵,清朝也无力保护,但直至琉球被日本强行吞并之前,琉球一直忠于清朝,恪守朝贡之职。这种忠诚,显然不能从利益方面解释,而只能理解为其对天朝的高度认同。而这种认同,无疑表明天朝对外塑造的形象是成功的。

证据之三是有些国家不仅恪守朝贡体制,而且程度很深地接受了以政治伦理、礼仪为中心的中国传统文化,并立足于认真践行。有学者指出,越南完全接受了儒家思想,并把它作为本国的意识形态,② 事实上朝鲜和琉球对中国政治文化的接受程度显然不在越南之下,朝鲜在明朝灭亡之后,不仅一直坚持穿明朝的衣冠,而且以"后明朝"与"小中华"自居,③ 可见其对中国文化认可的程度之深,其对明朝的忠诚显然不是偶然的。而琉球除了派官生到中国朝廷学习外,还在本国建文庙与明伦堂,并每月讲解《圣谕衍义》。《三字经》、朱熹的《小学》和"四书"则成为其学校学习的课本。可见其对中国文化是发自内心地认同的。认同中国文化,视中国为文明之所在,恰恰是诸国接受中国天朝形象的观念基础之所在。

古代中国能够依靠朝贡体制开展对外政治传播,并在相当程度上构建起令诸国仰慕的"天朝形象",有各种复杂因素,不可一概而论。但从普遍意义来说,以下几点原因恐怕比较重要,值得我们反思。

古代中国对外政治传播的成功,与其采取的传播策略与多种媒介的有效运用有直接的关系。例如对礼仪制度的纯熟运用就是重要因素之一。不论外国来朝,还是遣使册封,礼仪都是最核心的传播媒介,因为它不仅是中国文明的重要体现,而且可以对朝贡者或受封者起到教化和规训的作用,有效地建构宗藩君臣关系。又如对诏敕、碑刻与书籍等各种文字媒介的综合运用。

---

① 葛兆光.宅兹中国:重建有关"中国"的历史论述[M].北京:中华书局,2011:155.
② 曼考尔.清代朝贡制度新解[M]// 费正清.中国的世界秩序:传统中国的对外关系.杜继东,译.北京:中国社会科学出版社,2010:60.
③ 葛兆光.宅兹中国:重建有关"中国"的历史论述[M].北京:中华书局,2011:156.

有学者认为，由于东亚是基于汉字为基础的文字体系，所以"文字优于其他所有的沟通方式，部分原因在于，初学者无论会不会讲汉语，都可以看懂作为表意字的汉字"，不仅如此，文字本身还能起到"传播'德'的作用……发挥着重要的礼仪作用"。① 显然，汉字作为一种传播媒介，以其字形特点与在东亚诸国被普遍学习和运用的基础，为中国王朝的对外政治传播创造了非常有利的条件。另外，由于朝贡活动完全依照中国朝廷制定的路线与礼仪进行，就能在最大程度上确保让朝贡者看到"天朝"形象最好的一面，而一系列烦琐的礼仪的规定，更是对朝觐者起到了有效的规训作用，将其成功纳入了以中国天子为中心的天朝政治的权力体系。此外，中国朝廷在对外政治传播中也采取了现实主义的态度，并不要求所有的国家对天朝都有整齐划一的认可与义务，在坚持基本体制的基础上，对不同国家采取了灵活变通的态度。这些都是协助中国王朝在朝贡体制中有效开展对外政治传播，构建辉煌的天朝形象的重要因素。

但是，在充分认识到古代中国政治传播策略与媒介重要性的同时，我们必须充分认识到一个更根本的因素，那就是中国古代文明在当时所处的地位及其特征。

首先，中国是当时文明程度最高、实力最强的一个政治实体。近代以来，中国虽然积贫积弱，中国文化备受质疑，但毫无疑问，在漫长的古代社会中，中国是一个强国，尤其在文化方面，更是处于周边国家的前列。中国古代的国家理念及在其基础上形成的政治文明至少在当时的东亚世界处于最先进的地位，中国政治制度的完善与政治理念的完备是当时诸国无可比拟的。因此，不仅中国人认为自己处于天朝上国，诸国也没有把自己看作中国的平等伙伴，朝贡者向中国皇帝磕头，并不认为是耻辱，而是将其看作受到天子认可的无上荣耀。许多藩国国王家人和庞大的使团来中国朝觐无疑有力地表明了这一点。

---

① 曼考尔.清代朝贡制度新解[M]//费正清.中国的世界秩序：传统中国的对外关系.杜继东，译.北京：中国社会科学出版社，2010：59.

其次，中国朝廷在相当程度上践行了儒家政治理念，不仅在大多数情况下以仁德与和平的态度与诸国交往，而且承担了作为天朝上国的义务。孟子在与齐宣王谈论与邻国交往的道义时，曾说过"惟仁者能以大事小"的名言（《孟子·梁惠王》），在朝贡体制中，中国朝廷虽然与诸国不是在平等的基础上交往的，但遵循了孟子的精神，总体上以仁爱、怀远的精神处理与诸国的关系。对来朝贡的诸国，中国朝廷不仅给予礼遇，还会以厚重的赏赐（包括贸易的特许与优惠）作为回报，并非高高在上的霸主派头。而明朝洪武年间，朱元璋曾经下谕，规定了包括朝鲜、日本、大小琉球在内的十五个不征之国，体现了和平交往的态度。

特别要提及的是，作为受属国朝贡的大国，在属国遇到困难时，中国朝廷也会积极履行自己作为天朝上国的义务。乾隆年间，当一直向中国朝贡的越南黎氏政权被推翻后，清朝就派兵进入越南，以便恢复黎氏的王位，履行自己的义务。当然，在看到黎氏政权已经失去民心后，清朝就取消了对黎氏的支持，因为依照儒家政治理念，民心是天命的根本，天子必须服从天命。当然，更著名的例子是明朝万历年间，明朝政府派兵协助朝鲜抗击日本丰臣秀吉，战事长达七年，明朝基本上在此役中耗尽了元气，不久以后就在农民起义中灭亡了，但最终帮助朝鲜成功抗击了丰臣秀吉的侵略。直到清乾隆年间，出使中国的朝鲜使臣依然不忘对清朝人言说明朝对朝鲜的"再造之恩"。[①] 显然，朝鲜对明朝出乎寻常的忠诚不是没有原因的，明朝不惜代价履行天朝义务的举动显然比任何手段都能更有效地塑造其值得属国敬仰、忠顺的"天朝形象"。

综上所述，以明、清为代表的中国古代王朝在朝贡体制中开展了独具特色的对外政治传播，并比较成功地塑造了中国王朝的"天朝形象"。虽然这是一项历史的考察，但其价值不应该仅仅是知识意义上的，即使对我们今天的对外政治传播与国家形象塑造而言，也是有某种借鉴意义的。

---

① 葛兆光.宅兹中国：重建有关"中国"的历史论述［M］.北京：中华书局，2011：156.

言论空间与舆论治理

逆向舆论与左宗棠收复新疆*

舆论是政治的伴生物。从人类文明史来看，可以说有政治就有舆论。特别是随着现代信息技术和民主政治的发展，舆论的力量越来越大，从某种程度上说，甚至可以说政治就存活在舆论之中。政治家作为政治活动的主体，要不断面临各种舆论，这些舆论有正向的，也有逆向的。正向的舆论自然有利于政治家开展政治活动，而逆向舆论，即对政治家本人或相关政治活动持否定、批评态度的舆论，则会给政治家开展政治活动带来巨大压力和阻力。面对逆向舆论如何作为？这是政治家面临的一个艰巨挑战。从历史来看，有成功的案例，也有失败的教训。其中的原因何在，是否有规律可循，无疑是政治传播研究值得关注的学术和现实问题。

我国近代著名的政治家、军事家，晚清名臣左宗棠顶着巨大的舆论压力收复新疆，给我们考察如何正确对待逆向舆论提供了一个正面的理想案例。本文希望通过剖析这一案例，就相关问题做一点探讨。具体来说，本文希望了解逆向舆论给左宗棠收复新疆带来了什么困难，而他又是如何应对的，其能够不为舆论所动的原因何在，这些对今天的政治家和管理者有什么启示。

一、事件：左宗棠收复新疆面临的逆向舆论及其应对

站在今天回溯历史，今人一致对左宗棠收复新疆的壮举予以高度评价，

---

* 本文原载于《中国政治传播研究》2023 年第 5 辑。

誉其为"我国近代史上一位杰出的爱国主义者"。①这是因为,我们从历史的视野看到了左宗棠收复新疆对于中华民族的伟大意义。但是在当时的历史环境下,积贫积弱的晚清中国面临各种各样严重的内忧外患,人们对左宗棠坚持要出兵收复新疆的意义并不能有像今天一样有一致的认识。恰恰相反,他面临着严重的逆向舆论。

其一是来自官僚系统的逆向舆论。左宗棠提出收复新疆之时,恰恰是日本侵台之后,海防成为众多朝廷大臣关注的重点。由此朝廷重臣之间爆发了"海防"和"塞防"之争。值得注意的是,自从新疆沦陷后,在晚清最有影响的大臣曾国藩就主张"暂弃关外,专清关内"。②"海防议"起,当时位高权重、红极一时的文华殿大学士、直隶总督李鸿章明确反对出兵新疆,认为新疆北邻俄国,南近英属印度,"即勉图恢复,将来断不能守",声称:"新疆不复,于肢体之元气无伤,海疆不防,则腹心之大患愈棘。"(《李文忠公全书·奏稿》卷二四)不仅自己反对,李鸿章还利用个人的影响力,动员重要官员反对收复新疆。在李鸿章的鼓动下,一时间"边疆无用论""得不偿失论""出兵必败论"等论调甚嚣尘上。包括光绪帝生父醇亲王奕𫍽、刑部尚书崇实和众多督抚,都纷纷反对收复新疆。这些人都是掌握朝内外实权的重臣,其在官僚系统内制造的反对收复新疆的舆论,自然会给左宗棠带来巨大的压力。

其二是来自《申报》的逆向舆论。《申报》1872年创办于上海,到左宗棠收复新疆前夕,已经发展为一份在当时颇具影响力的报纸。《申报》除了报道各种时事新闻,也经常发表政治评论,受到当时官方和社会精英人士的重视,在社会上层具有比较重要的舆论影响力。《申报》对左宗棠收复新疆相关事宜也非常重视,据统计从1875年3月到1881年2月,相关报道多达396篇,其中包括消息220篇,评论196篇。③值得注意的是,该报在"海防"与"塞防"之争中,支持"海防",反对"塞防",特别是对左宗棠以高利息借洋

---

① 杨东梁.左宗棠办洋务的出发点是"富国强民"[J].湖南师范学院学报,1984,1:46–48.
② 杨东梁.试论左宗棠收复新疆[M]//中国人民大学清史研究所.清史研究集:第二辑.北京:光明日报出版社,1982:213–237.
③ 丁伟.《申报》左宗棠收复新疆的报道分析[J].塔里木大学学报,2015,27(2):51–56.

款收复新疆持激烈批判态度。仅在 1876 年 3 月一个月内就在头版刊发了《论借款征回事》《再论借贷征回事》等 5 篇批评左宗棠的评论。评论一方面认为新疆自纳入清朝版图后"屡次复叛,劳师糜饷不胜计数……实无毫末有益于中国之处,徒足为中国之累",① 另一方面又怀疑左宗棠收复新疆的能力,认为"若借贷巨项,以博孤注,事难逆料。倘千万之债尚不能得手,将从此而至欤抑再借以图欤?",提出让新疆成为中欧之间的中立"枢纽之国"。② 可以说,从 1875 年到 1878 年,左宗棠四次借款,每次都遭到《申报》的猛烈攻击。其承受的舆论压力可想而知。

面对逆势舆论的巨大压力,左宗棠收复新疆的决心丝毫没有动摇。他一方面给朝廷上书,针对反对意见据理力争,并最终赢得了朝廷的支持,得以借款出兵;另一方面,则以统筹全局的惊人能力,成功完成了出兵新疆艰巨的前期准备工作,并持续不断地在西征战场上赢得胜利,在收复新疆的同时,成功扭转了逆向舆论,并使自己成为名扬千古的民族英雄。那么,左宗棠是如何做到这一点的呢?

首先,左宗棠利用朝廷要求其就相关事宜"妥筹密奏"的机会,全面系统地反击了官僚系统的反对抹黑。在其所上的奏折中,左宗棠依据充足的论据、通过缜密的分析,批评了只重海防,或者单重塞防的看法,提出了海防和塞防并重的观点,特别是对停撤塞防之饷以加强海防的观点进行了有力驳斥,并对如何收复新疆提出了完整的计划,展现了必胜的信心。左宗棠的奏折由于其系统全面、分析到位,得到了时任武英殿大学士、军机大臣文祥的支持,他称赞左宗棠"以乌桓为重镇,南钤回部,北抚蒙古,以备御英、俄,实边疆久远之计",认为左宗棠"率陕甘百战之师,简锐出关,破未经大敌之寇",③ 不难迅速取得胜利。在朝会时力排众议,全力支持左宗棠的西征计划。文祥是当时"太后临朝,亲王辅政"形成的后王政治格局的核心大臣,自强

---

① 左宗棠.论借款征回事[N].申报,1876-03-03(1).
② 左宗棠.再论借贷征回事[N].申报,1876-03-27(1).
③ 李云麟.西陲述略[M]//张灏,张忠修.中国近代开发西北文论选:上册.甘肃:兰州大学出版社,1987:238-239.

运动的中枢领袖。他对左宗棠的全力支持，推动清廷最终下了委派左宗棠西征收复新疆的决心。

其次，左宗棠顶着《申报》造成的社会舆论批评，完成了西征的筹款、进兵等各项工作，成功收复了新疆，也逐渐扭转了逆向的舆论。《申报》的批评，确实给左宗棠带来了巨大的舆论压力，甚至令他不得不减少借款的数量。左宗棠曾因此迁怒于《申报》，多次在与朋友的书信中谈及相关事情，批评《申报》的主持者是"江浙无赖士人"，甚至批评《申报》是"汉奸"报纸。① 可见《申报》给左宗棠带来的压力之大。但是，左宗棠并没有因《申报》造成的社会舆论压力就退缩不前。顶着巨大的压力，他继续借款筹粮、进兵。伴随着《申报》的批评，左宗棠通过先后四次向洋商借款，解决了军饷问题，指挥军队克服重重困难，成功击败了阿古柏的入侵政权，收复了除伊犁地区以外的整个新疆故土，并为曾纪泽通过谈判最终收回伊犁地区提供了重要的军事支持。伴随收复新疆取得巨大成功，《申报》的舆论也悄悄转向，不论是《申报》把崇厚签署卖国条约的原因之一归结为清政府未派崇厚先经过新疆，与左宗棠事先了解新疆相关情况，还是赞扬左宗棠之名"震于中外，虽欧洲各国亦闻之而倾心，咸以新疆之师为现在四洲最著之劲旅"，② 其实都是对左宗棠业绩的肯定。

二、原因：左宗棠何以能够迎"逆"而进

面临巨大的困难，年近七旬的左宗棠为何能够不为所动，迎着逆势舆论而上，并最终取得收复新疆的伟大胜利？这是我们在感叹其成功的同时，自然引发的问题，也是本文关心的重点。在笔者看来，左宗棠之所以能为人所不能为，建人所不能建的盖世功勋，至少有以下三点原因值得特别关注。

首先是他高度自信和刚直不屈的鲜明个性。左宗棠的自信和刚直在当时

---

① 参见：涂鸣华. 重新认识早期新闻人的地位：姚公鹤的"江浙无赖文人"说辨析［J］. 新闻春秋，2013（3）：14-18.
② 左宗棠. 利战说［N］. 申报，1880-08-16（1）.

就是极其有名的,即使在晚清一大批个性十足的中兴名臣中,他的特立独行也颇有鹤立鸡群的意味。他虽从小家境贫寒,科举不顺,秀才、举人考试都颇费周章,会试更是三考不中,甚至不得不入赘以成婚姻,年近50才有机会真正出山,但这一切都没有影响他的高度自信乃至狂傲。湘籍名士郭嵩焘曾明确在日记中评价左宗棠是"狂者类也"[①]。左宗棠自己也常以诸葛亮自居,甚至连曾国藩、李鸿章这样的中兴名臣也不放在眼里。当然,左宗棠所说的自信或者狂傲,并不是一种简单的虚骄和自我吹嘘,而是一种刚直坚韧的品质。他在一封给侄子的信中对刚直的重要性作了深刻的阐释,指出:"丈夫事业非刚莫济。所谓刚者,非气矜之谓,色厉之谓,任人所不能任,为人所不能为,忍人所不能忍。志向一定,并力赴之,无少夹杂,无稍犹疑,必有所就。"[②] 这也可以看作是左宗棠关于自己个性的夫子自道。应该说,这种高度自信和刚直的性格,无疑是他能够抵御逆向舆论,顶着巨大压力迎逆而进的重要原因之一。

其次是他非同一般的爱国情怀和担当精神。从后人研究来看,学者们都将左宗棠收复新疆视为其爱国情怀和担当精神的突出表现。这当然是对的。但从历史来看,左宗棠能够有如此壮举,主要是他从青少年时代开始,就养成了强烈的爱国情怀和担当意识。早在尚未出仕的青少年时代,左宗棠就养成了"身无半亩、心忧天下"这样强烈的爱国情怀和担当意识。比如,1833年,年仅21岁的左宗棠首次赴北京参加会试,就写下了《癸巳燕台杂感》八首,体现了强烈的爱国情怀和忧患意识。[③]落榜返回途中,他写给乡试主考官的信,认为时务之艰,莫如荒政及盐、河、漕诸务,表明自己"将求其书与其掌故,讲明而切究之,求副国家养士之意"。后来,他又高度关注了鸦片战争,极其痛苦于中国在鸦片战争中的失败。在青年时期,他还广泛结交了贺长龄、陶澍、林则徐、胡林翼等名臣,这些交往增强了他的爱国情怀和担当

---

① 郭嵩焘. 郭嵩焘日记: 第4卷 [M]. 长沙: 湖南人民出版社, 1983: 671.
② 左宗棠. 与癸叟侄 [M]// 杨东梁. 中国近代思想家文库: 左宗棠卷. 北京: 中国人民大学出版社, 2012: 422.
③ 杨东梁. 左宗棠 [M]. 北京: 人民文学出版社, 2015: 8.

精神。到太平天国起义爆发，左宗棠受聘于巡抚张亮基，正式走上了他为清廷效力的道路。他先后在镇压太平天国起义、创办马尾船政、平定陕甘等大事中展现了自己的忠诚和担当。在逆向舆论下克服重重困难，坚决出兵新疆，消灭阿古柏伪政权，并且"舁榇出关"以武力协助曾纪泽谈判收回伊犁，既是这种精神的集中体现，也是这种精神的必然选择。他的后半生可谓是为了清王朝和国家利益鞠躬尽瘁，死而后已，展现出超乎寻常的爱国情怀和担当精神。

最后是他非比寻常的远见卓识和经世能力。性格和精神，对左宗棠战胜逆向舆论带来的压力及坚决出兵新疆自然有重要的影响，但单单性格与精神，并不能扭转舆论的方向。左宗棠的成功，还在于他在新疆问题上的卓越见解和超强的军事组织与指挥能力，并终于获得了收复新疆的胜利。也就是说，最终扭转舆论方向的，是左宗棠出兵新疆的巨大成功，而不是他的性格、精神和言辞。

就见解而言，围绕当时"海防""塞防"争论的四个焦点问题，即"海防"与"塞防"能否兼顾，当时的侧重点应该放在何处，收复新疆是否得不偿失，收复新疆有没有可能，左宗棠都在奉命上奏时做了有理有据、深入具体的有力反驳。① 左宗棠之所以有如此远见卓识，一是因为他自青年时代即关注经世致用之学，广泛研读了《西域图志》等史地著作，特别是与曾经流放伊犁的林则徐深入交谈，使其对新疆的重要性和俄国的威胁性有了极为深刻的认识。海防、塞防之议兴起的时候，他又恰恰经营紧邻新疆的陕甘，掌握情报更准确，其认识判断自然非远在内地的官僚和报人可比。纵览反对左宗棠的舆论，不论是官僚集团，还是《申报》，喋喋不休的核心就是借洋债的问题，其视野和水平高下，一瞥便知。

就行动而言，顶着巨大的舆论压力，左宗棠成功完成了筹粮、筹饷、筹转运等物资准备工作，军队整训、集训和武器改善工作，军事情报的搜集与分析工作。在此基础上，左宗棠制定了"先北后南""缓进速战"的作战方

---

① 杨东梁.海防与塞防之争浅析［N］.光明日报，1981-02-10（4）.

针，稳扎稳打，步步为营，又出其不意，攻其不备，历时一年半取得了收复除伊犁地区以外整个新疆的光辉战绩。[①]之后，又成功震慑了俄国，助力曾纪泽谈判收回伊犁，从而使整个新疆重新回到祖国怀抱，建立了盖世功勋。之所以能取得这一系列成就，显然与左宗棠超强的组织能力、军事能力有密不可分的关系。而这，也正是左宗棠所信奉的儒家经世致用的理念所期待的结果。

由上可知，左宗棠之所以能够不畏舆论压力，迎"逆"而进，成功收复新疆，并以成功实践扭转了不利舆论，大概原因来自以上个性、精神和能力三个方面。没有自信刚直的个性，可能不能承受巨大的压力；没有强烈的爱国和担当精神，可能不愿意以将老之年主动担当如此重任；而缺乏非同寻常的能力，空有一腔热血，也无力挑起这副重担。左宗棠的成功，是个性、精神和能力三者皆备，互相促进的结果。

三、启示：政治家应对逆向舆论的正确方法

站在后人的立场，当年轰轰烈烈的事件已经成为一个历史的案例。从政治传播史的研究角度来看，除了进一步了解历史真相，并从左宗棠身上学习强烈的爱国主义精神外，我们还须从这个案例挖掘足以对今天现实有价值的经验启示。所以在本文的最后一部分，我们回到最初的问题，讨论政治家应该如何应对逆向舆论。因为这可能是政治家在政治实践中常见的问题，也是政治传播应该深入研究的问题。

虽然舆论研究的成果在政治传播领域已经非常丰富，舆情应对甚至也已经成为各级政府和领导的媒介素养必修课，但主要的思路还是在重视、尊重和引导方面下功夫。这恐怕是由现代民主政治与舆论关系更加密切这一特点决定的，但政治不仅仅是展现民主就万事大吉了。作为一个合格的政治家，

[①] 杨东梁.试论左宗棠收复新疆[M]//中国人民大学清史研究所.清史研究集：第二辑.北京：光明日报出版社，1982：213-237.

需要深刻认识舆论的本质和特点，懂得如何应对舆论，特别是逆向舆论，能够在舆论迷惑或者重压下作出准确的判断和得当的应对，最终使自己的行为能够符合国家和人民的真正利益。左宗棠在逆向舆论压力下收复新疆的案例，能给我们诸多启示。

第一，要准确认识舆论的特点。舆论是民意的表达。早在西周，中国统治者就有"天听自我民听，天视自我民视"的自觉认识。在现代社会，舆论更是民主政治须臾不可离开的环境。但是，舆论说到底是一种意见，作为社会心理的反映，往往不可避免地带有片面性和情绪性，未必能真正代表人民或者国家的利益，而且容易随着时间和事件的发展而发生变化。正如政治学家李普曼所指出的那样："任何时候我们都无法想象会有这样的前景：所有人都能清清楚楚地看明白整个无形的环境，从而在全部政府事务上自发形成明确的公众舆论。"① 很显然，这里所说的"明确的公众舆论"应该是正确的，真正反映了国家和民众根本利益的。以左宗棠收复新疆一役为例，当时不论是官方的主流舆论，还是以《申报》为代表的社会舆论，其评论和主张都是具有一定的合理性的。但是，就对问题的认识而言，他们显然没有左宗棠的认识那样全面、深刻，更符合国家和民族的长远根本利益。左宗棠如果屈服于舆论压力，按照当时主流的舆论行事，放弃收复新疆的主张，那必然会给中华民族带来不可弥补的重大损失。但他一定要固执己见，坚持出兵收复新疆，那就必然会遭受逆向舆论的压力。我们或许可以称这种现象为"左宗棠悖论"。这个"悖论"现象提醒我们，舆论固然是重要的，但舆论并非天然地代表正当性和正确性。这是每一位政治家应有的明确认识。

第二，成功应对"逆向舆论"的关键在做得成功，不在说得好听。现代传播研究特别强调如何说才能取得良好的效果，强调对舆论的语言回应。对日常事件而言，这样的取向大约是没什么问题的。但是，面临一些争议极大，困难重重，必须在短期内作出决断，而常人又往往难以深刻理解的重大事件，恐怕一味追求语言的说服是不现实的。对于芸芸众生而言，事实的说服力远

---

① 李普曼.公众舆论[M].阎克文，江红，译.上海：上海人民出版社，2006：225.

远大于语言的说服力。比如，我国的改革开放，在初期也会有各种各样的反对声音，但是40多年改革开放所取得的伟大成就，会使绝大部分人民群众对当时的这一伟大决策心悦诚服。回到左宗棠。面对《申报》造成的社会舆论批评，左宗棠并没有投书《申报》或者其他媒体去辩论，他在取得清政府的同意之后，就顶着巨大的舆论压力，义无反顾地投入收复新疆的战斗中，并最终依靠自己的非凡成就，不但扭转了舆论的方向，而且成就了历史的英名。如果他面对舆论批评，斤斤计较于一时的得失，畏缩不前，或者致力于以言辞维护虚名，则不仅新疆必然丢失，他自己恐怕也无缘成就光辉的历史业绩。应该说，左宗棠不仅顶着逆向舆论成功收复了新疆，也给我们破解舆论的"左宗棠悖论"提供了最有效的方法。

第三，政治家的政治品格和政治能力是应对"逆向舆论"的根本所在。政治离不开传播。应对舆论是政治家必备的能力。因此，现代政治传播非常重视对政治家和官员媒介素养的培养。值得注意的是，目前的研究和培训更多关注于对舆论的迅速回应，而且这种回应更主要的体现在如何说得更好。必须承认，说得好听，是政治家应该具备的素养，但从更广阔的眼光来看，说是做，做也是说，而且是更根本、更有效的说。政治家战胜逆向舆论最终依靠的是做出来的业绩，而不是说的水平。究其原因，舆论具有片面性、情绪性、暂时性等特征，如果政治家一味跟着舆论走，就有可能陷入"左宗棠悖论"的舆论怪圈。而要能走出"左宗棠悖论"，就要求政治家具备承受"逆向舆论"压力的品格和能力，准确判断人民和国家的利益所在，以自己成功的政治作为和成绩，扭转舆论走向，推动社会进步。

从左宗棠的案例来看，应对"逆向舆论"有以下三个重点。首先，坚毅的品格是基础。所谓"逆向舆论"，说明所做的事情是正确的，只是社会或者民众一时不能理解或者赞同。在这种情况下，政治家能否不惧舆论压力，坚持向着正确的方向前进，就尤为关键了。很显然，这样的作为离不开坚毅的品格，否则难以承受巨大的压力。其次，爱国和担当精神是关键。只有充满家国情怀和担当精神的政治家，才愿意为了国家和民众的根本利益，顶着压力坚持自己的正确主张，并因此给自己带来更大的压力和责任。没有对国家的热爱，没有对责任的担当，政治家是不会冒这种"傻气"的。因为这不但要承受巨大的舆论压力，而且一旦失败，很可能将再无辩解的可能。最后，卓越的能力是保障。前文指出，民众从根本上来说，需要事实来说服。但这个事实往往需要最终的成功来保障。如果左宗棠不能成功收复新疆，他的奋斗和心血，就很难感动大众，扭转舆论，甚至会被用来证明舆论俗见的正确。孔子将君子视为从事政治活动的理想人选，强调"君子敏于行而讷于言"，岂无深意？

四、结语

本文最初是想探讨《申报》在左宗棠收复新疆过程中的评说言论。这是非常典型的新闻史的课题，也已经有相关成果出现了。但是，在研究的过程中，笔者发现分析左宗棠的应对可能比分析《申报》的评论更有意义。因为左宗棠收复新疆是中国近代史，乃至中华民族发展史上的大事件。不过，我觉得作为一项研究，依然不能停留在对《申报》评论与左宗棠应对的梳理上。如此，依然停留在对历史事实的发掘上。正因为如此，本文努力在梳理事实的基础上，尽量深入地剖析其之所以如此的原因，并将其提升到政治家如何应对"逆向舆论"这样的高度来探讨其启示。这样的探讨，既是希望进一步发掘左宗棠的时代意义，也是希望与常见的有关政治与舆论的观点对话，并且积极尝试从中国经验提出中国理论的可能性。在我看来，左宗棠是合适的案例，他在历史上为民族作出了光辉的贡献，他的实践也能对我们今天的政治发展和学术研究作出新的贡献。所以，本文也尝试提出一些概念和看法。这是左宗棠伟大实践的贡献，也是笔者以学术向他致敬的努力。

论孙中山的宣传思想*

作为伟大的革命先行者，孙中山同时也是杰出的革命宣传家。他不仅长期勤勉地进行革命宣传活动，对革命宣传思想本身也有相当丰富和深刻的阐述。但是，国内学界对他的宣传思想研究非常薄弱。现有的几篇论文，也主要集中于对其报刊宣传思想的探讨①。然而报刊宣传思想只是孙中山宣传思想的一个组成部分，并且不是孙中山宣传思想成熟阶段最具特色的内容。因此，单单研究孙中山的报刊宣传思想，是远远不能了解其宣传思想的全貌和鲜明特征的。有鉴于此，本文力图比较全面地论述孙中山的宣传思想，以求促进我们对这一问题的认识②。

---

* 本文原载于《四川理工学院学报（社会科学版）》2008 年第 4 期，与郭琦合作。
① 现有相关研究成果有穆纬铭、余列的《试论孙中山的出版实践和思想》（《新闻出版交流》，2002 年第 1、2 期合刊）；罗建军、黄若俊的《孙中山报刊宣传思想论略》（《绵阳师范高等专科学校学报》，2002 年第 4 期）；王颖吉的《孙中山先生报刊宣传思想的形成及其传统文化特色》（《贵州文史丛刊》2003 年第 3 期）；唐晓童的《孙中山传播思想管窥》（《成都大学学报（社科版）》2005 年第 3 期）；王建辉的《孙中山与近代中国出版》（《华中师范大学学报（人文社科版）》2001 年第 2 期）；王杰、张金超的《孙中山晚年重视舆论宣传原因探析——基于苏俄、共产国际因素的考察》（《贵州社会科学》2005 年第 6 期）。除最后一篇外，其余都是侧重探讨孙中山的报刊宣传思想的。
② 严格来说，研究孙中山的宣传思想还应该包括他的对外宣传思想。事实上，孙中山也非常重视对外宣传，曾采取多种形式向外国民众宣传中国革命，寻求理解和支持。但是，本文是将宣传看作孙中山革命建国的主要手段之一加以研究的，其宣传对象主要是中国民众，其宣传目的主要是唤起全国民众对其革命建国事业的支持，对内宣传无疑是其核心和重点。所以，本文暂不讨论孙中山的对外宣传思想。

一、晚年的革命宣传观

孙中山的宣传实践可以说早在开展革命活动之初就开始了，但是，对宣传作用的认识却有一个逐步发展的过程。从 1900 年陈少白受命在香港创办《中国日报》开始，孙中山领导的革命党就积极兴办报刊，鼓吹革命。孙中山本人也发表了许多高度评价报刊宣传作用的言论。但办报是当时改良、革命诸派进行论战的共同举措，也是缺乏武装力量的革命派不得不选择的斗争方式，孙中山对宣传的认识也仍然处于自发阶段。正因为如此，在中华民国成立之后的二次革命和护法运动等革命斗争中，较易组织武装力量的革命党多依靠军事力量而忽视宣传的作用。对此，孙中山本人曾深刻反省，认为民国成立之后，革命主义之所以不能实现的最大原因就是"专靠兵力，而党员不负责任"，感叹说："自辛亥革命以至今日（1923 年——笔者注），宣传事业几乎停顿。"① 直到 1920 年代早期，进入晚年的孙中山才真正充分认识到了宣传在革命、建国中的重要作用。他多次深刻阐述宣传与革命的密切关系，并对宣传的方式和技巧进行了积极的探讨，宣传思想也最终成熟。

晚年孙中山对宣传的高度重视和极力提倡是极其引人注目的。他引证历史说明"世界上的文明进步，多半是由于宣传"，② 并因之将宣传在革命中的重要作用强调到了前所未有的程度。如，1923 年 1 月，他在上海召开的中国国民党改进大会的演说中指出："宣传的效力，大抵比军队还大。"③ 在同年关于国民党改组的一次重要演说中，他又宣称，宣传奋斗与军事奋斗相比，"自然是宣传奋斗的效力大，军事奋斗的效力小"，认为"革命成功极快的方法，宣传要用九成，武力只可用一成"。民国建立历年来国民党屡屡失败的原因，就是由于用武力的奋斗太多，用宣传的奋斗太少。孙中山明确指出："这次国民

---

① 孙中山. 孙中山全集：第 8 卷 [M]. 北京：中华书局，1986：436.
② 孙中山. 孙中山全集：第 8 卷 [M]. 北京：中华书局，1986：566.
③ 孙中山. 孙中山全集：第 7 卷 [M]. 北京：中华书局，1985：6.

党改组，变更奋斗的方法，注重宣传，不注重军事。"①

孙中山对宣传的积极作用的强调有多方面的因素，②但最根本的原因是基于他本人晚年革命理念的深刻转变和对当时革命主题的判断。晚年孙中山认识到，人民的心力而不是兵力才是革命成功最可靠的基础，才是国民党的力量之源，明确指出："所谓吾党本身力量者，即人民之心力是也……所以吾党想立于不败之地，今后奋斗之途径，必先要得民心，要国内人民与吾党同一个志愿，要使国内人民皆与吾党合作，同为革命而奋斗。必如此方可以成功；且必有此力量，革命方可以决其成功。"③从这一基本认识出发，孙中山指出当时推进革命的三种方式即政治进行、军事进行和党务进行中，前两种方式，是成败难定的，"只有党务进行，是确有把握的，有胜无败的"。而党务的核心内容就是通过努力宣传，争取中国四万万人的人心，不断扩大党的基础和力量。所以，孙中山指出："党的进行，当以宣传为重。"④这是其一。其二，在晚年的孙中山看来，推翻军阀统治并不意味着革命成功，只有真正建立了以三民主义、五权宪法为指导的民主共和国，才算完成了革命的任务。而要实现这一理想，依靠军队是没有效力的，只有通过宣传，感化全国广大民众都来认同，建国理想才能实现。所以，他告诫全党："军事的奋斗，是推翻不良政府，赶走一般军阀官僚，宣传的奋斗，是改变不良的社会，感化人群。要消灭那一般军阀，军事的奋斗固然很重要；但是改造国家，还要根本上自人民的心理改造起，所以感化人群的奋斗更重要。"⑤简言之，高度重视宣传是孙中山晚年充分认识到人民力量的产物，也是继续推进他本人革命、建国理想的逻辑选择。

---

① 孙中山．孙中山全集：第8卷［M］．北京：中华书局，1986：566-568.
② 有研究指出，孙中山晚年重视宣传的原因有四点：一、五四运动之启迪；二、苏俄、共产国际之劝导；三、中国共产党人之善意批评；四、革命经验之总结。见：王杰、张金超．孙中山晚年重视舆论宣传原因探析：基于苏俄、共产国际因素的考察［J］．贵州社会科学，2005（6）：154-157.
③ 孙中山．孙中山全集：第8卷［M］．北京：中华书局，1986：430-431.
④ 孙中山．孙中山全集：第7卷［M］．北京：中华书局，1985：6.
⑤ 孙中山．孙中山全集：第8卷［M］．北京：中华书局，1986：286.

从服务革命的目的出发，孙中山在多个场合从不同角度对宣传的内涵和实质做了简明而深刻的阐释，概括起来，主要有以下五种表述：（1）宣传就是"以主义征服"[①]；（2）"宣传便是攻心"[②]；（3）"宣传就是劝人"[③]；（4）"教便是宣传"[④]；（5）"感化就是宣传"[⑤]。这五种表述，从不同侧面反映了孙中山对宣传概念的认识。首先，与以攻城略地为目标的军事斗争不同，以主义征服和攻心，是宣传的本质特征。其目的是用革命理论说服和争取广大民众，使广大民众发自内心地认可和支持国民党的革命和建国事业，所以，孙中山指出："'得其民者，得其心也。'我们能够宣传，使中国四万万人的心都倾向我党，那便是大成功了。"[⑥]其次，教或劝人，是宣传的方式。既然宣传是要征服广大民众的心理，那么只能用劝说的方式而不能用强迫命令的方式，但这种劝说在孙中山看来是掌握了革命理论的先知先觉对后知后觉和不知不觉的普通民众的劝说，这种劝说当然有教育的意味。最后，感化是宣传要达到的最佳效果和根本目的。对感化的强调，是孙中山宣传概念的鲜明特点。在他看来，仅仅是让普通民众知道革命党的主义，并不能算达到了宣传的目的。他一再强调："至于我们宣传主义，不特是要人知，并且要感化民众，要他们心悦诚服。我们若果能感化民众，民众能够心悦诚服，那才算是我们宣传的结果，那才算是达到了我们宣传的目的。若是徒然知，而毫不被感化，便是毫无结果。没有结果，便不是我们的目的。要感化人，那才算是宣传的目的。"[⑦]

需要指出的是，作为服务于孙中山领导的资产阶级革命的宣传，其核心内容是明确而集中的，即孙中山本人创立的三民主义和五权宪法。孙中山多次指出："吾党员奋斗之武器，则三民主义、五权宪法是也。"又说："故党员必须明白三民主义、五权宪法之内容如何，然后用之出而宣传，始生效力，

---

① 孙中山.孙中山全集：第8卷[M].北京：中华书局，1986：432.
② 孙中山.孙中山全集：第7卷[M].北京：中华书局，1985：6.
③ 孙中山.孙中山全集：第8卷[M].北京：中华书局，1986：284.
④ 孙中山.孙中山全集：第8卷[M].北京：中华书局，1986：572.
⑤ 孙中山.孙中山全集：第8卷[M].北京：中华书局，1986：574.
⑥ 孙中山.孙中山全集：第7卷[M].北京：中华书局，1985：6.
⑦ 孙中山.孙中山全集：第10卷[M].北京：中华书局，1986：350.

始能感化他人也。"① 针对辛亥革命前只重视宣传民族主义而忽视民权主义、民生主义的状况，孙中山特意说明："从前宣传民族主义，推翻满清，很有功效。我们现在从事宣传，必要把民权主义和民生主义，同民族主义一样注重。"② 值得注意的是，孙中山特别强调宣传的高度一致性，明确指出："三民主义、五权宪法，本为吾之所倡始、所发明，其解释一依我之解释，然后方不至误解误讲。"③

二、宣传方式的选择

在长期的革命生涯当中，孙中山为了宣传自己的革命思想，推动革命进程，探索了多种宣传方式，其中，报刊宣传与党员宣传是他关注最多的两种主要方式。对此，孙中山发表了很多精彩的言论，提出了不少具体的要求。尤其值得注意的是，在宣传思想成熟的晚年阶段，孙中山在宣传方式的选用上发生了由报刊宣传为主到党员宣传为主的明显转变。

报纸作为近代传入我国的大众传播媒介，在20世纪前后迅速成为各种政治派别的宠儿。各派纷纷通过兴办报纸杂志宣传自己的思想，抨击对手的观点。处于这一环境中的孙中山自然也非常看重报纸在革命斗争中的宣传作用，不仅亲自指导了革命党的办报活动，利用报纸宣传自己的革命思想，而且对报纸在辛亥革命中的作用给予了高度评价。1912年4月，孙中山在给上海《民立报》的答词中指出："此次革命事业，数十年间，屡起屡仆，而卒睹成于今日者，实报纸鼓吹之力。"④ 同月，在对广州各报记者的演说中，他又说："此次中国推倒满清，固赖军人之力，而人心一致，则由于各报鼓吹之功。"⑤ 此外，在武汉、北京等地的演说中，孙中山也一再强调了报纸在革命宣传中的

---

① 孙中山. 孙中山全集：第8卷 [M]. 北京：中华书局，1986：502-503.
② 孙中山. 孙中山全集：第8卷 [M]. 北京：中华书局，1986：573.
③ 孙中山. 孙中山全集：第8卷 [M]. 北京：中华书局，1986：506.
④ 孙中山. 孙中山全集：第2卷 [M]. 北京：中华书局，1982：337.
⑤ 孙中山. 孙中山全集：第2卷 [M]. 北京：中华书局，1982：348.

重大作用。孙中山还分析了报纸可以发挥重要宣传作用的原因所在，认为："报纸所以能居鼓吹之地位者，因能以一种之理想普及于人人之心中。其初虽有不正当之舆论淆惑是非，而报馆记者卒抱定真理，一往不渝，并牺牲一切精神、地位、财产、名誉，使吾所抱之真理屹为不动，作中流之砥柱。久而久之，人人之心均倾向于此正确之真理，虽有其他言论，亦与之同化。"①

民国建立之初，孙中山仍然对报纸寄予厚望，认为报界为舆论之母②，号召报纸发挥监督政府、唤醒民众的舆论宣传作用。1912年10月孙中山在上海对报界的谈话集中而明确地体现了这种思想。他说："革命成功，全仗报界鼓吹之力。今民国成立，尤赖报界有言责诸君，示政府以建设之方针，促国民一致之进行，而建设始可收美满之效果。故当革命时代，报界鼓吹不可少，当建设时代，报界鼓吹更不可少，是以今日有言责诸君所荷之责任甚重。"③但是，形势的发展很快就使孙中山注意到了报纸的负面影响。因为民国建立，临时政府取代刚刚被推翻的清政府成为报界评论和批评的对象，而且孙中山的建国思想也常常得不到报界的认可，舆论相当混乱。孙中山虽然仍坚持新闻自由的立场和理念，但是对新闻媒介肆意攻讦政府的积习和混乱的舆论频频表示担忧，民国初年在一次对广州记者的谈话中，孙中山就非常忧虑地说："近观上海各报，言论不能一致。今回粤省，见各报之言论益紊，不按公理，攻击政府。不知一般人民重视报纸，每谓报纸经载，必有其事，以致人心惶惶，不能统一。"④针对这一情况，孙中山一方面呼吁报刊要言论一致，认为只有言论一致，人心才能一致；一方面提出要明确报纸监督政府的范围，指出："忠告政界，属监督行政范围，自是正当之舆论，第不可轻信谣言，攻讦私德耳。"⑤应该说直到晚年，孙中山还是比较重视报纸的宣传作用的，也始终没有放弃利用报纸宣传自己革命思想和建国方略的努力。但是，他对报纸言论自

---

① 孙中山.孙中山全集：第2卷[M].北京：中华书局，1982：337.
② 孙中山.孙中山全集：第2卷[M].北京：中华书局，1982：356.
③ 孙中山.孙中山全集：第2卷[M].北京：中华书局，1982：495.
④ 孙中山.孙中山全集：第2卷[M].北京：中华书局，1982：348.
⑤ 孙中山.孙中山全集：第2卷[M].北京：中华书局，1982：350.

由带来的负面作用也一直心存芥蒂,毕竟他只能呼吁,而不能命令全国报界听命于他。这也是其晚年转向重视党员宣传的原因之一。值得指出的是,现有研究成果由于拘泥于对孙中山报刊宣传思想的探讨,对其宣传思想的这一变化皆视而不见或避而不谈。

强调党员宣传是孙中山宣传思想成熟阶段最鲜明的特征。我们知道20世纪20年代早期是孙中山宣传思想逐渐成熟的时期。检视这一时期孙中山关于宣传的相关言论,我们发现这些言论更多地已经集中于国民党的党员宣传方面,并且随着时间的推移越来越集中。国民党内专职的宣传机构也在此时建立起来,并且从中央一直扩展到各地支部。出现这种变化,其一是由于孙中山发现报界舆论难以控制,其二是由于孙中山晚年革命思想发生了深刻转变。上文已经指出,晚年孙中山认为四万万人民的心力才是国民党的力量之源。面对当时文盲占绝大多数的四万万人民,主要依靠报刊宣传的效果显然会非常有限。所以,孙中山认识到必须通过以人际传播为主要特征的党员宣传,才有可能使人民真正了解和赞同国民党的建国理想,从而赢得人民群众的支持。正因为如此,孙中山强调党务进行是革命成功的保证,而党务进行的首要任务就是宣传。他明确提出:"宣传工夫,就是以党治国的第一步工夫。"[1]这里的宣传,主要指的就是中国国民党领导下的党员宣传,而不是党无法有效控制的社会报刊宣传。这种党员宣传思想,包括以下几层含义。第一,强调宣传活动的组织性和纪律性。孙中山指出,要做宣传就要有一个最便利、最巩固的机关,这个机关就是党[2]。他认为,辛亥革命成功以前,革命党也有宣传,但当时是所谓"人自为战"的个人宣传,既无组织,又无系统,所以收效也不算大,要求今后向俄国共产党学习,开展国民党中央领导下的有组织、有系统、有纪律的宣传活动[3]。第二,要求每一个党员都担负起宣传的责任。"即[如]凡属党员,皆负有一种责任,人人皆为党而奋斗,人人皆为党

---

[1] 孙中山.孙中山全集:第8卷[M].北京:中华书局,1986:285.
[2] 孙中山.孙中山全集:第7卷[M].北京:中华书局,1985:7.
[3] 孙中山.孙中山全集:第8卷[M].北京:中华书局,1986:436.

的主义而宣传。"① 这种宣传是一种普遍的宣传。所谓普遍的宣传,不仅指每一位党员都要担负宣传的责任,更重要的是指要将三民主义、五权宪法思想宣传到每一个民众,感化每一个民众。与报刊宣传不同,这种普遍宣传的实现依赖于一种层进式的宣传思路,即从一个党员开始,一传十,十传百,百传千,逐渐扩大宣传范围,层层递进,直到全国四万万人都受到感化。1923年10月,孙中山在广州中国国民党恳亲大会的演说中谈到宣传问题时,明确表达了这种层进式的宣传思路:

> 现在广东的人民号称三千万,本党党员有三十万,如果一个人能宣传十个人,在一年之后便可以得三百万人的同志,在三年之后便可以得一千五百万人的同志……再用一千五百万做基本,推广到各省去宣传,一传十,十传百,百传千,不到三五年,便可以传到四万万。到了四万万人都受过了本党的宣传,四万万人的心理便要归化本党;到了四万万人的心理都归化本党,本党便可以实行以党治国。②

事实上,一个党员到底可以通过宣传感化多少民众,孙中山在不同场合的说法并不一致,但这种依靠党员和层进式宣传的思路是确定的。这种思路决定了劝说或演说是孙中山所主张的党员宣传的主要形式。当然,这并不等于反对党员通过办报的方式来进行宣传鼓动,但显然不可能是主要形式③。第

---

① 孙中山. 孙中山全集:第8卷[M]. 北京:中华书局,1986:432.
② 孙中山. 孙中山全集:第8卷[M]. 北京:中华书局,1986:285.
③ 1923年11月,孙中山在对广州市全体中国国民党党员的训词中指出:"总理甚愿吾党良好的组织与训练从速实现,尤愿吾党同志各尽其职,或为口头上之鼓吹,或为文字上之宣传,阐我党纲,扬我党誉,俾本党日臻于昌盛,斯则总理之所殷殷仰望于同志诸君者也。"(《在中国国民党广州市全体党员大会上的训词》,详见《孙中山全集》第7卷,第391页。)这里所谓"口头上之鼓吹"无疑只能是演说或劝说两种形式,而所谓"文字上之宣传",自然不排除办报的形式,但这种报纸是国民党有效控制下的报纸,而且文字的宣传也不能仅仅理解为办报。

三，为了能够成功宣传，党员首先必须接受宣传训练。孙中山指出，党员必须自己先接受训练，掌握了宣传方法和技巧，才能出而感化他人，达到宣传的目的。他强调说："我党须每日均学习宣传方法，时时训练，训练纯熟，然后能战胜一切。"① 为有效提高党员的宣传能力，他还提出要开办宣传学校。此外，孙中山还非常注重探讨党员宣传的策略和艺术，关于此点，我们将在下文探讨。

值得注意的是，孙中山还推广这种党员宣传的方式，号召青年学生和农民运动讲习所的农民运动积极分子都去广泛地开展这种由近及远的，层进式、劝说式的宣传活动，以达到迅速传播三民主义、五权宪法等革命建国思想的目的。毫无疑问，党员宣传是晚年孙中山最重视的宣传方式。其宣传思想的扩展也主要是围绕党员宣传这种模式扩展的。

除了报刊宣传和党员宣传两种主要宣传方式之外，孙中山还积极探讨其他宣传方式。包括撰写历史著作、小册子，利用各种象征符号和纪念仪式等等。就前者而言，早在1902年，孙中山就建议留日学生刘成禺写作《太平天国战史》，"发扬先烈，用昭信史"，作为革命党宣传排满的资料②。书成之后，孙中山还亲自作序，赞扬洪秀全领导的太平天国革命，鼓舞人们推翻清王朝的斗志。对于以邹容的《革命军》为代表的小册子在革命宣传中的作用，孙中山也给予积极的评价。就后者而言，民国成立之后，孙中山在国旗的选用上持极其慎重的态度，反对用五色旗，建议选用红底青天白日旗，以"示光明正照自由平等之义"③；在官员称谓上要求废止清朝旧有名目，改为显示平等的称谓；此外，采取了建立烈士祠和要求国民一体剪辫等种种措施。这些举动，含有明确的政治意图，其实都是孙中山宣传革命建国思想的方式之一，它们虽不是主要方式，却可以产生深远的影响。尚值一提的是，孙中山密切关注传播技术的发展，积极尝试新的传播手段。对1920年刚刚在中国出现的无线广播这种传播媒介也抱有热烈的欢迎态度，认为"此物不但可以言语上

---

① 孙中山.孙中山全集：第8卷[M].北京：中华书局，1986：506.
② 孙中山.孙中山全集：第1卷[M].北京：中华书局，1981：217.
③ 孙中山.孙中山全集：第2卷[M].北京：中华书局，1982：18.

使中国与全世界密切联络，并能联络国内各省各镇，使益加固结也"①，敏锐地认识到了这种新型传播手段的宣传功能。

三、宣传技巧的探讨

被誉为传播学"四大奠基人之一"的宣传分析大师拉斯韦尔（Harold D. Lasswell）指出："成功的宣传有赖于在适宜的条件下对各种方法的巧妙运用。"② 为了成功宣传自己的革命和建国思想，孙中山不仅对采用何种宣传方式做了深入的思考，而且对宣传成功的要素和技巧进行了积极的探索，提出了精辟的见解。由于这些探讨大多在晚年进行，所以主要集中于党员宣传这种方式。

首先，孙中山认为"至诚"是宣传能够感化人的基础，是宣传成功的基本要素，宣传者必须具有至诚的精神品质和持之以恒的心理准备。孙中山指出："我们要感化人，最要紧的，就是诚。古人说：'至诚感神'。有'至诚'，就是学问少，才［口］口［才］拙，也能感动人。所以'至诚'有最大的力量。若是我们在宣传的时候，没有'至诚'的心思，便不能感化民众。有'至诚'的心思，无论什么人，都能感动。"这里所谓"至诚"，指的是宣传者"要诚心为革命来奋斗，诚心为主义来宣传。要以宣传为终身极大的事业"，能够牺牲一切个人的权利和荣华，甚至身家性命，诚心诚意为党的事业宣传、奋斗③。他谆谆告诫国民党人："诸君担负宣传的任务，应该有恒心，不可虎头蛇尾，今日热心奋斗，明日便心灰意冷。因为要人心悦诚服，不是一朝一夕、一言一动能够收效果的。必要把我们的主义，潜移默化，深入人心，那才算是有效果。"④ 孙中山认为，如果全体国民党员能有这种至诚的奋斗之心，就一

---

① 陈锡祺.孙中山年谱长编：下册 [M].北京：中华书局，1991：1568.
② 拉斯韦尔.世界大战中的宣传技巧 [M].张洁，田青，译.北京：中国人民大学出版社，2003：185.
③ 孙中山.孙中山全集：第10卷 [M].北京：中华书局，1986：351.
④ 孙中山.孙中山全集：第8卷 [M].北京：中华书局，1986：568.

定可以感动中国广大民众来赞同国民党的事业。精诚所至，金石为开，在孙中山看来，至诚不仅是对宣传者精神风貌的要求，也是最根本的宣传技巧。

其次，孙中山认为在宣传之前必须要了解宣传对象的状况，针对不同受众，寻找不同的突破口，循序渐进地引导民众接受革命思想。他指出，对民众进行普遍宣传，"尤须明了士农工商之状况"，知道其痛苦的根源所在，然后有针对性地"提出方法，敷陈主义，乃能克敌致果"。他举例说："如遇农，则说之以解脱困苦的方法，则农必悦服。遇工、遇商、遇士各种人们亦然。然用何方法，用何力量，走何道路，则须知三民主义、五权宪法非对于以往及将来，乃对于现在造成良好国家。"①孙中山强调对人民做宣传工作一定要善于引导。他在1919年曾告诫国民党著名理论家戴季陶说："我们在这个时候，既然立了一个主意，要做指导社会的工夫，最要紧的，就是不好先拿我们的知识，整个的放上去，以为这件事，我已经明白了，他为什么不明白？两次说不明白，便生了气，这是不行的。我们要晓得，群众的知识是很低的，要教训群众、指导群众，或者是教训指导知识很低的人，最要紧要替他们打算，不好一味拿自己做标本。这样的去做工夫，方才有趣味，方才得到研究的益处，方才能够感化多数的人。"②

再次，孙中山强调在宣传中要注意语言运用的技巧。他指出，在对群众宣传时，要"拿他们心理上极欢迎的话去演讲"，这样"便可感动许多人"，从而"不必费很大的力量，便可收很大的效果"。他举例说，如果对广东人宣传民生主义，那么就用"革命成功，我们大家有平米吃"这句话来阐释民生主义，因为这是广东人民自己的语言，他们容易理解，具有感召力，同时也符合民生主义的本意③。1924年在广东第一女子师范学校演讲时，孙中山又教导学生说，在开展宣传活动时，"就措词而论，所说的话应该亲切有味，要选择人人所知道的材料"④。孙中山本人的演讲宣传活动，是艺术地运用这种语言

---

① 孙中山.孙中山全集：第8卷[M].北京：中华书局，1986：502.
② 孙中山.孙中山全集：第5卷[M].北京：中华书局，1985：70.
③ 孙中山.孙中山全集：第8卷[M].北京：中华书局，1986：575.
④ 孙中山.孙中山全集：第10卷[M].北京：中华书局，1986：30.

技巧的范例。例如，他在演讲中常常以"兄弟"自称，很自然地拉近了听众和自己的距离，让听众觉得他平易近人。而在不同的演讲中，他又善于举例比喻，将抽象的道理形象地表达出来，产生了良好的效果。例如，他在对广州商团的演讲中，将民国比喻为公司，将民众比喻为股东，以此来说明民国由人民做主的特征[①]。在对滇军的演讲中，他又举了生活在爪哇的中国千万富翁地位不及日本妓女的事例来激励军人的爱国之情[②]。

最后，孙中山强调宣传必须注意适时性和统一性，即在某一具体的时段要根据当时的特殊历史语境集中力量宣传某项主张。这样，既有具体环境刺激，又有相关主张集中地传输给民众，容易对民众产生强烈影响，从而获得理想的宣传效果。1923年12月，帝国主义为了反对孙中山收回两广关系的合理要求，利用停泊在广州港的军舰示威、恫吓。孙中山在当时对国民党员的演讲中指出，党员进行宣传，"必须临机应变"，[③]并说在当时的情况下，最宜于宣传民族主义。对于报界，孙中山也一再强调舆论一致的重要性，要求避免浪战，以加强宣传效果。1923年年初，孙中山在一次对上海报界的演说中批评报界虽然在宣传革命思想方面用力不少，但不免有浪战的表现，指出"作战须有计划，攻击必有目标"，反对各自为政的宣传。并针对当时南北双方关于统一和裁兵问题的争论，号召上海各报"费三个月之精神，每日特辟一版之篇幅，专作裁兵之鼓吹"[④]，希望通过这种舆论高度一致的轰炸式的集中宣传，使国民党必先裁兵才能统一的思想为国人所熟知和赞同。孙中山强调宣传必须适应时局的需要，所以他在1924年应邀北上期间，就禁止国民党宣传机构继续以打倒某某等激烈口号反对北京政府的执政者和相关人员，以求营造良好的会谈气氛。现代传播学理论认为，信息出现的历史语境，特别是当时普遍的政治氛围，对传播效果起着至关重要的影响[⑤]。所以，孙中山强调

---

① 孙中山.孙中山全集：第9卷[M].北京：中华书局，1986：58-59.
② 孙中山.孙中山全集：第9卷[M].北京：中华书局，1986：650-651.
③ 孙中山.孙中山全集：第8卷[M].北京：中华书局，1986：575.
④ 孙中山.孙中山全集：第7卷[M].北京：中华书局，1985：46-47.
⑤ 麦克奈尔.政治传播学引论[M].殷祺，译.北京：新华出版社，2005：33.

宣传的适时性和统一性是非常有远见的。

　　作为杰出的宣传家，孙中山对宣传技巧还有很多的体会和认识，但上述四点应该是其最主要的部分，也是对宣传具有普遍指导意义的。宣传是连接理论和实践的桥梁。一种理论只有有效地传播到社会，并对社会群体的观念产生预期的正面影响，才能具有改造社会的实际意义。而且，对群体观念的正面影响越大，理论能够发挥的改造社会的作用也就越大。在理论本身和社会群体确定的情况下，宣传效力的大小，决定着理论的影响力。而宣传效力的大小，则取决于宣传主体对宣传的重视程度，对宣传方式的选择和宣传技巧的运用三方面的因素。在观念繁杂的变革年代，宣传竞争尤其激烈。作为革命的先行者，孙中山先生提出了系统的革命和建国理论。在长期的革命斗争中，随着他革命建国思想的发展，总结正反两方面的经验教训，在晚年，他的宣传思想也日渐成熟。他不仅充分认识到了宣传与革命的密切联系，还从具体环境出发，努力寻求有效的宣传方式，积极探讨各种宣传技巧，提出了一系列精辟的见解。他的宣传思想虽然还不算系统和完善，但无疑具有鲜明的特点，不仅对当时国民党的宣传活动起了指导作用，而且提出了不少在宣传领域具有普遍指导意义的精辟见解。所以，孙中山的宣传思想不仅应该被视为革命建国思想的一个组成部分，在近代中国政治传播发展史中也应占有一席之地。

文明传播与话语创新

文明传播中的受众动机与传播效果[*]

一、引论：文明传播与传播理论

传播是工具，社会之所以成其为社会全赖传播这一工具。[①] 被誉为"传播学之父"的威尔伯·施拉姆（Wilbur Schramm）在其所著的《传播学概论》（*A Look at Human Communicaion*）一书中如此界定传播的功能。依据这一界定，传播是人类社会形成与维系的基础。这也就意味着，我们完全可以而且必须将对传播的考察置于整个人类社会的一切交往行为之中。但从研究现状来看，传播学的形成及经典理论都建基于对大众传播的研究，即使领域不断扩展，其研究的焦点和思路也依然深受大众传播研究形成的逻辑和惯性影响。换言之，现有的传播研究视野和领域显然无法全面反映传播在人类社会中扮演的重要角色。

传播研究范畴的拓展可以从各个角度着眼。考虑到传播被认为是人类社会的基础，从作为传播主客体的人类社会的层级着眼应该是可行的思路之一。目前所有的传播研究，包括政治传播研究主要聚焦于国内和国际两个人类社会层级，对人类更大的社会群体，即文明层级社会的传播活动尚少有关注。所谓文明层级社会，指的是以文明为区分单位的人类社会群体。依据汤因比

---

[*] 本刊原载于《南京社会科学》2016 年第 12 期，《新华文摘》2017 年第 6 期全文转载。
[①] 施拉姆，波特.传播学概论[M].何道宽，译.北京：中国人民大学出版社，2010：2.

（Arnold Joseph Toynbee）的观点，"一个文明……可以看作是处在一些不同民族的个别活动场所之间的共同场地，也可当作一个特定的'种'社会的代表"。① 也就是说，文明一般而言是大于现在常见的民族国家范畴的，而又不同于国际组织的一个由若干国家级政治单位组成的，具有本群体共有的独特特征的文化实体，或者说种类社会。学界对世界文明的种类和数量有不同的划分，有7种、8种、9种、12种、16种、23种等不同说法。② 但不论如何划分，均可以看出文明的范畴与现代常见的民族国家或国际组织都不一样，是一种特殊的人类社会单位。

我们关注文明，并不仅仅因为它是一种特殊的人类社会单位，而是因为要把握全人类整体历史的发展，必须从文明而非民族国家这样一个规模的单位出发。正如亨廷顿（Samuel Phillips Huntington）所言："人类的历史是文明的历史。不可能用其他任何思路来思考人类的发展。"③ 显而易见的事实是，人类自进入文明社会之际就是多元并存的，因此所谓人类的发展并不是单个文明封闭演进的独奏，而是多元文明相互碰撞、交流的交响乐。近代西方文明的兴起与其全球扩张，更是使文明之间的交流成为一种持续不断且日趋深化的新常态。

文明的碰撞和交流就是文明的传播，或者至少说有传播的要素，不论是亨廷顿所说的"文明的冲突"（Clash of Civilizations），④ 还是汤因比所说的"文明的接触"（Contact of Civilizations），⑤ 都离不开文明传播的要素。换言之，在人类历史与当下世界的传播中，最大的单位并不是国家，而是文明。考虑到特定的文明往往存在于特定的国家群体之中，而文明中最核心的价值观念及其外化形式往往都是政治的，并且这些具有政治色彩的要素在传播中冲突

---

① 汤因比.历史研究［M］.刘北城，郭小凌，译.上海：上海人民出版社，2005：20.
② 亨廷顿.文明的冲突与世界秩序的重建［M］.周琪，刘绯，张立平，等译.北京：新华出版社，2010：23.
③ 亨廷顿.文明的冲突与世界秩序的重建［M］.周琪，刘绯，张立平，等译.北京：新华出版社，2010：19.
④ 亨廷顿.文明的冲突与世界秩序的重建［M］.周琪，刘绯，张立平，等译.北京：新华出版社，2010：159.
⑤ 汤因比.历史研究［M］.刘北城，郭小凌，译.上海：上海人民出版社，2005：345.

也最激烈，我们在某种意义上可以把文明传播视为一种特殊的政治传播。或者说，对政治传播的研究尤其应该拓展文明传播的范围和层次。

但是，从现有研究来看，对于这样一种至关重要的传播现象，一方面，关注文明研究的传统学科，如政治学、历史学、哲学等，很少从明确的传播学视角或运用传播理论来开展研究；另一方面，在传播学包括政治传播的研究中，则鲜有从文明层面来着眼的，最多把文明视为分析某种浅层传播现象的深厚背景。

文明的传播自然与传播学或政治传播惯常研究的传播现象有重要的区别，但既然是传播，就有传播的共性，就可以用传播的视野和传播的理论来进行观察。这样的观察不仅使我们有可能对文明及其传播活动有新的认识，而且基于文明传播的特性，肯定也有益于加深我们对现有相关传播理论的认识，并有可能修正、完善或颠覆相关理论，从而开启新的理论探索征途。考虑到文明传播在规模、方式、效果等方面的高度复杂性，作为一个现有传播研究几乎尚未触及的领域，我们很难一开始就针对文明传播的整体现象做出理论性的研究和评判。比较科学的方法是从某一文明传播现象的某一环节或方面入手，并借用现有传播研究的相关概念或理论展开考察。作为尝试，本文希望借用传播学受众的概念与相关理论，对"西学东渐"，即西方文明在近代中国传播中，处于受众身份的中国的动机及相应的对西方文明的态度与认知进行一个总括性的考察。选择这样的主题，不仅是因为它便于选择相应的传播概念和理论，更重要的是因为传统学科在对相关问题的研究中，由于在相当程度上忽视或误解了当时中国在这一文明传播过程中的根本动机及其影响，从而在对相关历史现象的解读上出现了一定的偏差。而从文明传播的视野出发，借用传播学的相关理论开展考察，有可能帮助我们在一定程度上纠正这种误读，从而更接近历史的实际。

二、西方文明传播与富强中心观在近代中国的兴起

当代学者普遍用革命或现代化来界定近代中国的历史主题，但对当时的

中国人来说，寻求国家富强才是压倒一切的首要政治目标，也是各类政治派别最大的公约数。我们把这种政治目标称为富强中心观。从中外历史来看，近代中国把国家富强列为政治的根本任务，是一个很特别的现象。就中国而言，历史上虽然不乏汉、唐这样既富且强的朝代，但真正提出富强观念，并把其列为国家首要目标的朝代极为罕见。概括而言，对这一目标的追求只有战国与两宋时期比较明显，但也不是全社会占主导地位的国家治理目标。放眼世界，近代西方虽然强国迭出，但检视其政治理论，尤其是支撑西方主流政治文明的经典政治思想，也鲜有把国家富强作为理论出发点的。甚至在英文中竟找不到一个单独的词汇可以准确对译富强，不得不用 wealth 和 power 的组合来加以翻译。

不过在近代中国，西方文明以坚船利炮为媒介开启中西文明之间的传播大幕，并不断以羞辱和暴力对中国展开规训的特殊文明传播方式，① 使当时的中国人意识到中国遭遇了前所未有的大变局与大危机时，本来在历史长河中长期沉睡的富强观念被唤醒了，并伴随中国近代危机的加深与羞辱的加重，从无到有，从边缘到中心，最终成为主导时代发展的首要观念。大体来说，鸦片战争以后的20年，是富强观念的萌生时期，第二次鸦片战争之后的洋务运动时期是富强观念在社会精英意识中逐渐由边缘向中心迈进的时期，而甲午战争之后，富强观念即在社会精英意识中迅速占据了中心地位。此后的历史发展则是富强观念逐渐向民众群体延伸并固化的时期。换言之，甲午之后，追求国家富强就成为社会普遍认同的不但无可非议，而且不言而喻、压倒一切的首要政治目标，其他政治目标的实现必须服从和服务于这一核心目标。

在讨论"西学东渐"这样一个中西文明传播的事件中特别提出富强中心观，是因为今天从事这一段历史的研究者由于依然浸淫于富强中心观的语境当中，把追求国家富强视为所有时代、所有政权的普遍性主题，而非近代中国的特殊主题。这样的认识一方面尚囿于近代中国的特殊关怀，未能以更加

---

① 何伟亚.英国的课业：19世纪中国的帝国主义教程［M］.刘天路，邓红霞，译.北京：社会科学文献出版社，2007.

超然的心态审视这段历史,而另一方面又忽视了富强中心观在近代中国的深刻影响,以革命或者现代化等研究者自身的时代关怀来确立近代的时代主题。这种看似矛盾的做法,造成了一个共同的后果,就是在相当程度上忽略了作为受众的中国文明在近代"西学东渐"这一中西文明传播中的主动性,因而难以对持续至今的这场文明传播活动更加科学地进行理解和反思。

传播研究中的受众概念及相关理论,关注的是受众接受信息的即时心理及其对效果的影响,而现在传播理论的发展又越来越重视受众的主动性和选择性,正如麦奎尔所说:"受众从来就不是被动的","受众按照自己的理解对媒介文本进行'解读'(read),并从中建构意义,获取愉悦。""(作为受众的)任何真正的社会群体都有办法,也倾向于主动地、有意识地选择一个共同目标,并为之努力奋斗。"[①] 恰恰是这种对受众接受信息时即时心理的关注,可以弥补现有对近代中西文明传播历史研究中忽视对即时直接心理探讨,并因而削弱了对当时中国文明作为受众的主动性关注的缺陷。因此,在下文的探讨中,我们希望从受众主动性的理论视角出发,深入分析以追求国家富强为根本目的的受众动机对西方文明在近代中国传播的影响。

三、富强中心观与近代中国对西方文明的选择性认同

富强中心观影响下的"西学东渐"是一个极其复杂的文明传播过程。为了做整体的把握,我们只能从器物、制度、观念三个层面选择最重要、最典型的事例来加以观察和说明。从历史实践来看,近代中国对西方文明的这三个层面都不同程度地进行了选择性认同,而认同与否的根本标准则是其是否有益于中国的富强。

近代西方文明是以属于器物层面文明的坚船利炮开启在中国的文明传播之旅的。从效果来看,在富强中心观的主导下,中国对西方器物层面文明的

---

① 麦奎尔.受众分析[M].刘燕南,李颖,杨振荣,译.北京:中国人民大学出版社,2006:29,32.

认同与接受也最为彻底和全面。在最早提倡向西方学习的思想家那里，其立足点就是对中国富强有益的西方技术。鸦片战争后第一个提倡向西方学习的思想家魏源，明确表明向西方学习的目的是"师夷之长技以制夷"，①这里所谓"师夷之长技"，意即学习西方的船炮技术，所谓"制夷"，其实就是包含了追求国家富强的目标。第二次鸦片战争之后的思想家冯桂芬更是直接用"以中国之伦常名教为原本，辅以诸国富强之术"②来表达对西方物质技术文明的接受与欢迎。而以求强、求富为目的的洋务运动则在上述思想指导下开启了近代中国接受西方器物文明实践的第一步。甲午战败之后，伴随富强中心观在思想领域获得统摄性地位，对西方物质技术的欢迎和学习态度更是成为社会开明精英的普遍共识，即使在后来认识到器物文明并非西方强大的根本所在之后，对西方物质技术的欢迎和接受热情也丝毫不减，正如近代著名思想家严复所言："夫士生今日，不睹西洋富强之效者，无目者也……谓不用西方之术而富强自可致……皆非狂易失心之人不为此。"③这样的观念及在此观念指导下的实践，一直延续到今天。

与器物层面的文明相比，制度文明更接近一个文明体系的核心价值。以传统中国与现代西方政治制度及核心价值的判然两途，西方制度文明向中国传播无疑具有极大的困难。然而，从近代中国来看，虽然对西方制度层面文明的接受没有器物层面那样全面，但总体而言还是选择性地逐渐接受了西方首创的所谓现代政治制度。这背后的根本动力和选择标准依然是追求国家富强的动机。

近代中国对以民主为特征的西方制度文明的选择性认同是从议院开始的。而议院之所以被认同，是因为当时的中国人将其视为西方富强的根本原因。如晚清思想家王韬早在19世纪70年代，就大力赞扬英国的议会制度，认为坚船利炮等器物层面的因素不过是英国富强之末，其本是议会制度，正是议

---

① 魏源.海国图志[M].郑州：中州古籍出版社，1999：75.
② 冯桂芬.校邠庐抗议[M].上海：上海书店出版社，2002：57.
③ 严复.论世变之亟[M]//王尔敏.中国近代思想史论续集.北京：社会科学文献出版社，2005：188.

会制度使英国"以富强雄视诸国"。①80年代，晚清重臣张树声在其著名的遗折中也指出"论政于议院"是西方富强之体，批评中国当时以学习西方物质技术为核心内容的自强运动是"遗其体而求其用"，必不能实现富强的目的。②90年代的思想家郑观应在其影响广泛的政论名著《盛世危言》中，更是直截了当地说："中华而自安卑弱，不欲富国强兵，为天下之望国也，则亦已耳；苟欲安内攘外，君国子民持公法以永保升平之局，其必自设立议院始。"③由此可见，正是追求富强的动机推动了近代中国人对西方议会制度的赞誉与欢迎。

这当然不是个案。从制度形态来看，君主立宪、民主共和、社会主义三种源自西方的制度文明，都曾经受到当时思想先进的一部分中国人的高度关注与热烈欢迎，后两种被付诸实践，究其原因，不论其以何种理由和意识形态来论证，从根本上来说都是源于寻求国家富强的动机。

曾经力图在中国建立君主立宪制度的戊戌维新派人士，其改革方案的提出，正是始于甲午惨败之际、追求富强成为全社会精英的普遍共识之时。孙中山等辛亥革命者选择民主共和制度，从根本上来说也是认为民主共和制度比君主立宪制度更先进，更有利于追求中国的富强。中国共产党对社会主义制度的选择，从起点来看，其实也是一部分信奉社会进化论且对西方资本主义民主共和制度失望的先进知识分子对中国富强道路的重新选择。

同样，正是基于寻求富强的动机，近代中国一方面在形态上接受了西方首创的政治制度，但在具体的制度设计方面，却体现了明显的价值取向差异。概括来说，分权与制衡是西方现代政治制度的核心精神，但在中国并不受欢迎。研究者往往从中国传统政治文化来分析这一现象的原因，但从最直接，恐怕也是最根本的原因来看，却是中国人因为担心权力的分散会影响政治的效率和国家迅速富强的目标。面对西方的三权分立制度，孙中山提出了"政权"与"治权"区分的理念，并创立了所谓"五权宪法"，看似为了进一步促进分权，实质却是为了克服分权带来的低效率。同样，中国共产党不认同西方的多党竞选

---

① 王韬.弢园文录外编[M].郑州：中州古籍出版社，1998：177-178.
② 郑观应.盛世危言[M].北京：华夏出版社，2002：10.
③ 郑观应.盛世危言[M].北京：华夏出版社，2002：24.

与三权分立制度，重要的出发点也是认为其互相扯皮，缺乏效率。

西方观念层面的文明，在中国的传播效果同样受到富强中心观的深刻影响。西方思想中，在中国最受欢迎并且取得主导性地位的内容，都是与强化富强中心观地位密切相关的，相反，那些被认为有损中国富强目标的观念和意识形态，即使是西方文明观念的核心所在，也难以在中国占据主流地位。

最典型的例子，是进化论在中国的传播。自从严复在甲午战争之后通过将赫胥黎（Thomas Henry Huxley）的《进化论与伦理学》（*Evolution and Ethics*）以"天演论"的名称翻译到中国之后，进化论迅速成为被中国人热烈信奉的"一个新的全能式的世界观"，① 其宣扬的"物竞天择""适者生存"的观念被中国人视为世界的普遍公理。究其原因，是中国人从这样的观念里找到了追求国家富强的理论根据——既包括把富强定为国家首要目标的合理性，也包括寻求富强的路径。作为在传统上一直视追求富强为政治异端，而现在又把追求富强定为首要目标的文明来说，有这样的一般性理论做辩护多么重要！而进化论所包含的竞争原则与历史线性发展原则，则对当时中国人在纷繁复杂的西方观念中做出选择起到了指导性的作用。从某种意义上来说，我们完全可以把进化论视为近代中国人选择西方文明的方法论，近代中国社会变革方式、制度和观念的选择，都受到了进化论的强烈影响。

除此之外，民族主义、马克思主义以及民主、平等等现代观念能在中国广泛传播并产生深远影响，从根本上来说，也是基于当时中国人不断探索国家富强新道路的努力。这些主义和观念或者被当时的中国人认为是挽救中国摆脱危机的武器，或者被认为有助于中国力量的团结和壮大，也即有益于推动中国富强目标的实现，因而被中国人所欢迎和认同。

与之相应，如果西方某种观念或者意识形态被认为有碍于中国走向富强，就难以在中国获得普遍、真诚的认同。自由观念及自由主义在近代中国的命运就是最典型的例子。自由观念及自由主义是现代西方政治文明的基础，在

---

① 王中江.进化主义在中国的兴起：一个新的全能式世界观[M].增补版.北京：中国人民大学出版社，2010.

西方文明中占据最核心的地位。按照常理，了解西方文明，或者学习西方文明，应当以此为基础和重点。但在近代中国，这套理念并未受到中国人整体上的热情欢迎。虽然也出现了一批自由主义知识分子，但自由主义意识形态从未在中国的政治理念中占据主导地位。不论是最早向中国译介自由主义思想的严复、戊戌变法和清末宪政改革的推动者、创建了中华民国的资产阶级革命党人，还是中国共产党，都拒绝接受西方自由主义的正统解释，即使谈及自由，也是着眼于它可带来的国家富强的功效，并尤其警惕它对国家富强目标的损害。

简言之，在近代中西文明传播的这幕大剧中，中国虽然处于受众地位，但作为一个文明整体，它还是在西方文明强烈的冲击中竭力按照自己的需要，即追求国家富强的根本目标对西方文明各个层次展开认同和选择的取舍，体现了相当的自主性。今人用其选择是否符合西方文明的内在逻辑，是否符合中国的现代化需要来评价当时的行为，忽视了当时文明传播中作为受众的中国的自主性，未必是对历史的正确理解。

四、富强中心观与近代中国对西方文明的特色式解码

富强中心观对西方文明在近代中国传播的影响还体现在近代中国人对西方文明的特色式解码上。从传播的逻辑来说，解码在认同之前，解码不仅决定了受众认同与否的态度，而且决定了认同的程度与准确度。上述近代中国对西方文明的选择性认同事实上都建立在解码的基础上。这里特别挑选几个具有代表性的特色式解码事例，意在从这一环节进一步说明富强中心观对近代西方文明在中国传播的深刻影响。

中国近代对西方民主制度的理解是从对议会的理解开始的。值得注意的是，与西方民主政治中把议会视为实现公民民主权利与权力制衡的制度设计理念不同，近代中国人之所以对议会持欢迎态度，是基于追求国家富强的目的，是从沟通朝野、凝聚民心这样的视角来理解议会的作用的。晚清思想家郑观应的言论颇能代表时人的观点，其言曰："泰西各国咸设议院，每有举

措，询谋佥同，民以为不便者不必行，民以为不可者不得强，朝野上下，同德同心，此所以交际邻封，有我薄人，无人薄我。"① 显然，与西方设立议院的本意相比，这样的解读不能不说是中国特色的。

更典型的事例是严复对西方自由主义经典的特色式译介传播。著名汉学家史华慈（Benjamin I. Schwartz）在《寻求富强：严复与西方》（*Search of Wealth and Power: Yen Fu and the West*）这部经典著作中对相关问题做了深刻、细腻的剖析。通过他的分析，我们可以清楚地了解到严复基于寻求国家富强的目的，如何在对西方重要的自由主义著作的翻译中，进行了极具特色的解码。从西方正统的立场来看，这种解码很多都是严重的歪曲与误读。

斯宾塞（Herbert Spencer）是西方思想家中对严复影响最大的一位，或者说严复是通过斯宾塞的思想开启自己对西方文明的解码之旅的。而他对斯宾塞的解读却存在严重的歪曲。史华慈指出，严复"强行把斯宾塞的著作解释成是为社会改革规定的处方和纲领。这足以使斯宾塞本人感到难堪"，因为斯宾塞本人"只认为自己是一个超然物外的、冷静地阐述社会进化过程的公正的观察者"。② 更重要的是，斯宾塞作为19世纪英国典型的自由主义者，他的思想和论著立足的根本出发点是增进个人自由，将个人幸福视为好社会最高且唯一的目的。而严复却从拯救民族危亡的立足点出发，把自由解读为对个人"才能"的解放，并将其视为国家富强的灵丹妙药。史华慈评论说："再没有比个人自由的价值建立在增进民族-国家的富强与力量上这一概念，对于斯宾塞来说更为异己的了。"③

《天演论》是严复翻译的在近代中国影响力最大的一部西方思想著作。但就是这样一本影响深远的著作，严复的翻译并没有忠实于原著，而是像对待斯宾塞的思想一样，依据寻求国家富强的目的，通过添加按语的方式，对赫胥黎这本著作做了与作者原意截然相反的解读。简单来说，赫胥黎原著的主旨意在抨击社会达尔文主义，严复却在《天演论》中，"十分清楚地表达了自

---

① 郑观应.盛世危言［M］.北京：华夏出版社，2002：22.
② 史华慈.寻求富强：严复与西方［M］.叶凤美，译.南京：江苏人民出版社：1996：32.
③ 史华慈.寻求富强：严复与西方［M］.叶凤美，译.南京：江苏人民出版社：1996：66.

己对社会达尔文主义和它所包含的伦理的深深信仰"。① 这绝非严复的理解能力有问题，按照史华慈的说法，从一开始，"严复就已完全了解赫胥黎的《进化论与伦理学》一书的基本倾向"。② 作出与原著截然相反的解码，完全是出于刻意。其实从把书名翻译为《天演论》而特意去掉原书强调的伦理学，这种特色式解码就开始了。考虑到严复正是在《天演论》的翻译则例里提出了信、达、雅三项翻译的原则，个中的吊诡实在耐人寻味。

同样，在对西方其他自由主义思想著作的翻译中，严复也同样基于寻求国家富强的目的而不惜曲解作者的原意。他在以"原富"为标题翻译亚当·斯密（Adam Smith）的著作《国民财富的性质和原因的研究》（*An Inquiry into the Nature and Cause of the Wealth of Nations*）时，通过添加按语，特别强调对国家力量问题的关注，从而使亚当·斯密的著作从关心基于个人经济利益的"公众幸福"，变成了关注国家如何富强。而在对穆勒（John Stuart Mill）《论自由》（*On Liberty*）的翻译中，严复则改变了穆勒以个人自由为目的的思想宗旨，"把个人自由变成一个促进'民智民德'以及达到国家目的的手段"。③

当然，严复并不是特例，他只是先驱。当代有学者依据西方正统自由主义的标准，批评近代留学精英群体没有"毫不迟疑地坚持将中国建构成自由民主的现代国家的主张"，却基于中国现实政治需要"曲意理解西方政治生活模式"，从而误导了现代中国的建国道路。这一现象说明，近代中国精英群体对西方文明的特色式解码是普遍存在的现象。而这些精英正是传播西方文明的主力军之一。需要稍微争辩的是，这些精英的所作所为与其说是为了"迎合中国当权者"，实现"建构现代国家"④ 的政治目标，恐怕不如说是为了寻求国家富强这个在当时看来更根本、更迫切的政治目标。

---

① 史华慈.寻求富强：严复与西方[M].叶凤美，译.南京：江苏人民出版社：1996：90.
② 史华慈.寻求富强：严复与西方[M].叶凤美，译.南京：江苏人民出版社：1996：93.
③ 史华慈.寻求富强：严复与西方[M].叶凤美，译.南京：江苏人民出版社，1996：128.
④ 任剑涛.建国之惑：留学精英与现代政治的误解[M]北京：中国政法大学出版社，2012：16–19.

需要说明的是，对西方文明的特色式解码并不仅仅局限于知识精英阶层和思想领域。一方面，直接接触西方文明、阅读西方著作的思想精英往往由西方文明的受众转变为西方文明在中国的传播者，通过报刊、学校等媒介向国人传播经过他们解码的西方文明；另一方面，掌握政权的政党更是通过国家意识形态机器，把精英，尤其是政党领袖对西方文明的理解，传播给了社会大众，因而使思想家这种特色式解码，真正成为中国文明对西方文明的特色式解读。就后者而言，孙中山对西方文明中自由观念的特色式解码就是一个典型的例子。在其三民主义思想中，基于追求国家富强和政府效率的考虑，他把法国大革命提出的自由口号等同于三民主义中的民族主义，刻意降低了个人自由在政治中的重要性，甚至号召民众牺牲个人的自由去争取国家的自由。这样的观点显然是对西方自由观念的刻意曲解，但这种特色式解读却通过国家意识形态机器在当时的中国得到广泛传播。同样，马克思主义中国化，毫无疑问包含着中国人对马克思主义的特色式解码，而用中国化的马克思主义作为指导思想来发展中国，其实是中国文明历经100多年探索找到的回应西方文明冲击式传播的道路，或者说是中国文明对"西学东渐"这一西方文明传播活动的历史性自主回应。而所有这些特色式解码的原初动力，都是寻求国家富强。

五、结语：理论与实践的循环互惠

近代中国的"西学东渐"是一种历史现象。本文选择借用传播研究的受众理论，从文明传播的视角来重新审视这一历史现象，除了认为这是一个适合讨论文明传播的案例之外，另一个重要的原因是深感现有的研究基于西方文明话语主导下的某种事实上并不准确的宏观假设，对这一现象的解读存在重要的偏差，而引入传播的概念及强调受众主动性的相关理论，能够帮助我们更客观地观察和反思近代中国这场文明传播活动。

导致现代学者误读的宏观假设是这样一种神话，即1500年以来的世界历史就是西方文明逐渐向全球传播并确立自身普世霸权的历史，其他文明面临的根本历史任务是如何学习西方文明，并通过自我调适不断走向西方文明，而学习得是否彻底，调适得是否迅速则是评价一个非西方文明或国家转型成功与否，乃至文明优劣与否的唯一标准。但从实践来看，这不过是时代编织的叙事神话，历史的实际远比历史的叙述复杂——西方文明的确史无前例地影响了人类历史的发展，但这种影响绝非在一张白纸上展开的线性传播和扩张，它的传播不仅面对着具有悠久历史的其他文明，而且这些作为西方文明传播受众的文明并不仅仅是被动接受或被迫调适，事实上，它们具有相当的主动性，它们虽然面临西方文明的巨大压力，但仍然努力在基于自身的需要和目的来决定对待西方文明及其不同组成元素的态度。简言之，现代世界文明的传播、交流实践并非像长久以来学界勾勒的调适、接受和最终成为西方文明分支或翻版这样的宿命路线，历史并没有终结，文明的多样性发展恐怕才是人类的正途。

但是，问题的关键不仅仅是纠正当代学者对"西学东渐"这段历史，以及1500年以来人类历史的误读。站在中国文明乃至人类文明发展的基础上，我们还须深刻认识到：近代中国在面对西方文明的传播时，的确在富强中心观的主导下体现了其在文明传播中的主动性，这种主动性对中西文明的传播产生了非常深远的影响，但这不等于近代中国对西方文明的解读与选择性认同就是正确的。最重要的证据是，这样的解读不仅对西方文明存在重要的误读，而且对中国文明的价值追求也产生了严重影响。世异时移，今天的中国可以也应该更从容地面对西方文明的传播，更全面、准确地理解西方文明，更理性地判断自身的发展目标以及对西方文明的需求，以更平等的姿态来推动中西文明交流，从而使中西文明传播达到一种理想的新境界。这样或许才能更理想地展现文明传播的积极意义。

如果说上述思考是我们将受众理论运用到文明传播研究层次对近代中国中西文明传播实践的一些新认识，是实践受惠于理论，那么这一实践的研究对于受众理论的发展和完善可能也是有益的。在传播学界对受众和传播效果的研究中，虽然自魔弹论之后就不再有理论完全把受众作为被动因素处理，开始越来越重视受众的主动性，并出现了包括"使用和满足理论"在内的一系列体现受众在传播中主动性的理论，但是，无论如何强调受众的主动性，其根本目的还是考虑传播主体的意图影响受众的效果程度。而文明传播的实践提醒我们，在传播研究中单单考虑传播者的目的能否实现或实现的程度，考虑受众是被动、主动或者接受程度，恐怕都不足以真正实现传播研究的价值和意义。传播效果好坏的评价，应该有比这些指标更高层次的衡量标准。

考虑到目前这些理论及其局限都是在大众传播研究这一语境下产生的，我们或许应该好好思考一下施拉姆的另一句箴言："总结像人类传播这样一个领域的困难在于：它没有只属于它自己的土地。传播是基本的社会过程。"①

---

① 罗杰斯.传播学史：一种传记式的方法[M].殷晓蓉，译.上海：上海译文出版社，2005：1.

美国的"衰落焦虑"与中国对美传播的话语创新*

自20世纪90年代以来，中国在美国的国家形象一直是中国国家形象研究的重点之一，改善中国在美形象也是中国对外传播一直努力的主要目标之一。其原因不言而喻——中国在美形象好坏对中美关系，中国的发展，乃至世界的未来均有深刻的影响。

但梳理现有研究成果，我们难免会感到有些失望和焦虑。因为学界最大的共识是当下中国在美国家形象不尽如人意，或者说自20世纪90年代以来，中国在美国的国家形象主要是负面的，而近十多年来，这种负面性在持续增加，美国人对中国的好感度在逐渐降低，恶感度在不断上升。[①] 中美贸易战的爆发，也从一个侧面充分证明了学界关于中国在美国家形象的判断是准确的。

相对于对现状的准确把握，中国学界对中国在美形象负面化的原因分析还比较薄弱。现有思路，往往或者泛泛地归因于当代中国对外传播能力不足，或者归因于中美两国在政治立场、意识形态、文化背景、国家利益、新闻理念以及思维方式等方面的差异。但是，不论是归因于中国的对外传播能力，还是两国在政治、经济、文化等方面的静态差异，都不能解释20世纪七八十

---

* 本文原刊于《现代传播（中国传媒大学学报）》2019年第7期。人大复印报刊资料《新闻与传播》2019年11期全文转载。

① 众多的研究基本持相似的观点，代表性的可参见：姜智芹. 美国的中国形象 [M]. 北京：人民出版社，2010；张昆. 中国国家形象传播报告2016 [M]. 北京：社会科学文献出版社，2017.

年代中国在美国的国家形象曾经以正面为主这一事实，毕竟当时中国主动对美传播能力并不比今天的中国强，而两国的差异，同样和今天一样存在，甚至还要更大。

理解这样的矛盾，或者说分析中国在美形象负面化的原因，寻求改善的可能性，既需要从中国方面找原因，又需要从美国方面找原因。就美国方面而言，我们只有准确理解影响美国人对中国看法的心态和知识结构，才有可能深刻理解中国在美国家形象日趋负面化的原因，并有可能对症下药、有所作为。

基于上述思考，本文希望秉承历史与逻辑统一的原则，依据相关文献对美国面对当代中国的主要心态及其认识论根源做比较准确的分析，并在此基础上探讨中国对美传播的根本困境及其破解思路。概括来说，本文提出如下主要观点：20世纪90年代以来，特别是21世纪最近十多年来，美国的"衰落焦虑"是导致中国在美国家形象持续负面化的一个关键因素。这种焦虑心态是由于近三十年来中美两国在全球实力的消长变化而引发的，而美国人对国家形象的概念理解及其背后基于大国竞争世界史观形成的大国兴衰的历史记忆和历史规律认知，更加剧了这种焦虑。中国由于在事实上与美国共享大国竞争的世界史观和大国兴衰的历史记忆，无法从新的世界史观和世界历史叙述中令人信服地解释中国的崛起和复兴不会谋求世界霸权地位，因而在对美传播中缺乏有效的话语创新和形象改善能力。基于世界历史事实，从文明对话的世界史观重构世界史叙事和记忆，恐怕是中国改善对美传播话语、改善中国在美国乃至全世界国家形象关键的一步。

一、美国语境中的"国家形象"

在具体讨论中国在美形象负面化的原因之前，有必要首先对国家形象概念在美国或者说西方语境中的内涵和意旨做一探讨。因为从学术史来看，该概念在中美两国的语境中所指并不完全一致，而这种不同的意涵和用法，也深刻影响了中国在美国的国家形象建构和改善。

中国的国家形象研究最先起源于传播学界，其概念就主流观点而言，指的是基于对一个国家全面了解基础上形成的特定认知和态度。如管文虎主编的《国家形象论》即认为：

> 国家形象是一个综合体，它是国家的外部公众和内部公众对国家本身、国家行为、国家的各项活动及其成果所给予的总的评价和认定……是一个国家整体实力的体现。①

而开展国家形象研究的主要旨趣是为扩大国际话语权、提升国际影响力、提高中国的美誉度和吸引力贡献理论智慧。因此国内学者常常把国家形象视为软实力的一部分。正因为如此，中国学者在考察国家形象时，主要关心中国国家形象的"好"与"坏"，研究的重点也是如何通过传播等手段改善中国的国家形象，甚至出现了"国家形象传播"这样的研究领域。

美国的国家形象研究则最先起源于国际关系学界。基于冷战的时代背景和国际关系的学科视野，其内涵和研究旨趣其实和中国学者有非常明显的差异。概括来说，美国学者最初运用国家形象这一概念主要是为了寻找一条判断"敌"与"友"的捷径。

学界一般认为，国家形象（National Image）这个概念是美国学者博尔丁（Kenneth Boulding）于1959年在《国家形象与国际体系》（*National Image and International Systems*）一文中最早提出的。在这篇文章中，博尔丁指出，一个国家是依靠对对象国的国家形象认知而非事实来制定政策和采取应对行为的。更进一步，他从三个维度勾勒了国家形象，即地理空间、敌友意识和实力强弱。② 从他对形成国家形象的这三个维度分析，不难看出他对国家形象的界定是从政治层面着眼的，而且关注的核心是国家安全，事实上敌友意识是其国家形象构成部分中最核心的要素，文章为此做出了测量敌友意识相关

---

① 管文虎.国家形象论［M］.成都：电子科技大学出版社，2000：23.
② BOULDING K E.National images and international systems［J］. Journal of conflict resolution，1959（3）：121.

关系的变量表。①

冷战后，为适应世界发展的需要，美国学者赫尔曼（Richard K. Herrmann）等人在一定程度上修订和发展了博尔丁提出的国家形象的维度，将他国的国家形象归为七类，分别是敌人形象、野蛮人形象、帝国主义形象、殖民地形象、堕落者形象、无赖形象、联盟形象。② 每类形象都是依靠对对象国的能力、文化、意图、决策制定者，以及是威胁还是机会的判断来建构的，见下表。

国家形象分类及判断因素表

形象	能力	文化	意图	决策制定者	威胁或机会
敌人	同等	同等	有害	小撮精英	威胁
野蛮人	优越	低劣	有害	小撮精英	威胁
帝国主义	优越	优越	有害	少数群体	威胁
殖民地	低劣	低劣	良好	小撮精英	机会
堕落者	优越或同等	意志薄弱	有害	混乱，多样	机会
无赖	低劣	低劣	有害	小撮精英	威胁
联盟	同等	同等	优良	许多群体	威胁

注：本表引自［美］玛莎·L.科塔姆等撰写的《政治心理学》（胡勇、陈刚译，中国人民大学出版社 2013 年版）第 69 页的"意向"表。

与博尔丁关于国家形象的认识相比，赫尔曼等学者有关国家形象的理论，除了国家形象的分类更为多样化外，也更多地引入了政治心理学的元素。③ 但是，虽然有上面所述存在的差异，我们却不难发现，他们在使用国家形象这一概念时，还是具有如下共同特征：第一，政治因素是美国判断他国国家形象的基础，而这种政治因素最主要的就是基于对美国国家安全和国家利益的

---

① BOULDING K E.National images and international systems［J］. Journal of conflict resolution，1959（3）：123-127.
② 科塔姆，迪茨-尤勒，马斯特斯，等.政治心理学［M］.胡勇，陈刚，译.北京：中国人民大学出版社，2013：69.
③ 王海洲."国家形象"研究的知识图谱及其政治学转向［J］.政治学研究，2013（3）：11-12.

维护，换言之，判断敌友身份是国家形象的首要意涵。第二，美国学界运用国家形象这个概念的主要目的是简化判断世界的程序，从某种意义上来说，是刻意形成对某一国的"刻板印象"，以便迅速做出决策。

综上，国家形象这个概念在美国和中国有不同的起源和用法。最关键的，如果说中国的国家形象概念是着眼于"好""坏"，服务于提升国家的认可度和美誉度的话，美国的国家形象概念则首先着眼于"敌""友"，服务于国际关系中利害相关国家身份的判断。这当然不是说美国在讨论国家形象时不包含"好""坏"的内容，但首要的，恐怕先是判断"敌""友"身份。显然，"敌""友"身份不同，国家"好""坏"的内涵也就大相径庭。具体到中美两国而言，中国在美国的身份是由美国政府及其精英依据美国的国家安全和利益来确定的。考虑到美国政府及其精英对美国民众的影响要远远大于我国各类传媒对美国的影响，我们不难判断，他们对中国的印象，几乎就是中国在美国的形象。这就要求我们首先要准确认识美国政府及其精英如何依据美国的国家安全和利益判断中国，而不是盲目地去探索提升中国在美国家形象的传播技术或技巧。本文认为，从历史和当前国际政治经济发展态势来看，美国的"衰落焦虑"深刻影响了美国政府和精英对中国形象的刻画。

二、美国的"衰落焦虑"

衰落焦虑（decline anxiety）是现代西方文明一种独特的、具有传统的忧患意识。美国著名政治学家约瑟夫·奈（Joseph Nye）指出："在18世纪的欧洲作家卢梭（Jean-Jacques Rousseau）、孟德斯鸠（Charles de Secondat, Baron de Montesquieu）、柏克（Edmund Burke）和吉本（Edward Gibbon）的著作中就可以发现衰落之忧。"[①] 而最早明确提出西方衰落概念的，是德国历史学家斯宾格勒（Oswald Arnold Gottfried Spengler）影响深远的经典著作《西方的

[①] 奈. 美国注定领导世界？美国权力性质的变迁[M]. 刘华，译. 北京：中国人民大学出版社，2012：9.

没落》(The Decline of the West)。在第一次世界大战刚刚结束的 1918 年出版的这部著作,系统探讨了文明兴衰的内在机理,预言西方文明已经走上了衰落之路。而英国历史学家汤因比(Arnold Joseph Toynbee)的《历史研究》(A Study of History),其实也饱含着对西方衰落的忧虑和思考。① 当然,他们这时关注的西方,主要还是欧洲。但无论如何,我们可以看出西方文明的一个鲜明特点:在明明还称霸世界的时刻,即具有强烈的衰落焦虑心态。

二战后成为西方世界领袖的美国继承了西方文明的这种传统。从实力来看,美国无疑是战后到今天世界最强大的国家,但美国同样具有非常强烈的衰落焦虑情绪,并且这种焦虑几乎从其真正崛起为世界第一强国,世界进入所谓"美国世纪"不久就开始了。② 20 世纪 80 年代以来,美国的衰落成为美国学界一个持续被讨论的热点问题,许多著名学者参与到这个讨论中来,反映了整个社会对这一话题的关注。其中,耶鲁大学历史系教授保罗·肯尼迪(Paul Kennedy)的名著《大国的兴衰》(The Rise and Fall of the Great Powers)引发了美国学界、政界和全社会对美国衰落问题的广泛关注,成为当时的畅销书。在书中,作者通过对 1500 年以来世界大国兴衰历史的比较研究,不仅指出美国也会不可避免地面临衰落的结局,而且对美国的相对衰落状况做了深刻描述。③ 本书在美国一时洛阳纸贵。引起轰动,依据约瑟夫·奈的论述,一个很重要的原因就是作者的结论迎合了当时美国公众对于美国衰落的忧虑情绪,因为在 20 世纪 80 年代,美国的许多书籍和文章都在描述国家的衰落,尤其是美国的衰落。到 1989 年,竟然有多达半数的美国公众认为美国处于衰落之中。④

---

① 汤因比,厄本.汤因比论汤因比:汤因比—厄本对话录[M].胡益民,单坤琴,译.北京:商务印书馆,2012.
② 奈.美国注定领导世界?美国权力性质的变迁[M].刘华,译.北京:中国人民大学出版社,2012:1.
③ 肯尼迪.大国的兴衰:下[M].王保存,等译.北京:中信出版社,2013:255-276.
④ 奈.美国注定领导世界?美国权力性质的变迁[M].刘华,译.北京:中国人民大学出版社,2012:2.

值得注意的是，进入 20 世纪 90 年代，在东欧剧变、苏联解体、西方取得了冷战胜利这样的背景下，刚刚才庆祝了"历史终结"的美国社会，很快又重新回到了对美国的衰落焦虑之中，并且将其提升到文明层级，与西方文明的衰落统一了起来。亨廷顿（Samuel Phillips Huntington）的文明冲突论，可谓是这种焦虑心态的典型反映。亨廷顿本人在 20 世纪 80 年代就写过关于美国衰落的文章，[①] 进入 20 世纪 90 年代，适应冷战结束和世界两极格局解体的背景，他把这种衰落忧虑置于文明冲突的视野来论证，更加剧了这种情绪。在亨廷顿看来，发生文明冲突的重要原因之一恰恰在于西方文明的力量衰落和其他文明，尤其是亚洲文明力量的增强。亨廷顿的观点在全世界引起了广泛讨论，《文明的冲突？》(The Clash of Civilizations ?)仅仅在美国《外交》季刊上发表三年，其引起的争论就超过了该刊自 20 世纪 40 年代以来发表过的任何一篇文章。[②] 而由文章发展而来的著作《文明的冲突与世界秩序的重建》(The Clash of Civilizations and the Remaking of World Order)问世后，更是被翻译为几十种语言在全世界出版。亨廷顿的著述无疑是美国衰落焦虑的产物，而且进一步加剧了美国人的衰落焦虑，理由很简单，美国现在是西方文明的"核心国家"，谈西方文明的衰落，当然主要就是谈美国的衰落。

进入 21 世纪，有关美国衰落的著述更是层出不穷，这表明美国的衰落焦虑日趋加重了。限于篇幅和统计的困难，我们这里仅列出一些具有代表性的著述。就著作而言，美国著名社会学家、世界体系论的代表人物沃勒斯坦（Immanuel Wallerstein）在 2003 年推出的《美国实力的衰落》(The Decline of American Power)[③] 和 2010 年推出的《变化中的世界体系：论后美国时期的地缘政治与地缘文化》(Geopolitics and Geoculture: Essays on the

---

① HUNTINGTON S.The U.S.: decline or renewal? [J].Foreign affairs 67（winter 1988/1989）: 76–77.
② 亨廷顿.文明的冲突与世界秩序的重建[M].北京：新华出版社，2010：前言 1.
③ WALLERSTEIN I. The decline of American power [M].New York: New Press, 2013.

Changing World-System）①都描述了美国的衰落。近期比较具有影响力的，则是历史学家、畅销书作家尼尔·弗格森（Niall Ferguson）的一系列著作，包括《世界战争与西方的衰落》（The War of the World）、《文明》（Civilization）、《西方的衰落》（The Great Degeneration）等。在这些著作中，弗格森从文明和大历史的视野充分论证了美国为代表的西方的衰落。相关论文也很多，依据约瑟夫·奈的列举，代表性的有《重新考虑：美国的衰落》（Think Again: American Decline）、《西方的衰落：为什么美国必须为主导地位的终结做准备？》（The Decline of the West: Why America must Prepare for the End of Dominance），以及《开始思考，美国时代的后裔》（Time to Srart Thinking: America in the Age of Descent）等。②

当然，并不是所有的美国学者都认为美国在无可挽救地衰落，早在20世纪80年代，美国学界就有所谓衰落学派和复兴学派的分野，而上文一再提及的美国著名学者约瑟夫·奈就是复兴学派的重要代表人物。他提出"软权力"的概念，③正是为了论证美国依然强大，世界依然处于美国世纪。他在1990年出版的《美国注定领导世界？美国权力性质的变迁》（Bound to Lead）和时隔25年后出版的《美国世纪结束了吗》（Is the American Century Over？）两本著作，都是为了反驳美国衰落论，其重要的证据就是美国在软权力方面的优势。当然，不难理解的是，作为复兴学派重要代表人物的约瑟夫·奈在时隔25年后依然在反驳美国衰落论，恰恰从反面说明了美国衰落论在美国大有市场。

---

① 沃勒斯坦. 变化中的世界体系：论后美国时期的地缘政治与地缘文化［M］. 王逢振，译. 北京：中央编译出版社，2016.
② 奈. 美国注定领导世界？美国权力性质的变迁［M］. 刘华，译. 北京：中国人民大学出版社，2012：2.
③ 可惜国内普遍将"soft power"错误地翻译为"软实力"。这种翻译使学者们在讨论相关问题时出现了概念混乱。当我们讨论美国的衰落时，指的是美国影响世界的能力，不论依托军事、经济实力，还是依托文化实力，我们指的都是权力。因为权力的定义就是影响他人的能力，也是政治，包括国际政治的本质。而美国人焦虑的衰落，恰恰是这种控制世界的权力的衰落，而不是实际军事或经济实力的衰落，后者其实一直在增长。有关"soft power"的翻译错误问题，可参见：李智. 软实力的实现与中国对外传播战略：兼与阎学通先生商榷［J］. 现代国际关系，2008（7）：54-58.

衰落焦虑是美国社会的一种普遍情绪。

三、美国"衰落焦虑"中的中国角色与中国在美形象负面化

美国的衰落焦虑和中国在美形象的负面化有什么内在逻辑呢？这是因为自20世纪90年代以来，中国日渐成为美国衰落焦虑的主要对象国，而依据国家形象概念在美国的意涵，它首先是用来区分敌友或者对象国身份的概念。在美国精英把中国视为美国霸权地位最大的挑战者或者说敌人时，他们自然会依照美国的敌人或者至少是美国的挑战者这样的思路来刻画和传播中国形象，这种性质的形象自然不会是正面的。

如上所述，美国衰落焦虑最初的假想敌并不是中国。不论是在1988年出版的保罗·肯尼迪那本掀起了美国衰落论争论的名著《大国的兴衰》中，还是1990年出版的约瑟夫·奈的反驳性著作《美国注定领导世界？》中，中国虽然被提及，但仅仅被认为是挑战美国的大国之一，地位并不突出。但是，在20世纪90年代后期以来出版的著作中，中国的地位发生了剧烈的变动，中国不再仅仅被视为美国的挑战者之一，而是最主要的挑战者，或者说是唯一的挑战者。在亨廷顿1996年出版的著作《文明的冲突与世界秩序的重建》中，中国和伊斯兰文明被视为美国最主要的挑战者；而一直对美国衰落论持批判态度的约瑟夫·奈在新世纪出版的《美国世纪结束了吗》一书中则明确指出，在当今世界，唯一具有挑战美国权力地位潜力的国家是中国。① 同样的观点在英国学者马丁·雅克（Martin Jacques）那本著名的《当中国统治世界》（*When China Rules the World: The Rise of the Middle Kingdom and the End of the Western World*）中有更详尽的阐述。② 在美国近年出版的一本对美国政府现行对华态度影响巨大的著作《致命中国》（*Death by China: Confrouting the*

---

① 奈.美国世纪结束了吗[M].邵杜罔，译.北京：北京联合出版社公司，2016.
② 雅克.当中国统治世界[M].张莉，刘曲，译.北京：中信出版社，2010.

Dragon-A Global Call to Action）中，作者更是把美国衰落的矛头直指中国。①与此同时，美国鹰派学者和著名智库公司甚至开始频频讨论与中国开战的相关问题。② 中美贸易战的发生和加剧，虽然美国有各种指责中国的说辞，但从根本上来说其实也是美国担忧中国崛起和自身衰落的产物。简言之，20世纪90年代以来，随着苏联的解体和日本经济陷入低迷，经济实力迅速增长的中国日益成为美国衰落焦虑的主要对象，21世纪最近10年来，随着中国实力的进一步增长，中国更是不可避免地被美国视为自己霸权地位最主要的威胁、竞争者和敌人。

如果说美国因担心自己失去世界唯一超级大国的地位而忧心忡忡的话，那么，大国权力转移可能带来的战争和冲突更加重了美国的这种焦虑。在西方人的历史记忆中，崛起大国和衰落大国之间的霸权地位交替，往往都不可避免地伴有战争。美国学界所热衷于讨论的"修昔底德陷阱"（Thucydides' strap），讲的就是斯巴达由于担心雅典的崛起而挑起了伯罗奔尼撒战争。在他们看来，罕见的例外出现在美国取代英国成为世界第一强国这一历史事例中，而重要的原因之一则是因为他们享有共同的价值观和文化。③ 中国显然不符合这种例外条件，恰恰相反，中国被认为在政治制度、意识形态上都与美国不同，而且属于不同类型的文明。这些特点既加剧了美国不愿被中国超越的心态，也加剧了美国对这种大国权势地位转化潜在的冲突乃至战争风险的忧虑。有美国政治学者直截了当地断言，中国不可能和平崛起。④ 需要指出的是，如果起初对中国持敌视态度的主要还是美国的所谓鹰派的话，那么，近年来恐怕对中国持焦虑态度越来越成为美国精英的普遍心态。

---

① NAVARRO P, AUTRY G. Death by China：confronting the dragon：a global call to action [M]. New Jersey：FT Press，2011.
② 前者如《致命中国》的作者 Peter Navarro 曾经写过《即将到来的中国战争》（FT Press，2006），后者如兰德公司最近给美国政府提交的一份研究报告就讨论了与中国开战的相关问题，参见：http://news.ifeng.com/ /20180327/57099495_0.shtml。
③ 艾利森.注定一战：中美能避免修昔底德陷阱吗？[M].陈定定，傅强，译.上海：上海人民出版社，2019：266.
④ MEARSHEIMER J.The tragedy of greatpower politics [M].New York：W. W. Norton，2001：4.

在把握了中国在当下美国焦虑心态中扮演的角色之后，我们就不难理解中国在美形象负面化的命运了。前文已经指出，在美国的语境中，讨论"国家形象"是首先从国际关系的视域着眼的，首要和核心的就是基于国家利益和安全，以区分"敌""我"为目的的身份认同。当美国精英和政府把中国视为其挑战者、威胁乃至敌人时，他们自然就会带着这样的滤镜观察中国，搜集、解读和传播中国的相关信息，把各种信息整合到他们设定的叙事框架当中，从而把中国建构和强化为美国的"敌人"这样一种刻板印象。相应地，美国的媒体也会把这样的信息和观念传播给美国大众，于是我们会看到一方面美国的媒体似乎非常热衷于报道中国的负面形象，而另一方面，对于中国致力于改善本国形象的正面信息，美国专家和媒体也热衷于将其进行对抗性解读，往往使其成为强化中国负面形象的资料。

从历史来看，"中国威胁论"和"中国崩溃论"这样妖魔化中国形象的议论正好发端于20世纪90年代，这恰恰是中国成为美国衰落焦虑主要对象的时期。进入21世纪以来，随着中国经济和军事力量的发展，以及在国际事务上话语权和影响力的提升，美国对中国取代美国世界第一地位的焦虑进一步加深，所以其对中国发展的负面叙事和中国信息的负面解读也就愈加频繁。

中国学界很多研究都揭示了美国媒体热衷于对中国进行负面叙事这一现象，相关案例非常丰富。① 我们这里仅简单介绍深刻影响了美国现行对华态度与政策的著作《致命中国》中有关中国的负面描写，以窥豹一斑。从这本著作来看，不仅书名耸人听闻，内容更是极尽抹黑中国之能事，大肆渲染中国的威胁。如声称中国工厂向世界市场出售了大量有害产品，中国用不正当的贸易倾销手段摧毁了美国制造业的基础、带走了美国的供应链、导致美国工人失业，声称中国的军事发展和间谍活动严重威胁着美国。当然，作者更

---

① 相关论文可以参看：周勇，郑敏.映像中国：美国主流报纸上的中国形象［J］.国际新闻界，2010，12:59-65；杨雪燕，张娟.90年代美国大报上的中国形象［J］.外交学院学报，2003，1:41-48；高卫华，贾梦梦.美国主流媒体的中国多民族国家形象报道框架分析［J］.新闻大学，2016，4: 1-10, 148。

不会忘记攻击中国的政治制度,公开宣扬遏制乃至推翻中国现政权。① 值得注意的是,这本著作不仅被拍成了纪录片广为传播,而且受到美国时任总统特朗普(Donald Trump)的赞赏,作者纳瓦罗(Peter Navarro)还被任命为美国"国家贸易委员会"主席。

简言之,由于中国的迅速发展和美国在经济、军事力量方面的相对衰落,中国成为美国衰落焦虑的首要对象,乃至唯一对象。在这种情况下,出于维护美国世界霸主地位的目的,中国越来越被美国政府和精英视为美国的直接威胁和敌人。当中国被以这样的身份定义时,美国政府、精英和媒体自然会在传播中以"敌人形象"这样的框架着力于对中国进行负面叙事,或者对中国致力于改善本国形象的信息进行负面解读,于是,中国在美国的形象也就由上而下,不可避免地越来越趋于负面化。这就是美国衰落焦虑导致中国在美形象负面化的内在逻辑。

四、从文明对话的新世界史观寻求对美传播的话语创新

在阐明了中国在美形象负面化的根本原因之后,我们就不难知道中国对美传播的主要困境不在渠道或者方式,而在于两国力量对比消长结构性矛盾导致的美国以中国为潜在敌人的"衰落焦虑"这一基本事实了。换言之,中国对美传播有诸多环节都需要改进,但恐怕最关键的问题是要通过创新话语模式来解读这一客观事实,以求缓解美国对中国的担心和焦虑。而这种创新首先要求建立新的世界史观。

所谓世界史观,是指关于世界发展历程的历史观。现有的世界史观是西方主导的,从国际关系的视角来看,可以称之为"大国竞争"的世界史观。依据这套世界史观,世界历史被描述为大国竞争与世界霸权更迭的历史,暗示新崛起的大国必然会致力于挑战并取代原先的霸权国家,建立自己在全世

---

① NAVARRO P, AUTRY G. Death by China: confronting the dragon: a global call to action [M]. New Jersey: FT Press, 2011.

界的霸权。不仅如此,在这一过程中,还往往会发生惨烈的战争。上文所提到的20世纪80年代引发美国人衰落焦虑热潮的保罗·肯尼迪的《大国的兴衰》就是这种世界史观的产物,而20世纪90年代亨廷顿提出"文明冲突论",不过是把这种大国竞争的世界史观上升到了文明竞争与冲突的层次——事实上代表文明竞争的,依然是各文明中的大国。正是基于这样的历史认识,美国才会有衰落的焦虑,有其霸权地位被中国取代的担忧,并因而把正在崛起的中国视为美国的敌人,中国在美国的形象也就不可避免地负面化。这是中国在美形象负面化深刻的历史认知原因。

正是由于这套世界史观的影响,中国以塑造正面形象为目的的传播努力,才往往被美方予以歪曲解码,难以达到预期的效果。其中最典型的例子,就是我们特别强调中国的发展是"和平崛起",但美国基于自身的历史记忆和偏见,其解读从来关注的都是中国的"崛起",而不相信或不关注中国反复强调的"和平",不但如此,中国对"和平崛起"的强调,反而更令美国与西方社会不安,认为这是中国的政治宣传语。[1] 同样,中国关于"一带一路""人类命运共同体"等世界发展理念的阐述和传播,也被美国以敌意的态度予以负面解读。

尤其值得注意的是,由于西方文明在近代以来对全世界前所未有的深刻影响,中国虽然与美国对现代世界的感受差别甚大,但在世界史叙事中或者说对世界史的理解中,事实上也与美国共享大国竞争的历史观。从传播的角度审视,可以说在某种程度上,恰恰是中国与美国共享大国竞争世界史观这一事实,给中国对美传播造成了话语困境,直接影响了中国在美国家形象的改善。一个突出的现象就是,虽然我国政府反复重申永不称霸的承诺,但是由于我们既有汉唐盛世、万方来朝的历史记忆,又有近代以来遭受屈辱的惨痛经历,所以对国家富强有极其热情的追求,而对其边界却缺乏明确的认知和宣示。这种情绪不但在某些报刊上时有流露,在互联网上更是层出不穷。

---

[1] 雷默,等.中国形象:外国学者眼里的中国[M].沈晓雷,等译.北京:社会科学文献出版社,2006.

曾经在一段时间内流行的"厉害体"话语，就是这种情绪的典型流露。显然，在网络信息技术造成的"地球村"时代，这种在民族主义和大国竞争世界史观思维下产生的话语叙事，不但冲淡了中国官方表达的善意，而且坐实了西方关于中国的善意表达是宣传的判断，无疑会给中国的对外传播和国家形象建构造成负面影响，而享有同样世界史观且以西方文明代表自居的美国，会更为敏感。

如上，既有的大国竞争世界史观给中国对美传播乃至整个对外传播的话语运用造成了基础性的困境。这样的局面提醒我们：改善中国对美传播的状况，创新中国对美传播的话语，首要的问题是世界史观的创新。

作为一种历史观，世界史观当然不是可以随意改变或创新的。但是，所谓历史观也不过是一个观察、叙述和理解历史的特定范式。而依据托马斯·库恩（Thomas Kuhn）的观点，不同的范式在凸显某一方面强劲的解释力的同时，也不可避免地遮蔽了事实的其他面向，因此随着时代和研究的发展，自然会有新的范式出现。① 具体而言，我们提倡用一种新的世界史观，即文明对话的世界史观取代大国竞争的世界史观来重新阐述世界历史和中国的发展，虽然有创新中国话语，改善中国国家形象的主观目的，但也是基于现有世界史观不能全面准确地阐述世界历史这一事实基础。从文明传播的视野来看，世界历史纵然有大国竞争、文明冲突的一面，但更深层次的和更根本的可能是文明之间的对话、交流和相互借鉴，并在此基础上形成多文明并存和传播的世界格局。大国竞争和文明冲突的世界史观只强调了不同国家和文明对立的一面，而忽略了文明相互交流、借鉴的一面。从世界历史来看，恰恰是文明之间的相互交流和借鉴推动了不同文明的发展和人类社会的整体进步。简单来说，站在中国立场，不仅中国发明的造纸术、印刷术、指南针、火药对西方文明和世界文明的发展产生了深刻的影响，事实上中国的伦理和政治文明对16—18世纪的欧洲也产生了深远的影响，欧洲步入近代，与对中国文

---

① 库恩.科学革命的结构[M].金吾伦，胡新和，译.北京：北京大学出版社，2003.

明的吸收、借鉴有密不可分的关系。① 同样，不论如何强调文明的特殊性，我们不得不承认，现代西方前所未有地影响了中国的变革和发展，近代以来的中国文明，或者说当代中国文明呈现的特色，同样离不开对西方文明的学习、借鉴和吸收。这是不言而喻的。与此同时，伊斯兰文明则基于其独特的地理位置，对促进东西方文明的交流和互鉴作出了特有的贡献。这也是没有偏见的历史学家的共识。更重要的是，在科学技术和人类文明发展到今天这个高度时，大国或者文明之间的对抗和争霸会给人类带来不可预估的危险。人类必须清醒地认识到，历史上从来没有出现过一种文明或者一个大国真正控制全世界的局面，今天和未来更没有可能。不同国家，尤其是不同文明必须放弃自己独霸和优越的文明执念，接受不同文明永久并存，并各有其影响范围的事实。这一事实决定了不同文明之间需要互相尊重、互相对话、互相借鉴，共同发展。

除了更符合历史发展事实和规律，以文明对话的世界史观取代大国竞争的世界史观，在对美传播的话语创新方面至少具有如下两大作用。

第一，从近期来看，是将中国的善意表达建立在坚实的历史理性基础上。中国已经不断向世界各国表达过不同文明平等对话、和平相处的立场，如党的十九大报告明确提出"要尊重世界文明多样性，以文明交流超越文明隔阂、文明互鉴超越文明冲突、文明共存超越文明优越"，并重申中国历代领导人反复强调的中国永不称霸的观点，指出"中国无论发展到什么程度，永远不称霸，永远不扩张"。② 2019 年 5 月 15 日，在"亚洲文明对话大会"开幕式的主旨演讲中，习近平主席再次代表中国向亚洲和全世界各国阐明了文明之间应该平等对话的立场，指出"文明因多样而交流，因交流而互鉴，因互鉴而发展"，郑重倡议"要加强世界上不同国家、不同民族、不同文化的交流互

---

① 安田朴. 中国文化西传欧洲史：上、下[M]. 耿昇，译. 北京：商务印书馆，2013.
② 习近平. 决胜全面建成小康社会夺取新时代中国特色社会主义伟大胜利：在中国共产党第十九次全国代表大会上的报告[R/OL]. (2017-10-18)[2019-05-10]. http://www.moe.gov.cn/jyb_xwfb/xw_zt/moe_357/jyzt_2017nztzl/2017_zt13/17zt13_zyjs/201710/t20171031_317898.html.

鉴"。① 为了让世界相信中国的诚意，我们还常常援引中国文化热爱和平来予以论证。但是，由于缺乏新的世界史观的支撑，我国的善意并不能有效地获得西方大国乃至周边某些国家的信任，常常被认为是欺骗性的宣传。文明对话新世界史观的提出，其作用就在于给中国的善意表达找到坚实的历史逻辑基础，即中国的选择不仅是出于中国的意愿和文化，更是中国基于对世界历史事实和经验教训的考察而做出的理性选择——重复大国竞争、称霸的道路既不可能，也不符合中国的利益。从国际关系理论来看，强调基于利益思考的理性选择比宣称善意更容易得到别国的相信。

第二，从长远来看，能够为中国构建中国特色话语体系提供历史观基础。中国崛起和复兴的故事需要置于世界历史发展的脉络中予以阐明。但是，现有世界史观和话语体系都是西方国家主导的，这套实际上建立在西方国家地方性经验和体现西方价值追求的世界史观上的话语体系，既束缚了中国自己真实的表达，又使沉浸于这套话语体系的西方国家，尤其是美国对中国的崛起充满疑虑。从文明对话的新世界史观讲述世界和中国的发展，不仅有益于形成中国特色的话语体系，改变中国在话语运用方面的被动局面，而且有益于打破西方基于旧有世界史观和话语体系对中国的敌意。具体而言，文明对话的世界史观，一是能明确告诉世界中国发展的方向和复兴的目标。这个目标当然不是永久屈居于西方主导的现有世界秩序体系希望中国所处的位置或者照搬西方的发展模式，但所谓复兴也不是一国独大，构建新的霸权体系，而是在平等的基础上寻求文明和国家间的和平与对话。二是能够涵养一套不同于大国竞争世界史观的话语体系。文明对话的世界史观内在地要求各文明秉持"各美其美、美人之美、美美与共、天下大同"的价值观，② 和平共处，互相尊重。在这样一种价值观之下，基于"大国竞争"或者"文明冲突"世界史观形成的"取代""战胜""独尊""敌我"等基本话语会自然地被替代，或者至少在程度上受到限制，一套基于文明对话世界史观的话语会自然地形

---

① 习近平. 深化文明交流互鉴共建亚洲命运共同体 [EB/OL].（2019–05–14）[2019–05–25］. http://www.chinanews.com/ shipin /spfts /20190514/ 2124.shtml.
② 费孝通. 从反思到文化自觉和交流 [J]. 读书，1998（11）：9.

成和不断地丰富。这对于创新中国对美传播的话语体系,缓解美国的衰落焦虑,乃至改善中国在美国家形象都可能起到关键而积极的作用。

五、结语

本文的主体是对中国在美形象负面化原因及改善这一状况的话语创新思路的探讨。但笔者在文章最后想说明的是,这篇文章并非只想就解决这样一个具体问题提出某种思路——事实上也很难解决,我们只是探讨了一点原因而已,且不说就算原因清楚了,如何解决还涉及非常复杂和难以掌控与预测的因素——而是在一定意义上以这样一个话题表达一个来自中国古代先贤的重要传播理念——正名。孔子提"正名"当然不是基于传播的目的,而是政治的目的,但毫无疑问,孔子所担忧和反对的恰恰是不当的话语表达所带来的政治混乱。由此可见,"正名"这个概念内在地含有传播的因素,或者说传播不可避免地要受到政治的统摄,带有推进政治达于至善的目的。可惜我们现在的传播研究过多地受到西方基于争取选票和民意为目的的影响,更多地流于现象、技术、形式的考察,乃至技巧的探讨,对传播的正义关注不多。回到本文,我们虽然是在对美传播这样一个语境中提出要以文明对话的新世界史观来创新中国的话语,但根本上来说,这样的要求绝不局限于对美传播,或对外传播,其目的也不仅仅是改善中国的国家形象,而是表达了要真正找到一套能够准确表达中国客观现状和主观愿望的话语体系的希望,以便中国的传播真正做到"名实相副"。或者说,创新中国话语的前提是中国真正明确自己的状况和发展定位。对本身正处于变革进程,又遇到世界百年未有之大变局的中国来说,这并不是一件容易的事。

文明传播视野中的"中国模式"与"中国故事"*

自2004年美国学者雷默（Joshua Cooper Ramo）发表《北京共识》（The Beijing Consensus）一文以来，"中国模式"迅速成为国外讨论中国问题的一个热门概念。毫不夸张地说，十多年来，这个概念已经成为当代世界，尤其是西方国家观察和表述中国迅速崛起的核心新话语之一，在众多学者的研究和各类媒体的报道中频频出现，直接影响着中国在海外的国家形象建构。与国外对这一概念的广泛使用不同，虽然中国已经有学者对"中国模式"进行了比较系统的研究，认为这个概念可以成立，① 但不少学者明确提出在对外传播中使用"中国模式"这个概念会有负面作用，要慎用或不用。② 在我国的对外传播实践中，对这一概念的使用也非常罕见。

笔者认为，在中国改革开放已经成功走过40年历程，中华人民共和国迎来成立70周年纪念，而世界正面临百年未有之大变局的重要历史时刻，特别是在中国正面临美国通过贸易战、技术战等手段全面打压的国际背景下，我

---

* 本文原载于《新闻与传播评论》2019年第6期，《高等学校文科学术文摘》2020年第1期转载。

① 政治学者郑永年前几年曾批评说："（在中国）除了媒体对中国模式概念的传播，还没有严肃的学术研究。"（郑永年. 中国模式：经验与挑战［M］. 北京：中信出版社，2016：前言XXVI.）但事实上，这几年已经出现了一些学术研究成果，除了郑著，代表性的学术专著还有成龙的《国外中国模式研究评析》（人民出版社，2018年出版），潘世伟等的《中国模式研究》（上海社会科学出版社，2016年出版）等，论文也日渐增多。著名政治学者如俞可平等人也对相关问题做过探讨。

② 李君如，赵启正，等. 慎提"中国模式"［J］. 共产党员，2009，22：14.

们可以，而且也有必要在对外传播中运用"中国模式"这个概念讲好中国故事，提升中国的国际传播能力，改善中国的国家形象。问题的关键是要在全面了解国际社会关于"中国模式"主要观点的基础上，牢牢把握"中国模式"的话语权也即解释权，以高度的文明自信阐明中国模式的历史必然性，并以文明对话的新世界史观回应国际社会，尤其是西方大国的焦虑。

深刻理解运用这一概念的必要性，并运用好这一概念开展对外传播，需要从文明传播的视野来考察和思考相关问题。所谓文明传播，这里指的是基于人类区分最大的社会单位——文明——来考察相关传播和交流活动，也即把文明作为传播的主客体来考察相关现象。[①] 从这样的层级考察传播活动，不仅是因为正如亨廷顿（Samuel Phillips Huntington）所言，"人类的历史是文明的历史，不可能用其他任何思路来思考人类的发展"，[②] 更是因为今天中国的对外传播，尤其是对西方的传播，必须置于文明传播的视野才可能真正享有平等的话语权，从而讲好真实的中国故事，让世界更准确地理解中国。

需要说明的是，作为人类最大社会单位之间的传播，文明传播由于其主客体的超宏大性、内容的超丰富性和过程的超复杂性，使我们很难在一项具体研究中全面完整地剖析其方方面面的要素和特点，因而必须选择合适的分析视角。考虑到不论何种传播，都是始于传播主体的编码，终于传播客体的解码，而编码和解码会受到多种因素，包括心理因素的影响。[③] 特别是考虑到

[①] 参见拙文：白文刚.文明传播中的受众动机与传播效果[J].南京社会科学，2016，12：92-99.把文明作为主客体来讨论相关传播现象，是笔者在此文中最先提出的。简单来说，所谓文明传播，指的是文明之间的信息交互流动。这是一个国内外传播学者尚少关注却非常重要的传播现象。事实上，文明传播既对从传播视角理解人类历史发展具有重要的价值，也对拓展传播研究的领域，提升传播研究处理重大历史问题的能力具有重要意义，非常值得学界关注。需要说明的是，早在2005年，学者毛峰曾出版了《文明传播的秩序：中国人的智慧》（毛峰.文明传播的秩序：中国人的智慧[M].北京：中国传媒大学出版社，2005.）一书，这是笔者所见国内学者最早使用"文明传播"这一术语的著作。但书中的"文明"指的是人类发展的进步程度或者也可以视为文化的代名词，与笔者把文明视为最大的社会单位与传播主客体不同，换言之，彼"文明传播"非此"文明传播"。

[②] 亨廷顿.文明的冲突与世界秩序的重建[M].周琪，译.北京：新华出版社，2010：19.

[③] 相关经典研究可参看：霍夫兰，贾尼斯，凯利.传播与劝服：关于态度转变的心理学研究[M].张建中，李雪晴，曾苑，等译.北京：中国人民大学出版社，2015.

不同文明文化结构差异的复杂性,从心理因素——主要是心态——出发考察文明传播应该是一条相对简捷和可操作的路径。有鉴于此,本文着重从中西文明在近代传播过程中的心态变化来讨论其对中西文明传播实践的影响。具体而言,本文对相关问题的研究主要基于文明自负、文明自卑、文明自信、文明自慎四种文明传播的心态来展开分析。从人类文明传播史来看,前三种心态在文明传播实践中是普遍存在的,而且极大地影响了不同文明的传播活动,而第四种心态,则是作者认为防止一种文明在文明传播中从文明自信滑向文明自负的关键心态。下文对"中国模式"的讨论,正是基于这样的理论认识展开的。

一、西方国家关于中国模式的主要观点及文明传播视角的原因分析

"中国模式"这个概念首先是由西方学者提出,并迅速流行起来的。因此讨论是否要使用这一概念开展对外传播,讲述中国故事,首先要准确把握国际社会,特别是西方国家关于中国模式的评价及其深层原因。

(一)西方国家关于中国模式的基本观点

从现有研究来看,西方国家对中国模式的评价整体而言有以下三种。

第一种是对中国模式持积极肯定的态度:不仅承认其存在,而且对其前景和意义持积极肯定的态度。前文已经指出,就成为描述中国的热门话语而言,"中国模式"这个概念最早就来源于美国学者雷默的"北京共识",从现有研究和相关资料来看,自 2004 年以来,确实有相当一部分美国和西方发达资本主义国家的中国问题专家,或者研究涉及中国的经济学家和政治学家认为已经出现了中国模式,并对其持积极评价态度。除雷默外,代表性学者还有:前世界银行驻中国经济学家 A. 盖保得(Albert Keidel)、美国库恩基金会主席 R. L. 库恩(Robert Lawrence Kuhn)、英国伦敦经济学院亚洲研究中心客座研究员马丁·雅克(Martin Jacques)、美国约翰·霍普金斯大学教授 D. 兰

普顿（David Lampton）、美国未来学家约翰·奈斯比特（John Naisbitt），①以及中国人非常熟悉的著名日裔美国政治学家福山等。此外，瑞典、意大利、法国、日本等国也不乏对中国模式持肯定态度的学者。

值得指出的是，相比于西方发达国家，俄罗斯以及不少亚洲、非洲乃至拉丁美洲的国家更是对中国模式持积极的态度，这种肯定不再局限于部分学者的研究之中，而是扩展到政府和媒体层面。比如，俄罗斯从政府、学者到媒体都对中国模式有相当积极的评价。而巴基斯坦前总理曾公开赞扬："中国模式是发展中国家的希望。"②英国学者里奥·霍恩（Leo Horn）则发现，发展中国家领导人正将目光转向中国，寻找他们自身发展困境的解决之道。从委内瑞拉到越南，多国均被中国模式所吸引，伊朗、叙利亚和其他中东国家也邀请中国官员和学者来授课。③

第二种是承认中国模式的存在，但对其持否定态度。这种态度又可以细分为三类。一是认为中国模式难以为继，必将走向崩溃。这种观点认为，中国经济发展内有不稳定的结构性因素，外有美国的制约，只要中国国内不稳定性加剧，或者美国加强对中国的打压，甚至回到贸易保护主义，中国的经济就会崩溃，因而也就不再能维持所谓中国模式。二是认为中国模式对世界的影响力很有限。这种观点认为中国独特的国情，决定了中国模式难以复制与输出；中国经济发展的不足和缺陷，则限制了中国模式输出的可能性，其他国家最多可以学习中国的经验，但还到不了模式复制的程度。④三是认为中国模式威胁到了西方模式，并持激烈批判态度。这大概是西方，尤其是美国对中国模式的主要观点。他们炮制了"中国模式威胁论"，宣称中国模式的兴起将损害西方国家的经济利益，会挑战西方在全球意识形态领域的主导地位，

---

① 潘世伟，等. 中国模式研究［M］. 上海：上海社会科学出版社，2016：8-10.
② 周戎. "中国模式是发展中国家的希望"：访巴基斯坦总理基拉尼［N］. 光明日报，2009-05-11（8）.
③ 成龙. 国外中国模式研究评析［M］. 北京：人民出版社，2018：322.
④ 潘世伟，等. 中国模式研究［M］. 上海：上海社会科学出版社，2016：29-32.

甚至引起东西文化之争。①

第三种是根本否定中国模式的存在。持这种观点的人当然包括部分态度谨慎的学者，但更主要的原因是出于西方的傲慢和对中国特色社会主义道路取得的成就及其影响力的刻意打压，正如郑永年所言，这些人"是在意识形态上敌视中国，他们希望中国解体和崩溃。在这些人看来，中国根本不配产生一个模式"。②持这种观点的人或者主要集中于对中国存在问题的发现，或者认为中国的道路不过是东亚模式的变种，并不具有独特性，声称用中国模式来概括中国发展的道路与制度，不过是一种时髦术语。③

（二）不同观点背后的深刻原因——文明传播视野的分析

对一个概念存在争议本来是正常的，但是，如果仔细研读学者们关于"中国模式"的观点，不难发现这些不同的观点并不仅仅是单纯的学术判断，而是意识形态和文明立场的折射。因此要深刻理解或者说把握产生这些争议的深刻原因，必须从文明传播的视角着眼。

按照学界一般的说法，"中国模式"概念的兴起源于雷默提出的"北京共识"，而"北京共识"是针对"华盛顿共识"（Washington Consensus）提出的。从狭义来看，不论是"北京共识"还是"华盛顿共识"，关注的都是经济发展的道路问题，似乎只是经济发展模式问题。但是，由于这种讨论不可避免地与政治和文化纠合在一起，所以很自然地就上升到对道路与制度的讨论，并最终上升到文明竞争的高度。因此"北京共识"与"华盛顿共识"的对弈，也很自然地被视为"中国模式"与"西方模式"的比拼。

如上所述，对是否存在"中国模式"以及"中国模式"影响好坏的不同观点，固然有不少是出自单纯的学术判断。但且不论任何人文社会科学的所谓客观的学术判断其实都不可避免地建立在某种文明和价值观的知识体系之上，很多观点本身就鲜明地展现着意识形态和文明的立场。具体而言，对中

---

① 潘世伟，等．中国模式研究［M］．上海：上海社会科学出版社，2016：33-34．
② 郑永年．中国模式：经验与挑战［M］．北京：中信出版社，2016：前言 XII．
③ 成龙．国外中国模式研究评析［M］．北京：人民出版社，2018：50-53．

国模式持肯定态度的学者和政治家的相关言论，背后其实也不乏文明因素的影响，而持否定态度的观点，则更直率、鲜明地展现了特定的意识形态和文明立场。更进一步说，对21世纪的欧美学者、媒体和政治家来说，这种观点不仅是出于意识形态和国家竞争的自然反映，更是基于其独特的文明立场和文明观念的必然产物，同时体现了西方国家的文明优越感和文明衰落焦虑。

所谓西方的文明优越感，是指欧美国家对所属西方文明的高度认同和荣耀感，在与其他文明的比较中有高人一等，乃至把自身文明视为文明本身的心理状态。在这种心理状态支配下，他们把自己的制度模式视为"普世"的真理和"历史的终结"，并因而根本否认有可以与西方模式并立的其他模式。在他们看来，如果西方之外还有模式，那也只能是日韩等国的所谓"东亚模式"，也即实质上还是走向西方的模式。毫无疑问，这样的心态已经超越文明自信，走到文明自负的地步了。

文明衰落的焦虑，是指西方某些人对中国崛起造成的中国与西方，尤其是中国与美国国家实力对比的结构性变化产生的忧虑。从历史来看，衰落焦虑是西方文明特有的一种忧患意识，这种情绪至少从18世纪以来就深深根植于西方文明之中，而当代以西方文明捍卫者自居的美国也从20世纪80年代以来就产生了严重的衰落焦虑，[①]21世纪最近10年以来，中国尤其成为其衰落焦虑的首要乃至唯一对象。[②] 当美国国务院政策规划办公室主任斯金纳（Kiron Skinner）代表美国国务院说出"这是我们第一次面临一个非白人的强大竞争对手"[③]时，我们不宜把这句话仅仅看作她个人的胡言乱语，而应该将其视为西方文明衰落焦虑的一种官方表达。正是基于这种衰落焦虑，不少美国学者和政治家才对中国模式持非常敌意的态度，把中国模式视为西方模式

[①] 肯尼迪. 大国的兴衰 [M]. 王保存, 等译. 北京：中信出版社, 2013.

[②] 白文刚. 美国的"衰落焦虑"与中国对美传播的话语创新 [J]. 现代传播（中国传媒大学学报），2019（7）：42.

[③] LI Z. 'Clash of civilizations' narrative dangerous [EB/OL]. (2019-05-27) [2019-06-18]. http://www.ChinaDaily.com.cn/cndy/2019-05/27/content_37474044.htm.

的威胁。①

那么，西方国家因何会产生文明优越感和文明衰落焦虑呢？回答这一问题，需要从文明传播的角度思考。优越感是比较而来的，没有比较，就没有优越感。从文明传播的历史来看，西方文明的优越感是自1500年以来，伴随着西方文明日渐强大和全球扩张的过程形成的，而这一时期，中国文明、伊斯兰文明恰恰处于衰落之际。衰落首先表现为在器物层面落后于西方文明，然后延伸到被认为在制度、精神等层面都全面落后于西方。简言之，是西方文明把人类带进了"现代"，而在近500年的世界历史发展中，伴随着西方文明对人类世界前所未有的改变，西方文明对自身的自信达到了极点，把西方文明看成了现代文明本身，而其他文明则被认为是传统、愚昧、落后和前现代的，它们的唯一前途或者宿命就是向西方转型。这是西方文明优越感的深刻历史原因。

文明衰落焦虑与文明优越感其实是西方文明高度自信的一体两面。西方文明的衰落焦虑传统历史悠久，今天与之前有所不同的是，如果说20世纪初斯宾格勒（Oswald Arnold Gottfried Spengler）写《西方的没落》（*The Decline of the West*）时，焦虑的还是西方文明由于内在原因的衰落，20世纪90年代亨廷顿推出"文明冲突论"之后，西方文明的衰落焦虑开始正式着眼于文明力量对比的外在原因，而21世纪以来，中国成为西方文明衰落的首要乃至唯一假想敌。

极度的自信，就难免产生自负的心态。人是这样，文明也是这样。美国等西方国家某些人对中国模式与中国道路的批判和否定，从文明传播的深层原因来看正是文明自负作祟，可惜他们自己缺乏反思，而国内学界也缺乏自觉地从文明传播角度考虑相关问题的研究成果问世。

---

① 郑永年. 中国模式：经验与挑战［M］. 北京：中信出版社，2016：前言 I.

二、从文明传播的视角理解运用"中国模式"讲述"中国故事"的必要性

既然如上文剖析的那样,从文明传播的视角观察才能发现西方对中国模式的立场和态度深层次的原因,那么,运用"中国模式"讲好"中国故事"的必要性论证,同样需要从文明传播的视角展开。具体而言,从文明传播的视角来看,在对外传播中运用"中国模式"这个概念,既是回应国际话语,争夺话语解释主动权的需要,更是讲清楚中国发展方向,展示中国文明自信的需要。

(一)回应国际话语,争夺话语解释主动权需要"中国模式"

依据传播学的象征互动理论,传受双方必须拥有共同的意义空间,传播才能成立,而扩大双方共同的意义空间则有益于双方的深入理解。① 概念作为一种语言符号,是构成意义空间的重要中介,因此,双方共享的概念越多,显然越有利于传播效果的提升。

具体到本文的讨论,之所以主张我国在对外传播中,有必要运用"中国模式"这个概念来讲述中国故事,最直接的原因是近十几年来,这个概念已经成为国际社会,特别是西方国家讨论中国问题的核心话语之一。或者说,相比于我们在对外传播中经常使用的"中国道路","中国模式"这个语言符号在西方更流行,也更符合西方语言习惯。正如有学者指出:"'模式'这个词国际上更通用,一讲人家就明白,'道路'这个词国际上不怎么用,国际沟通中的难度也更大。"②

更重要的是,当中国避免使用这个概念的时候,事实上也就放弃了对国际社会正在广泛使用的这个概念的解释权,因而也就自觉地放弃了相关的话

---

① 郭庆光.传播学教程[M].北京:中国人民大学出版社,2011:44.
② 张维为.中国超越:一个"文明型国家"的光荣与梦想[M].上海:上海人民出版社,2016:98,3.

语主导权。这对讲好中国故事，建构良好的中国形象是非常不利的。上文已经梳理了国际社会，特别是西方国家对中国模式的三种态度。在本文看来，缺失了中国自主的阐释，不论是哪种态度与立场，对中国向世界讲清楚中国故事，建构良好的国家形象都是不利的。

譬如，有不少国际人士，包括部分西方学者不但认为现在已经出现了中国模式，而且认为这个模式可以超越或取代西方模式。这类观点一般都很受国人的欢迎，被认为是对中国友好的态度，是对中国发展成就的积极肯定，相关的著作和言论也往往会在中国得到迅速的翻译。比如马丁·雅克（Martin Jacques）的著作《当中国统治世界》（*When China Rules the World: The Rise of the Middle Kingdom and the End of the Western World*）就曾经在中国国内受到热捧，很多著名学者为其做了热情的推荐。但是，中国的今天及未来真的合适用马丁·雅克的一些观念和话语描绘吗？比如，把新的世纪称为"中国的世纪"一定对中国有利吗？我们真的有野心让北京做"未来的世界之都"吗？中国真的追求恢复朝贡体制，乃至建立"全球朝贡体系"[①]吗？这些看似赞誉中国的话语，对中国的国家形象建构到底是有利还是有害呢？这些并不符合中国价值和中国事实的话语在中国受到热捧，会如何影响中国的国家形象呢？

如果以肯定的语调来谈论"中国模式"对中国的国家形象建构也有害的话，那么，以敌视的口吻来批判"中国模式"或者否定"中国模式"的存在，对中国国家形象的建构就更为不利了。前文已经指出，批判是西方对"中国模式"的主要态度，这些批判或者渲染"中国模式"对西方文明的威胁，或者批评"中国模式"缺乏自由，或者干脆宣称"中国模式"不能持久或者说中国根本就不配拥有模式，所谓"中国模式"，不过是"东亚模式"的变种。不论这些批判是如何相互抵牾和矛盾，它们围绕"中国模式"这个概念做出的论断都给中国建构良好国际形象造成了极其负面的影响。

---

① 雅克.当中国统治世界：中国的崛起和西方世界的衰落[M].张莉，刘曲，译.北京：中信出版社，2010：119，295，334.

综上，由于"中国模式"这个概念已经成为近十多年来国际社会，特别是欧美国家讨论中国问题的一个核心话语，但是由于中国在对外传播中刻意避免使用这个概念，因而事实上把对"中国模式"的定义权、解释权拱手让给了西方。在传播活动中，概念的定义权和解释权是话语权的基础，因此现在这种在对外传播中对"中国模式"这个概念避而不用的做法无疑严重影响了中国在对外传播中的话语主导权，影响了中国真实故事的对外讲述和中国国家形象的建构，给"中国威胁论""中国崩溃论"等论调提供了市场，甚至被某些人用来讨论其所谓"文明冲突"的观点。因此，在未来的对外传播中，我们非常有必要主动运用"中国模式"这个已经广泛流行且符合国际表达习惯的概念，以便能回应国际话语，掌握"中国模式"的解释权，驳斥西方特别是美国某些人运用这一概念对中国的污蔑和抹黑。

（二）讲清楚中国故事，展示中国的文明自信更需要"中国模式"

相比于回应国际话语，争夺"中国模式"概念的解释权，讲好中国故事，展示中国的文明自信是中国在对外传播中应该使用这一术语的深层原因。理解这一原因，也需要从文明传播的视角切入。

传播的本质是一种信息交流。文明传播虽然由于其主客体的宏大和过程的巨大复杂性而呈现诸多不同于一般传播的特点，但无非也是一种信息交流，具有传播的共性。作为信息交流，最理想的状态无非主体能够准确地编码信息，而客体能够准确地解码信息。但我们都知道，由于各种原因，事实上传播效果的理想实现起来非常困难。其中，困难之一就是双方的话语体系或者说概念体系不一致。正因为如此，对传播主体来说，选择什么样的概念和话语来准确表达自己，并能获得传播对象较为准确的解码就成为传播活动至关重要的基础。从这个意义出发，所谓"讲好中国故事"，首要和根本的是"讲清楚中国故事"。而要"讲清楚中国故事"，首先需要把握"中国故事"的实质，其次需要选择好讲述"中国故事"的话语。

那么，什么是"中国故事"的实质呢？从长时段或者文明传播的大视野来看，所谓"中国故事"，从根本上来说就是传统中国在近代遭受西方文明侵略和冲击之后，由传统走向现代，由衰落走向复兴的故事。"讲好"或者说"讲清楚"中国故事，就是准确阐释"现代中国"在这一转折和复兴历程中的发展逻辑和未来方向。

从对外传播的角度来看，"中国模式"这个概念，不仅更容易被国际社会理解，而且能够更全面、清楚地涵盖中国发展的道路和方向，展示中国文明发展和复兴的内在逻辑，因此是讲清楚中国故事应该运用的合适概念。

为了阐释清楚这一观点，我们有必要比较一下"中国模式"和我国在对外传播中常常使用的"中国道路"的内涵。就二者的内涵广狭关系而言，学界目前主要有三种观点。第一种观点认为"中国道路"与"中国模式"是并列的，中国道路指中国特色社会主义的整个发展过程，中国模式指中国特色社会主义的制度模式和发展模式。① 第二种观点认为，"中国模式"和"中国道路"几乎是同义语，"在广义上，'中国模式'和'中国道路'是相通的，两者表述了大致同样的东西，只是侧重点不同"。② 第三种观点认为，"中国道路"是"中国模式"中改革模式层面的内容。例如，著名政治学者、新加坡国立大学的郑永年教授在《中国模式：经验与挑战》一书中，就把中国的改革模式视为中国模式第二个层次的内容，指出人们所说的中国道路可以归为这个层次。③ 当然，还有其他关于"中国道路"与"中国模式"关系的讨论。不过整体而言，我们可以看出学界主流的观点是认为"中国模式"或者包含"中国道路"，或者等同于"中国道路"，即使认为"中国道路"比"中国模式"范围更广泛，也认为后者是前者制度化的或者说模式化的表达。

值得指出的是，除了内涵更广泛，可以囊括"中国道路"之外，"中国模式"还有更明确的一层意涵，即基于文明的特性，中国的现代化模式——包括其发展道路和最终形态——注定有不同于西方的特征。相比较而言，"中国

---

① 张福军，程恩富.在落实"四个全面"中完善中国道路与中国模式[J].思想理论教育导刊，2015（4）：50.

② 张维为.中国震撼：一个"文明型国家"的光荣与梦想[M].上海：上海人民出版社，2016：98，99.

③ 郑永年.中国模式：经验与挑战[M].北京：中信出版社，2016：前言XVI.

道路"其实有一种中外可能都未意识到的隐喻,而这种隐喻的实质体现了西方对现代化主导性的话语权。但"中国模式"则内含了中国文明对中国现代化发展道路与方向的规定性影响,从文明传播的特点来看,中国的现代化当然会有诸多源自西方的现代因素,但一定不是西方的翻版,而是传统中国文明在经受了西方强烈冲击之后自主的现代化。正是在这个意义上,"中国模式"比"中国道路"更能讲清楚"中国故事"。

当然,相比于讲清楚"中国故事",运用"中国模式"还有一个更重要的功能是展示中国的"文明自信"。

习近平主席在"亚洲文明对话大会"开幕式的主旨演讲中呼吁亚洲要"增强文明自信,在先辈铸就的光辉成就的基础上,坚持同世界其他文明交流互鉴,努力续写亚洲文明新辉煌"。① 这句话其实包括了两个重要的判断:其一是亚洲文明包括中国文明的"文明自信"尚显薄弱;其二是缺乏自信的文明很难真正在文明传播中做到平等地交流和互鉴。

先来说第一点。单就中国而言,如果说传统中国文明不免有天朝上国的自大和自负,那么近代以来在屡次遭受西方文明的冲击之后,无疑逐渐产生了文明自卑的心态,并在19世纪末20世纪初达到极点。20世纪初"全盘西化论"、废除汉字等奇谈怪论的出现,就是这种"文明自卑"心态的极端呈现。中国也在这种心态的主导下成为西方各种理论和意识形态的试验场,西方则成为真理和标准的唯一制定者。新中国成立以来,尤其是改革开放40多年来,随着中国经济物质力量的迅速增长,中国文明的自信心逐渐增强,但文明的自卑心理并未完全祛除。最重要的表现是,不少人依然不能以平和的心态看待东西方文明的差异,把差异都理解为中国对于西方的差距,对西方理论和概念依然有迷信的一面。具体到"中国模式"这个概念,有学者认为:"羞于提'中国模式'实际上反映了一种政治不自信……一些只认同西方模式的人甚至认为中国不朝西方模式演变,只能是死路一条。"② 必须指出,这样的

---

① 习近平.深化文明交流互鉴 共建亚洲命运共同体[N].人民日报,2019-05-16(1).
② 张维为.中国震撼:一个"文明型国家"的光荣与梦想[M].上海:上海人民出版社,2016:98-99.

观点有偏颇之嫌，但不能不承认它也在相当程度上反映了某种客观现实。

就第二点而言，从近代中西文明传播实践来看，一个文明在文明传播中抱有文明自卑心态时，虽然学习或者接受其他强势文明的积极性可能会很高，但也不可避免地会形成对强势文明的误读，并最终影响到自身文明发展的价值追求。近代中国在富强中心观主导下对西方文明的"选择性认同"和"特色式解码"充分证明了这一点，[①]而这显然不是一种理想的文明传播效果。与之相反，只有在文明自信的基础上，文明之间才能真正做到平等地交流和有益地互鉴与融合。中国古代本土的儒家文明与来自印度的佛教文明之间的交流和互鉴算是一个比较成功的典型案例。

中国共产党在领导中华民族实现伟大复兴的历史进程中，致力于在推进物质文明迅速发展的同时，不断提升中国的文明自信心。继党的十八大提出"道路自信""理论自信""制度自信"三大自信之后，党的十九大又特别强调了"文化自信"。如果说前"三个自信"表达了我党的"政治自信"[②]的话，那么，十九大在此基础上又增加了"文化自信"这个提法，事实上就是向世界明确表达了中国的"文明自信"。因为文明作为以文化划分的社会单位，文化不仅是其最鲜明的标识，也是其最深厚的基础所在。所以，当在"三个自信"的基础上增加了"文化自信"时，其实也就表达了经过40多年改革开放，今天的中国已经具备了文明自信的心态。

自信的心态需要合适的话语来表达。"中国模式"这个概念，不仅能够涵盖中国的道路、理论、制度自信，还可以涵盖基于更深层的文化因素的中国发展内在逻辑和方向的必然性，内在地包含了中国文明在经历了近代的衰败、冲击和艰难探索之后，今天已经发现并有信心坚持自己找到的发展之路的内涵，一扫近代的文明自卑心态，展示了高度的文明自信。因此，以"中国模式"来讲述"中国故事"不仅恰如其分，而且恰逢其时。

---

① 白文刚. 文明传播中的受众动机与传播效果[J]. 南京社会科学，2016（12）：96.
② 荆学民. 当前我们需要的是政治自信[J]. 人民论坛，2012（11）：17-19.

三、运用"中国模式"讲述"中国故事"须建立在文明对话的新世界史观基础上

如果主张使用"中国模式"是为了用国际通用概念更好地讲清楚中国故事,展示中国文明自信的话,那么在与西方共享"中国模式"这一语词的能指的同时,必须自主定义这一语词的所指,或者说必须调整围绕这一概念展开的历史叙事框架。其中最根本的就是要突破近代以来西方主导的大国竞争和文明冲突的世界史观,从文明对话的新世界史观出发,确立"中国模式"的所指和历史叙事框架。为了论证这一观点,我们需要了解历史观对历史认知的影响及两种历史观各自的特点及其对"中国模式"话语的影响。

(一)历史观的重要性

学界普遍认识到了历史认知对人们价值判断和立场选择的重要性,相信就国内而言,特定的历史认知深刻影响人们的政治认同;就国际而言,特定的历史认知则会影响人们对国家的敌友判断及世界未来前景的预估。正如"修昔底德陷阱"(Thucydides's trap)概念的提出者艾利森(Graham Allison)引用美国历史学家津恩(Howard Zinn)所言:"我们对现在的所有信念都取决于我们对过去的看法。"① 但必须指出,从根本上来说,是特定的历史观而不是历史事实影响着人们对历史的认知。

从理论看,历史是过去的事实,求真是历史学最宝贵的精神。但不得不承认,我们能看到或者讲述的一切历史都不过是特定视角,也即特定历史观主导下的历史镜像,用经典的历史学理论表述,即"一切真历史都是当代史"。② 这还不包括政治权力对历史叙述和记忆直接粗暴的干涉。就算是以求真为己任、坚守所谓"价值中立"原则的历史学家,事实上也无法脱离其时

---

① 艾利森.注定一战:中美能避免修昔底德陷阱吗?[M].陈定定,傅强,译.上海:上海人民出版社,2019:296.
② 克罗齐.历史学的理论与实际[M].傅仁敢,译.北京:商务印书馆,1997:2.

代精神或者国家、文明立场来叙述历史。他们必须在一定的历史观指导下，或者说在一定的范式和框架下才能思考和叙述历史。只是囿于时代的主题和某种话语的强大，把某种角度的历史叙述当成了历史本身。这个事实一方面提醒我们历史观是如此重要，另一方面也告诉我们历史观也不过是一种研究范式或者说叙事框架。换言之，特定的历史观及其主导下的历史叙事只不过从一个特定角度揭示了部分的历史真相，没有哪种历史观能揭示历史的全部真相。因此随着时代的发展和历史事实的发掘，当一种历史观越来越难以解释新的历史研究发现的问题，或者越来越难以适应时代的新需要时，必然会有新的历史观出现，而历史叙事也会因此有了新的范式、新的话语、新的发现。

（二）大国竞争世界史观叙事框架下"中国模式"的话语困境

本文反对在大国竞争的世界史观下运用"中国模式"这一概念讲述中国故事，首先是因为这个基于西方文明特点和500年短时段历史形成的历史观并不能完整准确地表述世界历史，揭示文明传播的本质，而且其特定的倾向和叙事框架，会给"中国模式"的叙事带来负面的影响。

西方文明在1500年以来依靠前所未有的强大实力，前所未有地改变了世界，也主导了世界历史叙述的话语权。迄今为止，人类对世界历史的理解和叙事，主要还是在西方主导的历史观之下。但基于近代西方文明好战的特点，[①] 这套历史观是以敌我、竞争、霸权等概念来建构历史的叙事框架的。正如学者赵汀阳所言："如果找不到异己或者敌人，西方政治就好像失去了风向标，甚至失去了激情和动力。"[②] 从西方具体的历史研究来看，几乎都是依据这种历史观、围绕这套话语体系展开的。我们熟知的在现代世界影响重大的著作，如肯尼迪（Paul Kennedy）的《大国的兴衰》（*The Rise and Fall of the Great Powers*）[③]、亨廷顿的《文明的冲突与世界秩序的重建》（*The Clash of*

---

① 麦克法兰. 现代世界的诞生［M］. 管可秾, 译. 上海：上海人民出版社, 2013：24.
② 赵汀阳. 天下的当代性：世界秩序的实践与想象［M］. 北京：中信出版社, 2016：5.
③ 肯尼迪. 大国的兴衰［M］. 王保存, 等译. 北京：中信出版社, 2013.

Civilizations and the Remaking of World Order)①、弗格森（Niall Ferguson）的《世界战争与西方的衰落》(*The War of the World*)②、安东尼·帕戈登（Anthony Pagden）的《两个世界的战争：2500年来东方与西方的竞逐》(*Worlds at War: The 2500-Year Struggle between East and West*)③等，都是这种历史观主导下的产物。很显然，这个名单可以无限延展下去。这是由西方独特的文明追求和历史观决定的。必须承认，这样的历史观把人类文明不断冲突，或者说在冲突和战争中苦涩进步的一面揭示得非常充分。但是，依然不过是揭示了人类文明传播史的一个面向而已，并没有能全面叙述人类文明的发展史。

更重要的是，历史认知具有自我预期功能。如果认为世界历史的主线是竞争和冲突，人类就不可避免地要走向竞争和冲突，这样的事例在历史上比比皆是。修昔底德所撰写的《伯罗奔尼撒战争史》(*History of the Peloponnesian War*)深刻地揭示了这一规律，而西方国家之所以从威胁论的角度讨论"中国模式"，并由此得出中美未来很可能发生冲突的历史判断，也是基于这样的历史观。不论是亨廷顿的"文明冲突论"、艾利森的"修昔底德陷阱"理论，还是前述美国官员关于西方首次面临非高加索人种和文明的挑战的胡言乱语，其历史观都是一样的。显然，当西方国家在这样的历史叙事框架中理解和讲述"中国模式"时，中国的国家形象很难不是负面的。

值得注意的是，国内不少学者虽然强烈反对西方国家对"中国模式"的恶意中伤，力图为"中国模式"辩护，但由于其本质上与西方国家共享世界史观，因而其关于"中国模式"的话语充满了"超越""第一""取代"等词汇。这样的叙述不但不能消减国际社会对"中国模式"的忧虑，还为西方的忧虑和批评提供了口实。比如，前段时间有研究报告很自豪地宣布"中国已经全面超越了美国"，引起了全国的热议。又如，有的著作以"中国超越"为

---

① 亨廷顿.文明的冲突与世界秩序的重建[M].周琪，刘绯，张立平，等译.北京：新华出版社，2010：19.
② 弗格森.世界战争与西方的衰落[M].喻春兰，译.广州：广东人民出版社，2015.
③ 帕戈登.两个世界的战争：2500年来东方与西方的竞逐[M].方宇，译.北京：民主与建设出版社，2018.

标题,充满了"中国第一"的自豪,宣称中国的崛起"不仅在物质财富上,而且在制度安排上、文化理念上一定是超越西方和西方模式的,并一定会深刻地影响世界未来的格局和秩序"。[①] 坊间和网络的相关话语更是处处可见,展现出一派重回汉唐盛世、天下万国来朝的自负。这些研究和论著的问题不在于其结论是否准确,中国是否超越了美国,而在于其在显示文明自信的同时流露出令人担忧的文明自负心态,对一个尚在复兴过程中的文明,这恐怕不是一件好事。

(三)从文明对话世界史观讲述中国模式的必要性及话语要义

本文提出要从文明对话的世界史观讲述中国模式,首先是因为文明对话的世界史观能更深刻地揭示文明传播与世界进步的内在关系所在。从长时段的文明传播史来看,冲突和战争确实促进了文明之间形式上的交流,但人类文明的真正进步依靠的是文明之间的相互学习、相互借鉴和融合创新,而不仅仅是形式上的传播。并且每一种文明都对人类历史的进步和其他文明的发展有过积极的作用,某种文明始终优越于其他文明的神话不过是因为缺乏历史眼光而产生的文明自负。

从文明传播的长时段历史视野来看,西方文明对近代世界的影响是不言而喻的,世界是在西方文明的引领和推动下步入现代的。但在人类发展的历史中,文明的传播从来不是单向的。中国文明不论在技术层面,还是文化层面都曾对西方文明产生过深刻影响,而位于西方文明和中国文明之间的伊斯兰文明不仅对人类文明发展有自己特有的贡献,在漫长的历史进程中,还是中西文明交流的桥梁。西方文明、伊斯兰文明、中国文明之所以不断发展,其中重要的原因之一就是在各种形式的文明交往和传播中吸收、借鉴和内化了其他文明的许多有益因素,使之成为推动本文明发展和进步的重要元素。正因为如此,单单从竞争和冲突的视野描述世界历史的主线是片面的,遮盖

---

① 张维为. 中国超越:一个"文明型国家"的光荣与梦想[M]. 上海:上海人民出版社,2016:98,3.

了文明发展进步最根本的原因。如果我们承认文明的互鉴和融合才能真正促进人类历史的进步，那么，文明对话的世界史观就有了其事实基础，而不再是一种空洞的口号。除此之外，核武器等现代毁灭性武器技术的发展，也使文明对话的世界史观有了现实的必要性。

　　文明对话的世界史观内在地要求自信平等，这是文明传播最理想的心态。因为自信的文明才能更自主地开放，也才能更平等地学习、交流。但从人类历史来看，由于缺乏自觉的文明对话世界史观指导历史认知，文明传播很难始终真正在文明对话的平等状态下展开，强大的文明往往容易自负，而弱小的文明常常显示自卑。对于正越来越走近世界舞台中央的中国，首先要彻底摆脱近代以来的文明自卑心态，树立真正的文明自信；其次要做到文明自慎，防止滑入文明自负的老路。

　　具体而言，从文明对话的世界史观讨论"中国模式"，讲述中国故事，关键是要把握"现代中国"的文明内涵，讲清楚"现代中国"的历史方位和价值追求。为此，如下两个关键问题需要讲清楚。

　　第一，"现代中国"首先是"中国的现代"。这表明她建立于中国五千年文明的基础上，有其内在的发展理路，因此必然不会照搬西方模式，成为西方亦步亦趋的忠实学徒，一定会有自己明显区别于西方的道路、制度、理论、文化特征。这是文明自信的表现，也是"现代中国"的传统基因。

　　从长时段的文明传播史来看，这几乎是一个不言自明的道理——很难想象在西方文明冲击之前已经屹立于世界东方五千年，有自己独特且从未中断的文明特征和传统的庞大中国，会因为西方文明的冲击而尽弃中国文明的传统，通过全盘接受完全异己的理论、概念和价值观而走向现代。但是，近代以来由于严重的文明自卑情结，这样的思路几乎成为中国现代化的主流思路，中国传统被无限矮化、污名化，曾经创造出辉煌灿烂的文明成果的中国古代文明被用"封建""专制""野蛮"等来自西方的一套话语描绘成一团漆黑。在对中国现代化发展方案和历程的描述中，也尽量避免与传统中国文明发生关联，而是在西方主导的现代话语体系中艰难寻求中国的表达，即使偶尔提及并赞誉中国传统，也只是在非常枝节的层次上展开。对五千年文明自豪感的宣扬事实上仅限于将其视为博物馆的辉煌陈迹——甚至于在内心或者公开抱怨她为什么会在开始即走上一条不同于西方的道路。

究其原因，这些言论都是震怖于近代西方的强大，在西方话语体系的统摄下，以一种文明自卑的心态来对待西方文明，在实际效果上，不但未能客观、准确地评价中国传统文明，其实也未能真正理解和认识西方文明，从而在实践上给中国的现代化带来了不良的影响。

人的认识不可避免地会受到时空影响，如果说近代中国的艰险处境使当时的思想者充满文明的自卑和焦虑，未能以平和的心态理性看待文明传播的特征，并从而深刻发掘传统中国对于现代中国的规定性影响，认识到"现代中国"从根本上来说是"中国的现代"。那么，在经过70多年艰苦奋斗，特别是改革开放40多年迅速发展的今天，中国的经济、科技实力已经获得了长足的发展，中国在世界的地位和影响力也有了迅速的提高，正在越来越走近世界舞台的中央之时，我们可以也必须在"中国模式"的叙事中把这个特征明确讲清楚——那就是"现代中国"首先是"中国的现代"，是中国文明的现代复兴，中国传统的相关制度、理念、价值观会通过创造性转换和创新性发展深度介入"现代中国"的相关领域。

第二，"现代中国"也必然是"现代的中国"。这是表明她的历史方位不同于传统中国，是在经受了起源于西方的现代文明的全面洗礼之后形成的新中国。就国家发展而言，这样的新中国必然具有现代文明的普遍特征，不论是其基本的价值观，还是生活方式，都要具备现代的基本基因。相对于传统历史的悠久，中国的现代历史还比较短暂，因此不论取得如何伟大的成就，一定会以开放的胸怀、谦虚的心态自主地学习人类现代文明的一切优秀成果。"中国模式"其实是"现代中国"的发展模式，内在地汲取现代一切有益因素，体现现代基本特征的含义，显然这样的模式一定还远未完善，还在学习和调整之中。

强调这样一个基本观念，是谨防中国随着实力的增强，重蹈西方文明由自信走向自负的覆辙。从人类历史来看，文明产生了自负的心态，同样难以以真正平等、开放的心态与其他文明交流、对话，汲取其有益的成分。古代中国和现代西方都是明显的例证。在以"中国模式"表达的"现代中国"的发展模式中，把中国视为现代世界的新兵和后来者，认真理解现代世界的本质，遵循现代的规则和观念，充分汲取现代各文明的优秀因素以建设自己为"新中国"，然后再参与现代世界的治理、贡献中国的智慧和力量应该是题中极要之义。

就国际秩序而言，这样的新中国虽然脱胎于传统中国，但绝不可能再简单沿用传统中国的"天下观念"或中央王国的眼光来看待与他国的关系，一定会在现代文明的基础上，从文明平等对话的立场推动国际新秩序的构建和维系。这种秩序不同于大国争霸的旧秩序，当然也更不可能恢复朝贡体制，"将中国视为宇宙的中心"①。

中国国家主席习近平在"亚洲文明对话大会"上系统提出了中国关于文明对话的四个主张，即"坚持互相尊重，平等相待""坚持美人之美，美美与共""坚持开放包容，互学互鉴""坚持与时俱进，创新发展"。② 从文明传播的视角来看，这无疑体现了中国坚持文明对话的诚意，也充分展示了中国的文明自信与文明自慎。这样的心态，其实就是我们今天运用"中国模式"讲好"中国故事"最应有的文明心态。

四、结语

2500多年前，孔子的学生子路问他，如果卫国君主用他来治理国家，他会先做哪件事呢？孔子回答说："必也正名乎！"③ 在此之后，"正名"成为中国古代思想家讨论政治问题的一个核心概念。从传播的角度来看，"正名"与话语理论的"能指"与"所指"颇有相似之处。"名"是能指，为形成传播所

---

① 艾利森.注定一战：中美能避免修昔底德陷阱吗？[M].陈定定，傅强，译.上海：上海人民出版社，2019：164.
② 习近平.深化文明交流互鉴 共建亚洲命运共同体[N].人民日报，2019-05-16（1）.
③ 钱穆.论语新解[M].北京：九州出版社，2011：306.

需的共同的意义空间带来了可能,而"正"就是要纠正"名"的不准确的所指,准确表达"名"本来的所指。将这个概念运用到"中国模式"中也是一样,不能因为西方国家在运用"中国模式"概念时没有准确表达中国模式本来应该的内涵就放弃使用,而是要给"中国模式"正名,讲清楚其准确的内涵。所不同的是,中国古代思想家"正名"依据的是当时的礼法制度,目的是讲清楚应然的统治秩序,追求儒家理想的政治善治;而今天给"中国模式"正名依据的则是我们对文明传播规律及现代中国历史方位与价值追求的定位,目的是祛除近代以来的文明自卑,以自信的心态面对西方世界,讲清楚基于"中国传统文明"和世界现代历史双重基因的"现代中国"的故事,谨防落入大国竞争和文明冲突的陷阱,并最终在全世界塑造良好的中国形象。

文明史视域下的"增强中华文明传播力影响力"*

党的二十大提出要"增强中华文明传播力影响力",这是我们党在新时代从文明高度对我国国际传播作出的重要战略部署。深刻理解这一战略部署,需要突破传统的国际传播视野,将其置于人类文明史的视野中,从当前人类文明发展面临的大变局和世界不同文明交往的新形态着眼,深刻剖析其历史必然、核心内容和传播方略。

一、在百年未有之大变局的背景下领悟重要意义

进入新时代以来,党和国家十分重视"讲好中国故事,传播好中国声音,展示真实、立体、全面的中国",[①]并为此进行了一系列理论探索和战略部署。党的二十大从"增强中华文明传播力影响力"的角度对国际传播提出了新的目标和内容,将其提升到文明传播的层级。把握这一战略部署的重要意义,首先需要从人类文明史的视野深刻理解百年未有之大变局的实质。

关于百年未有之大变局,学界有多种解释。但从人类文明史这一长时段历史视野来看,其实质就是"东升西降",近代以来西方文明占绝对优势的历史正在发生变化,非西方文明不但整体实力迅速增强,而且与西方文明实力对比的差距也日渐缩小。伴随文明实力对比的升降,全球文明秩序与世界格

---

* 本文原载于《前线》2023 年第 9 期,与袁千惠合作,《新华文摘》2023 年第 23 期"论点摘编"。
① 习近平. 习近平谈治国理政:第四卷[M].北京:外文出版社,2022:316.

局正在发生极其深刻的变化。全球不同文明和国家开展文明对话、文明互鉴将成为历史发展的必然。

在这样深刻的世界格局演变中，中国扮演了极其重要的角色。中国共产党领导中国人民经过100多年的奋斗，实现了从站起来、富起来到强起来的伟大飞跃，社会主义现代化建设取得了伟大成就，中华民族从根本上摆脱了近代以来贫穷落后、任人欺凌的文明衰败境况，正日益向着全面建成社会主义现代化强国的目标迈进。特别是党的十八大以来，中国特色社会主义进入新时代，中国不仅完成了脱贫攻坚、全面建成小康社会的历史任务，实现了第一个百年奋斗目标，而且成功推进和拓展了中国式现代化，这既"是彪炳中华民族发展史册的历史性胜利，也是对世界具有深远影响的历史性胜利"。伴随综合实力的增强，我国在国际事务和世界文明发展中扮演的角色日益重要。从人类文明史的视野来看，中华民族的日益复兴无疑是全球文明秩序与国际格局深刻演变的主要推动力之一，这为我国不断提升文化软实力、着力增强中华文明传播力影响力提供了珍贵的时代机遇。

我国经济总量已稳居世界第二位，综合国力大大提升，为世界的和平与发展贡献了重要力量，但同我国综合国力和国际地位相匹配的国际话语权尚未形成。从文明史的视野来看，其根源在于近代以来西方国家凭借其发展优势和领先地位使西方话语成为世界主流话语。西方国家依靠这套话语不仅定义了"文明"的概念，塑造了以西方为中心的世界史观，而且在此基础上建立和传播了一套将西方地方性知识普遍化的社会科学话语，极其深刻地影响了人们对历史和现实的认识和表达方式。在这套话语体系中，西方处于中心地位，这造成了非西方文明在文明传播中的失语状态，也使得正在复兴的非西方文明在阐释自身发展理念、展示自身发展成就、传播自身声音、塑造自身形象时面临话语权和影响力受限的问题。因为我国走在非西方文明复兴的前列，扭转这样的局面在我国显得更为紧迫。

正是基于对不断演进的百年未有之大变局实质的深刻把握，对中华民族伟大复兴进入不可逆转的历史进程的准确判断，对中国国际传播面临形势的透彻认识，党的二十大突破了传统国际传播的视野，站在文明的高度审视相关问题，明确提出要"增强中华文明传播力影响力"，并作出一系列重要部署。这些部署真正站在了文明平等对话的立场，既适应了时代的需要，也反映了我国充分的文化自信和文明自觉意识。推动中国国际传播走向文明传播的层次，不论对讲好中国故事，还是促进世界文明交流互鉴，都具有重要意义。

二、在中华文明传承发展的经验基础上把握主要内涵

"增强中华文明传播力影响力"是在文明层级对加强我国国际传播能力建设作出的重要部署，这就要求我们首先要准确把握中华文明的内涵和特征。党的二十大强调，要"坚守中华文化立场，提炼展示中华文明的精神标识和文化精髓"，① 这为我们深刻把握中华文明的精神内涵指明了方向。中华文明源远流长、博大精深，既有历史传统的厚重感，也有鲜明的时代特性。中华优秀传统文化是其血脉，中华民族现代文明是其建设和发展的着力点。因此，传播好中华文明，增强中华文明的影响力，需要从传统和现代两个维度提炼中华文明的精神标识和文化精髓。

要深刻把握和阐释好中华文明的优秀传统和突出特性。现代中国从传统中国发展而来。提炼中华文明的精神标识与文化精髓，首先必须高度重视对中华文明历史经验的总结和对优秀传统的提炼。正如习近平总书记所强调的："如果不从源远流长的历史连续性来认识中国，就不可能理解古代中国，也不可能理解现代中国，更不可能理解未来中国。"② 作为唯一从古至今延续不断的文明，中华文明具有突出的优势和显著的特征。习近平总书记在文化传承发展座谈会上将其概括为五大突出特性，即连续性、创新性、统一性、包容性、和平性。放眼世界文明史，这五大突出特性不仅是中华文明区别于其他文明的显著特征，也是中华文明生生不息、延续发展的关键因素。因此，增强中

---

① 习近平.高举中国特色社会主义伟大旗帜 为全面建设社会主义现代化国家而团结奋斗：在中国共产党第二十次全国代表大会上的报告［R］.北京：人民出版社，2022：45.
② 习近平在文化传承发展座谈会上 强调担负起新的文化使命努力 建设中华民族现代文明［N］.人民日报，2023-06-03（1）.

华文明传播力影响力，关键之一在于深入准确理解中华民族的历史与文明特质，在中华优秀传统文化中发掘中华文明的精神标识与文化精髓，推动中华优秀传统文化的创造性转化和创新性发展，不断增强文化与文明自信。

需要说明的是，重视对中华文明传统特性和优势的提炼和传播，并不意味着"崇古"或"复古"，也不意味着过分夸大中国的特殊性，而是强调在对自身文化深刻、理性认知基础上的可信、可敬的传播。从文明史维度看，这一路径重视对中华文明五千多年延续历程中内核的探寻，以寻根的方式不断加深对自身文明的理解和认同，增强中华优秀传统文化的传播底气。

要深刻把握和阐释好中华民族现代文明的光辉成就和鲜明特征。与五千多年文明史相比，在中国共产党领导下，经过100多年的奋斗，中华民族不但日益接近伟大复兴的目标，而且在奋斗过程中创造了成就辉煌、特色鲜明的中华民族现代文明。就增强中华文明的传播力和影响力而言，中国式现代化的文明意义、中国现代文化的鲜明特征是我们需要把握和阐释的重中之重。

中国式现代化是中国共产党领导的社会主义现代化，既有各国现代化的共同特征，更有基于自己国情的中国特色。中国式现代化是人口规模巨大的现代化、全体人民共同富裕的现代化、物质文明与精神文明相协调的现代化、人与自然和谐共生的现代化、走和平发展道路的现代化，体现出与西方现代化截然不同的特性，创造了人类文明新形态。中国式现代化既是中华民族现代文明的重要组成部分，也是增强中华文明传播力影响力的最大底气。

中国现代文化是马克思主义基本原理同中国具体实际相结合、同中华优秀传统文化相结合的产物。"两个结合"具有伟大的文明意义。正如习近平总书记所指出的："'结合'的结果是互相成就，造就了一个有机统一的新的文化生命体，让马克思主义成为中国的，中华优秀传统文化成为现代的，让经由'结合'而形成的新文化成为中国式现代化的文化形态。"① 这样的"结合"，不仅创造出了以中国化时代化马克思主义为代表的理论成果，而且探索出了一

---

① 习近平在文化传承发展座谈会上 强调担负起新的文化使命努力 建设中华民族现代文明［N］. 人民日报，2023-06-03（1）.

条融通中西古今的文化建设之路，为世界其他文明提供了有益经验，是必须重点传播的内容。

三、在尊重世界文明多样性的视野中谋划传播方略

"增强中华文明传播力影响力"不仅要在传播内容上下功夫，明确传播什么，还要在传播方略上着力，思考如何传播。从文明史的视野来看，长期以来，西方文明在全球的输出深刻影响了包括中国在内的许多国家。所以，突破西方的文明叙事体系，创造性地开展传播活动，就成为增强中华文明传播力影响力的首要选择。

要围绕开创诸文明共存新模式确立传播目标。从人类文明史来看，西方的文明传播，主要是为西方国家的扩张和掠夺服务的。西方国家形成了一套以西方为中心、由传统到现代线性发展的文明观，并将其以人文历史、社会科学等多种知识样态输出到世界各地。世界百年未有之大变局的出现和不断演进，给我们反思和超越西方文明观，推动世界文明共同发展提供了历史机遇。增强中华文明传播力影响力，就要适应人类文明史发展的这一新局面，围绕推动全球文明平等对话、交流互鉴、共同发展确立传播目标。党的二十大提出要"深化文明交流互鉴，推动中华文化更好走向世界"就指明了这一目标。习近平总书记提出的全球文明倡议，则更为全面系统地阐述了中国的文明立场。概括而言，就是坚持平等、互鉴、对话、包容的文明观，推动以文明交流超越文明隔阂，以文明互鉴超越文明冲突，以文明共存超越文明优越，推动构建人类命运共同体。

要构建自主的中华文明现代话语体系。党的二十大提出要"加快构建中国话语和中国叙事体系，讲好中国故事、传播好中国声音，展现可信、可爱、可敬的中国形象"。这一论述明确揭示了构建中国话语和叙事体系在国际传播中的极端重要性。从人类传播实践来看，近代以来，西方文明正因为建立了基于自身文明的强大的话语体系，并将其传播到全世界，才得以在传播中占据了明显优势。加快构建中国的话语和叙事体系，也是中国获得传播主动的

关键所在。需要强调的是,从人类文明史的传播实践来看,中国的话语体系和叙事体系,必须以中华文明的历史和实践为主体来建设,而不是打着与世界接轨的口号,简单挪用西方概念。习近平总书记指出:"用中国理论阐释中国实践,用中国实践升华中国理论,打造融通中外的新概念、新范畴、新表述,更加充分、更加鲜明地展现中国故事及其背后的思想力量和精神力量。"[①]这是对中国话语和叙事体系建设思路的精辟概括。只有这样建设起来的话语体系,才能在话语层面获得平等对话的资格,并进而掌握传播的主动。

积极探索现代文明传播新模式。从人类文明史来看,近代以来,西方文明在"西方中心论"和"西方优越论"等西方文明观指导下,将西方的价值观和文明发展模式强加在其他文明上,形成了西方文明传播模式。不论从时代背景,还是文明特性来看,中国都要探索一种建立在文明平等、文明对话基础上的现代文明传播新模式。既尊重不同国家、不同文明的文明特性,又致力于弘扬和平、发展、公平、正义、民主、自由的全人类共同价值,推动文明形成的吸引力之上,不仅有效传播了中华文明,而且长期维持了东亚地区的和平秩序。这是互鉴和文明共同进步。古代中国奉行他者"自愿效仿",[②]将影响力建立在自身文明高度发达与西方文明完全不同的传播模式,也反映了中华文明的特性,值得我们在开创文明对话、文明互鉴的新传播模式中继承,进行创造性转化。

"增强中华文明传播力影响力"是我们党在深刻把握世界百年未有之大变局与世界文明交往新阶段基础上作出的战略部署。这一战略部署不仅适应时代之需,将中国的国际传播提升到文明传播的层次,为摆脱其困境指明了方向,而且致力于推动文明交流互鉴,力求在增强中华文明传播力影响力的同时,推动构建人类命运共同体,引领人类文明走向新未来。

---

① 习近平. 习近平谈治国理政:第四卷[M]. 北京:外文出版社,2022:317.
② 卡赞斯坦. 世界政治中的文明:多元多维的视角[M]. 秦亚青,魏玲,刘伟华,等译. 上海:上海人民出版社,2018:124.

# 中国共产党与文明传播

中国共产党对世界文明的贡献[*]

从 1921 年到 2021 年，中国共产党走过了艰苦卓绝、波澜壮阔的百年光辉历程。回顾百年历史，中国共产党为中华民族伟大复兴作出了不可磨灭的贡献，同时为世界文明的发展进步作出了杰出贡献。这不仅是因为中华民族的复兴是世界文明发展进步的重要组成部分，还因为中国共产党自觉地承担了促进世界文明发展进步的使命。正如习近平总书记在党的十九大报告中所言："中国共产党是为中国人民谋幸福的政党，也是为人类进步事业而奋斗的政党。中国共产党始终把为人类作出新的更大的贡献作为自己的使命。"[①]

一、中国共产党领导的中国革命为全人类解放事业开辟了新局面

从世界文明史来看，获得民族独立和人民解放是被压迫国家发展和进步的前提。中国共产党领导的中国革命，不仅带领占当时世界人口四分之一的中国获得了独立，而且有力地支援了其他被压迫民族的解放斗争，为全人类的解放事业开辟了新局面，作出了伟大贡献。

中国文明是世界上最古老的文明之一，数千年来一直处于世界文明的先进行列。但近代以来，经历两次鸦片战争、中法战争、中日甲午战争、八国

---

* 本文原载于《前线》2021 年第 5 期。
① 十九大以来重要文献选编：上编［M］.北京：中央文献出版社，2019：40–41.

联军侵华战争，中国彻底沦为半殖民地半封建社会，受到资本主义和帝国主义列强的奴役，中国文明逐渐落后。

面对奴役，在中国共产党成立之前，中华儿女就进行了不屈不挠的斗争。但是，无一例外都失败了。1921年中国共产党的诞生使中国革命的面貌焕然一新。在中国共产党的领导下，中国人民经过28年艰苦卓绝的奋斗，打败了帝国主义、封建主义和官僚资本主义的奴役和压迫，在1949年取得了革命的胜利，建立了中华人民共和国，实现了民族独立和人民解放。从世界文明史的角度来看，中国革命胜利是继十月革命和第二次世界大战后最重要的事件。正因为如此，毛泽东才自豪地说："我们的工作将写在人类的历史上。"①

中国共产党对人类解放事业的伟大贡献并不局限于中国地域。中国革命的胜利，冲破了帝国主义的东方战线，不仅为广大殖民地半殖民地国家争取民族独立和人民解放的斗争创造了有利的国际环境，还为他们的斗争提供了新的理想和模式，极大地鼓舞了殖民地半殖民地人民的民族民主革命斗志。不仅如此，新中国成立之后，中国还大力支援了广大亚非拉国家反对帝国主义侵略、寻求民族独立的正义斗争，有力地推动了全世界被压迫民族和人民的解放。这对世界文明的进步和发展，无疑也是伟大的贡献。

二、中国共产党领导的中国经济建设为世界经济发展提供了新引擎

经济发展是文明进步的基础和主要表征之一。中国共产党领导的中国特色社会主义建设创造了世所罕见的经济快速发展奇迹，不仅使中国发生了翻天覆地的变化，而且有力地推动了全球经济的发展，成为世界经济发展的新引擎。

近代中国积贫积弱，经济发展水平远远落后于西方发达国家。新中国成立70多年来，特别是改革开放40多年来，中国共产党领导中国人民在经济

---

① 毛泽东文集：第五卷[M].北京：人民出版社，1996：343.

建设上取得了令全世界惊叹的辉煌成就。从经济总量来看，2020年，中国国内生产总值突破了100万亿元大关。中国经济占世界经济总量的比例由1978年的1.8%，增长到了2020年的17%。从增长速度来看，改革开放40多年以来，中国经济的年平均增长速度高达9%以上，远远高于同一时期全球经济2.9%的增长速度，是世界主要经济体中增长速度最快的国家。今天的中国不仅是仅次于美国的世界第二大经济体，还是全球唯一拥有全部工业门类的国家，是全球制造业第一大国、货物贸易第一大国、商品消费第二大国、外资流入第二大国、外汇储备第一大国。这样的发展奇迹不仅为中华民族的伟大复兴奠定了坚实的基础，而且使中国成为世界经济增长的第一引擎，有力地推动了全球经济的发展。

尤其是，在中国共产党的领导下，经过艰苦奋斗，到2020年底，中国实现了全面消除绝对贫困的发展目标，比《联合国2030年可持续发展议程》规定的时间提前了10年。按照现行贫困标准计算，改革开放以来，中国有7.7亿农村贫困人口摆脱贫困，占同期全球减贫人口的70%以上。脱贫攻坚战的全面胜利，不仅在中国五千年文明发展史上书写了光辉壮丽的篇章，也是人类减贫史乃至人类发展史上的大事件，为全球脱贫治理提供了中国样本，为全球减贫事业发展和人类发展进步作出了重大贡献。

除了自身发展给世界经济发展带来巨大推动作用，在中国共产党的领导下，中国还主动帮助广大发展中国家和地区发展经济，改善民生。截至2016年，中国共向166个国家和国际组织提供近4000亿元人民币的援助，先后7次宣布无条件免除重债穷国和最不发达国家对华到期政府无息贷款债务，[①] 有力推动了发展中国家的互助合作和经济发展。"一带一路"倡议的提出，更是"为世界经济增长开辟了新空间，为国际贸易和投资搭建了新平台，为完善全球经济治理拓展了新实践，为增进各国民生福祉作出了新贡献"。[②]

---

① 新时代的中国与世界[N].经济日报，2019-09-28（13）.
② 习近平.习近平谈治国理政：第三卷[M].北京：外文出版社，2020：490.

三、中国共产党对中国道路的成功探索为人类走向现代化开创了新模式

实现现代化是世界文明发展的方向。中国共产党经过艰辛探索，成功找到了符合中国国情的中国特色社会主义道路，不但大大加速了中华民族伟大复兴的进程，而且为广大发展中国家实现现代化开创了新道路、新模式。

现代化起源于西方。西方国家通过工业革命率先从传统走向现代，实现了现代化，为人类文明进步作出了积极贡献。但是，处于现代化领先地位，因而掌握了现代化话语权的西方国家却把其基于特定文化传统、历史条件而且并不完美的现代化模式吹嘘为人类文明实现现代化的唯一模式。特别是20世纪90年代东欧剧变、苏联解体之后，西方学者更是提出了所谓"历史终结论"。这样的现代化理念和全球发展态势，不仅强化了西方文明的优势地位，而且使很多非西方国家的现代化进程遭遇严重挫折，甚至导致国家分裂、战乱频仍、贫穷加剧，世界发展更加不平衡。

在中国共产党成立之前，中国的现代化道路也经历了漫长而艰难的探索，但都以失败告终。直到1921年中国共产党成立，中国才迎来了命运的转机。经历了初期的失败，中国共产党在最困难的时候，把马克思主义的普遍真理和中国革命的具体实践相结合，产生了毛泽东思想，取得了中国革命的胜利。1949年中华人民共和国成立之后，建立了社会主义基本政治制度，为中国的现代化建设奠定了根本政治前提和政治基础。改革开放以来，中国的现代化建设步入快车道，明确提出中国特色社会主义的现代化发展道路，制定了实现现代化发展的战略，先后产生了邓小平理论、"三个代表"重要思想和科学发展观等指导思想，形成和发展了中国特色社会主义理论，有力保障了中国现代化建设的迅速发展。进入新时代，进一步形成了习近平新时代中国特色社会主义思想，明确了全面深化改革的总目标是完善和发展中国特色社会主义制度，推进国家治理体系和治理能力现代化。中国的现代化建设进入新阶段。现代化的中国道路、中国模式更加成熟，绽放出独特魅力。

中国特色社会主义道路的成功，不仅开创了引领中国迅速走向民族复兴的现代化之路，而且打破了西方对现代化发展模式和话语的垄断，给广大发展中国家基于本国国情、独立自主地开展现代化建设提供了新模式、新方案，是对世界文明向现代化发展的重大贡献。

四、中国共产党"以人民为中心"的立党精神为全球政党树立了新典范

政党政治是现代政治的基本特征。中国共产党在长期奋斗中始终坚持"以人民为中心"的立党精神，对推动政党政治发展具有重大意义。

现代政党起源于英美，在推进现代民主政治方面扮演了重要角色。不少政党在历史的演进中会走向衰落乃至衰败，对立党精神的背离是政党衰败最重要的原因和表征之一。不论是苏联亡党亡国的悲剧，还是现代西方世界的政治极化等问题，在相当程度上都和政党背离了立党精神有密切关系。

中国共产党始终坚持全心全意为人民服务的宗旨。这个宗旨鲜明地体现了中国共产党"以人民为中心"的立党精神。毛泽东把"全心全意地为人民服务，一刻也不脱离群众；一切从人民的利益出发"[1]视为中国共产党区别于其他政党的显著标志。邓小平强调要把"人民拥护不拥护、赞成不赞成、高兴不高兴、答应不答应"[2]作为制定方针政策和作出决断的出发点和归宿。江泽民强调中国共产党要始终"代表中国最广大人民的根本利益"。胡锦涛强调要"坚持以人为本、执政为民"。进入新时代，习近平总书记明确提出了"以人民为中心"的概念，强调"为人民服务是共产党人的天职""为人民谋幸福，是中国共产党人的初心"。总结党的百年历史，中国共产党正是始终坚持了"以人民为中心"的立党精神，才能长期保持党昂扬的斗志，带领中国人民创造了人类发展史上的中国奇迹。

---

[1] 毛泽东选集：第三卷[M].北京：人民出版社，1991：1094-1095.
[2] 习近平.在纪念邓小平同志诞辰110周年座谈会上的讲话[N].人民日报，2014-08-21（2）.

世界政党千差万别，当然不能有统一的模式和精神。但无论如何，政党政治是现代民主政治的产物，民主政治从本质上讲既应该是人民作主的，也应该是为了人民和服务人民的。背离了这个宗旨，就背离了政治文明的轨道。从这个意义上说，中国共产党始终坚持"以人民为中心"的立党精神，无疑给现代世界政党树立了新典范。

五、中国共产党领导的中国外交为形成公正合理的国际秩序注入了新动力

公正合理的国际秩序是世界文明发展进步的重要标志。中国共产党在其百年奋斗史上，为反对国际强权压迫进行了坚持不懈的斗争，已经成为推动国际秩序朝着公正合理方向发展的崭新而强大的动力，并日益发挥着更加关键的作用。

中国共产党在成立初期就提出了彻底的反帝反封建纲领，明确表达了反对国际强权侵略和压迫的鲜明态度。党领导的中国新民主主义革命，重要的任务之一就是推翻国际帝国主义对中国的压迫。在中国的抗日战争中，党更是发挥了中流砥柱作用，为遏制日本帝国主义对中国乃至亚洲的侵略，捍卫国际正义作出了重大贡献。

新中国成立后，中国共产党领导中国人民彻底废除了近代以来所有强加在中国人民身上的不平等条约，使中华民族摆脱了帝国主义列强的枷锁，以独立自主的身份步入国际舞台。抗美援朝战争的胜利，深刻改变了亚洲乃至世界的国际格局，有力推动了世界和平和人类进步事业。20 世纪 50 年代，中国提出了得到国际社会普遍认同的"和平共处五项原则"，为推动建立公正合理的新型国际关系作出了历史性贡献。1971 年，中国恢复联合国安理会常任理事国的合法席位，开始在更广阔的舞台上推进国际秩序向公正合理的方向发展。

改革开放以来，特别是 21 世纪以来，随着中国综合国力的迅速增长，中国日益走近世界舞台的中央，也日益在新的、更高层次上推动国际秩序朝着

公正合理的方向发展。20世纪80年代，中国提出了世界上所有国家不论大小、贫富、强弱一律平等的主张，明确表明中国永远不称霸，也坚决反对任何霸权主义。20世纪90年代，面临苏联解体、东欧剧变后错综复杂的国际格局，中国继续旗帜鲜明地反对霸权主义，推动建立公正合理的国际政治经济新秩序，提出了发展以不结盟、不对抗、不针对第三方为主要特征的新型大国关系主张并积极实践。进入新时代，面对百年未有之大变局，中国明确提出了中国特色大国外交的思想，倡导构建人类命运共同体，促进全球治理体系向着公正合理的方向发展。

特别需要指出的是，现代国际秩序和规则是西方凭借其绝对优势主导构建的，因此，西方国家在国际关系领域具有强大的话语权。国际关系中长期存在的不平等、不公正现象正是由此所造成。21世纪以来，随着中国文明复兴步伐的加快和西方文明力量的相对衰落，西方文明一家独强的文明格局正在转变。这是世界百年未有之大变局的重要表现之一。随着文明力量的相对平衡，人类将在更加平等的基础上展开文明对话和互鉴，共同构建更加公正合理的国际新秩序和人类命运共同体。中国共产党既是中华民族伟大复兴的领导力量，又积极地致力于推进构建人类命运共同体和公正合理国际新秩序的形成。这对世界文明未来发展具有十分重要的意义。

从文明史视野理解中国共产党百年奋斗的伟大意义*

中国共产党十九届六中全会通过的《中共中央关于党的百年奋斗重大成就和历史经验的决议》(以下简称《决议》),全面总结了中国共产党成立一百年来艰苦奋斗所取得的重大成就和历史经验,特别是着重阐述了中国特色社会主义新时代的历史方位和十八大以来党的一系列理论创新成果。考虑到"人类的历史是文明的历史"①,中华民族在近代的落后和现在的日渐复兴,是中国和世界文明史上的重大事件,会对世界文明交流互鉴和发展产生极其深远的影响,我们有必要以文明史的宏大视野理解党的百年奋斗的伟大成就及其对世界文明互鉴的意义。

一、党的百年奋斗引领中华民族重返世界文明的前列

中华民族是世界历史上少见的古老而伟大的民族,五千多年来长期处于世界文明的先进行列,创造了绵延不绝、辉煌灿烂的文明成就,曾经对世界产生了广泛而深远的影响。但是自16世纪以来,在西方文明通过一系列变革迅速崛起,不断向全世界扩张时,中华民族却由于统治者的封闭腐朽和长期

---

* 本文原载于《青海社会科学》2021年第6期。
① 亨廷顿.文明的冲突与世界秩序的重建[M].周琪,刘绯,张立平,等译.北京:新华出版社,2010:19.

领先世界形成的"天朝上国"的文明自负心态而日渐落后了。

从 1840 年开始，由于西方列强的频繁入侵和统治者的腐败统治，中国逐渐沦为半殖民地半封建社会，遭受了前所未有的劫难，中华文明在世界的地位也日渐沉沦。面对民族危亡，一代又一代中华优秀儿女挺身而出，奔走呐喊，寻求救国之道，从太平天国、洋务运动、戊戌变法、义和团运动，一直到辛亥革命，各派力量轮流上场，各种救国方案轮番出台，但最终都以失败告终。从文明传播的角度来看，这时的中华文明不但难以平等地与世界文明对话，而且难以科学地选择和接受西方文明的先进因素，继承和转化中华文明的优秀传统。

直到 1921 年中国共产党成立，中华民族才迎来了文明复兴的转折点。正是中国共产党成立以来的百年奋斗，带领中华民族走出了近代的衰败落后状态，重新回到了世界文明的前列。《决议》将党的百年奋斗划分为四个时期，并概括了每一个时期的重大成就，清楚地阐明了党领导中华民族重回世界文明前列的奋斗历程。

第一个时期是新民主主义革命时期。这一时期，党面临的主要任务是，反对帝国主义、封建主义和官僚资本主义，争取民族独立，人民解放。面对这一历史任务，党领导中国人民经过 28 年的浴血奋斗，于 1949 年 10 月 1 日建立了中华人民共和国，实现了民族独立和人民解放，彻底结束了旧中国半殖民地半封建的社会历史，彻底结束了中华民族任人宰割、饱受欺凌的时代，为中华民族的伟大复兴创造了根本社会条件。

第二个时期是社会主义革命和建设时期。这一时期，党的主要任务是，推动中国社会实现从新民主主义到社会主义的转变，进行社会主义革命，推动社会主义建设。面对这一任务，党领导中国人民克服国内外严峻考验，成功实现了一个一穷二白、人口众多的东方大国大步迈进社会主义社会的伟大飞跃。虽然这一时期出现过"大跃进"、人民公社化运动等错误，特别是十年"文化大革命"这样的内乱和灾难，但还是为实现中华民族伟大复兴奠定了根本的政治前提和制度基础，为在新的历史时期开创中国特色社会主义提供了宝贵经验、理论准备和物质基础。

第三个时期是改革开放和社会主义现代化建设时期。这一时期，党面临的主要任务是，继续探索中国建设社会主义的正确道路，解放和发展生产力，使人民摆脱贫困、尽快富裕起来。面对这一任务，党领导中国人民果断结束了"以阶级斗争为纲"的错误路线，开启了改革开放和社会主义现代化建设的新时期。正是40多年来坚持改革开放这一"决定当代中国命运的关键一招"，推进中华民族实现了从站起来到富起来的伟大飞跃，"使中国大踏步赶上了时代"①，为实现中华民族伟大复兴提供了重要的体制保证和物质条件。

第四个时期，是党的十八大以来，这是中国特色社会主义新时代。在这一时期，党面临的主要任务是，带领中国人民实现第一个百年奋斗目标，开启实现第二个百年奋斗目标的新征程。面对这一任务，党领导全国人民砥砺前行，不仅如期实现了第一个百年奋斗目标，全面建成了小康社会，而且推动党和国家的事业"取得历史性成就，发生历史性变革"，为实现中华民族伟大复兴提供了更完善的制度保证、更坚实的物质基础和更主动的精神力量，推动"中华民族迎来了从站起来、富起来到强起来的伟大飞跃"。②

文明的地位依赖于文明的实力与发展。经过党领导中国人民的百年奋斗，今天的中国已经走出近代以来积贫积弱、衰败凋零的困境。新中国成立70多年以来，特别是改革开放40多年来，在中国共产党的领导下，中国创造了世所罕见的经济社会发展奇迹。今天的中国不仅是仅次于美国的世界第二大经济体，而且是世界上唯一具备完整工业体系的国家，是世界经济增长的第一引擎。2020年底全面建成小康社会，更是反映了中国经济社会发展的质量。正如《决议》所指出的那样："仅用几十年时间就走完发达国家几百年走过的工业化历程，创造了经济快速发展和社会长期稳定两大奇迹。今天，中华民

---

① 中共中央关于党的百年奋斗重大成就和历史经验的决议［M］.北京：人民出版社，2021：23.

② 中共中央关于党的百年奋斗重大成就和历史经验的决议［M］.北京：人民出版社，2021：61–62.

族向世界展现的是一派欣欣向荣的气象,巍然屹立于世界东方。"① 简言之,以雄厚的经济社会发展重大成就为坚实后盾,中华民族今天又回到了世界文明的前列,而且还在以强劲的势头持续向前奋进。

二、党的百年奋斗重铸了中华民族的文明自信

文明自信是一种对自身所属文明价值及其前途的强烈认同心理。从人类文明史来看,一个正处于繁荣昌盛时期的文明,往往具有强烈的文明自信。纵观中国五千年文明史,由于古代中国长期的发达和领先,中国人对自己的文明抱有充分的自信,甚至是"天朝上国"般的自负。但是近代以来,面对强大的西方文明的冲击,随着中华文明实力的日益衰落,中国人的文明心态也发生了剧烈的变化,从原先的文明自负心态逐渐转变为文明自卑心态。从"师夷长技以制夷"的观点,到"中体西用"思想,再到"全盘西化"的主张,形象而准确地表达了这种越来越自卑的文明心态。

中国共产党在引领中华民族重新回到世界文明前列的同时,也在精神层面重铸了中华民族的文明自信。把党的第三个历史决议与前两个历史决议相比较,会发现第三个决议不论在概念运用、主旨立意,还是态度立场上,都延续了我国进入新时代以来的鲜明的话语特征,展现出强烈的文明自信。

(一)《决议》以"中华民族伟大复兴"统领全文,体现出强烈的文明自信

"中华民族"这个词组到近代才出现,但就其指代而言,历史却非常漫长,其实是适应现代话语而对创造中华文明这一群体的总称。特别是与"复兴"相连,更是从中华文明整个历史着眼的,否则也不存在所谓"复兴"问题。"中华民族的伟大复兴"其实就是中华文明的伟大复兴。《决议》中的相

---

① 中共中央关于党的百年奋斗重大成就和历史经验的决议[M].北京:人民出版社,2021:63.

关表述,也清楚地揭示了这个概念的文明意蕴。

如《决议》中写道:"党和人民百年奋斗,书写了中华民族几千年历史上最恢宏的史诗。"又说:"中华民族是世界上古老而伟大的民族,创造了绵延五千多年的灿烂文明,为人类文明进步作出了不可磨灭的贡献。"① 指出中国近代以来遭受的前所未有的劫难之一即"文明蒙尘","创造了灿烂文明的中华民族遭遇到文明难以赓续的深重危机"。② 这显然都是从文明的视角使用"中华民族"这个概念的。

在整篇《决议》中,"中华民族伟大复兴"这个词组一共出现28次,作为关键词贯穿了《决议》全文,将中国共产党的百年奋斗置于中华文明复兴的视野中予以高度概括,体现了强烈的文明自信。《决议》开篇即指出:"为中华民族谋复兴"和"为中国人民谋幸福"一样,是中国共产党的初心使命。随后,围绕"中华民族伟大复兴"这一主题,《决议》概括了党在百年奋斗过程中四个阶段的伟大成就。《决议》结尾,又号召全党全军全国各族人民"为实现第二个百年奋斗目标、实现中华民族伟大复兴的中国梦而不懈奋斗"③。这样的表述,展现了文明复兴的强烈自觉和强烈自信。

(二)《决议》对中国共产党百年奋斗历史意义和经验的归纳,显示出强烈的文明自信

《决议》从五个方面高度赞誉了中国共产党百年奋斗所取得的伟大成就和文明意义,深刻阐述了中国共产党百年奋斗对中国人民、中华民族、马克思主义、人类进步事业和马克思主义政党建设的重要意义,既着眼中国历史,又放眼世界文明,展现出强烈的自信。

《决议》对党的百年历史经验的总结,同样体现出强烈的自信。这十条经

---

① 中共中央关于党的百年奋斗重大成就和历史经验的决议[M].北京:人民出版社,2021:2-3.
② 中共中央关于党的百年奋斗重大成就和历史经验的决议[M].北京:人民出版社,2021:62.
③ 中共中央关于党的百年奋斗重大成就和历史经验的决议[M].北京:人民出版社,2021:75.

验包括：坚持党的领导、坚持人民至上、坚持理论创新、坚持独立自主、坚持中国道路、坚持胸怀天下、坚持开拓创新、坚持敢于斗争、坚持统一战线、坚持自我革命。"十个坚持"的论述，斩钉截铁、掷地有声，充分显示了党的决心和信心。正如习近平总书记指出的那样："这十条历史经验是系统完整、相互贯通的有机整体，揭示了党和人民事业不断成功的根本保证，揭示了党始终立于不败之地的力量源泉，揭示了党始终掌握历史主动的根本原因，揭示了党永葆先进性和纯洁性、始终走在前列的根本途径。"①

正是基于对党的百年奋斗成就、意义和经验的自信与历史使命的自觉，党号召全党要增强"四个自信"，即道路自信、理论自信、制度自信、文化自信。道路自信是指对中国特色社会主义道路的自信；理论自信是指对中国特色社会主义理论及党的理论创新能力的自信；制度自信是指对中国特色社会主义制度的自信；文化自信是指对与中国特色社会主义道路、理论、制度相匹配的中国特色社会主义文化的自信。道路、理论、制度和文化，是各种文明展示不同特点的主要面向。从国内来看，"四个自信"是党中央对全党和全国人民的号召，从全球视野来看，"四个自信"则强烈表达了新时代中华民族的文明自信。

（三）《决议》高度评价中华优秀传统文化的价值，是文明自信的重要反映

文化是文明最鲜明的特征，文明正是以文化来区分的。与前两个决议相比，党的第三个决议对中华优秀传统文化予以前所未有的高度评价。《决议》把中华优秀传统文化与社会主义先进文化、革命文化并列视为当代中国文化建设的三大根基，强调："中华优秀传统文化是中华民族的突出优势，是我们在世界文化激荡中站稳脚跟的根基，必须结合新的时代条件传承和弘扬好。"②

---

① 习近平.关于《中共中央关于党的百年奋斗重大成就和历史经验决议》的说明[J].奋斗，2021（2）：38-45.
② 中共中央关于党的百年奋斗重大成就和历史经验的决议[M].北京：人民出版社，2021：46.

尤其值得注意的是，中华优秀传统文化被明确定位为习近平新时代中国特色社会主义思想的重要来源之一。《决议》指出："以习近平同志为主要代表的中国共产党人，坚持马克思主义基本原理同中国具体实际相结合、同中华优秀传统文化相结合，坚持毛泽东思想、邓小平理论、'三个代表'重要思想、科学发展观，深刻总结并充分运用党成立以来的历史经验，从新的实际出发，创立了习近平新时代中国特色社会主义思想。"① 在中国共产党坚持和发展马克思主义的过程中，从毛泽东思想、邓小平理论、"三个代表"重要思想到科学发展观，都强调是马克思主义与中国具体实际相结合的产物。习近平新时代中国特色社会主义思想，把中华优秀传统文化作为马克思主义中国化与中国具体实际并列的"两个结合"之一，在中国共产党历史上是第一次。不仅如此，在习近平新时代中国特色社会主义思想的评价方面，也首次增加了中华文化视角，被认为是"当代中国的马克思主义、21世纪的马克思主义，是中华文化和中国精神的时代精华，实现了马克思主义中国化新的飞跃"。

《决议》如此高度评价中华优秀传统文化的价值，并将其视为党的指导思想的重要来源之一，无疑体现了强烈的文化自信，而文化自信是文明自信最核心的内容。正如《决议》所说："文化自信是更基础、更广泛、更深厚的自信，是一个国家、一个民族发展中最基本、最深沉、最持久的力量，没有高度文化自信、没有文化繁荣兴盛就没有中华民族伟大复兴。"②

三、党的百年奋斗推动世界文明传播进入文明互鉴的新境界

人类历史从根本上来说是文明的历史，而交流互鉴则是世界文明发展和进步的重要途径。正如习近平总书记所指出的那样："文明因多样而交流，因

---

① 中共中央关于党的百年奋斗重大成就和历史经验的决议 [M]. 北京：人民出版社，2021：24.

② 中共中央关于党的百年奋斗重大成就和历史经验的决议 [M]. 北京：人民出版社，2021：44.

交流而互鉴，因互鉴而发展。"①

但是从文明传播的视野来看，人类文明史上的交流互鉴很多时候并不是平等和自由的。强势文明往往成为传播的主体，会依托文明实力，不断向弱势文明输出自己的文化、价值观和体制。弱势文明只能处于传播的客体地位，主要处理如何学习强势文明的问题，很多时候，这种传播都伴随着征服、侵略等暴力活动。

16 世纪以来西方文明的崛起及其在全世界的强势传播，就是这种强势文明向弱势文明传播的最典型的事例。从历史来看，西方文明在历史上曾经受惠于中华文明、伊斯兰文明等多种文明。但伴随着实力的增长，西方文明把自己视为普世文明，强力向世界其他文明输出。从几百年的历史来看，这种输出不仅是单向的，而且是以武力为基础的，西方文明向全球传播，是伴随着侵略、扩张展开的，其目的就是建立西方文明在全球的霸权，并迫使世界其他文明都转向西方文明，最终实现西方文明一统世界的野心。这种文明传播方式，自然谈不上是平等的文明交流互鉴。也正是由于这种文明传播心态和方式，才引发了所谓"文明冲突"。

中国共产党在领导中华民族走向伟大复兴的过程中，不但改变了中西文明的实力对比，而且创立了自己的现代化发展模式，并积极致力于全球文明传播秩序的转变，从而推动全球文明传播开始进入文明互鉴的新境界。

（一）中国经济社会的迅速发展导致的世界百年未有之大变局，为世界文明平等对话、交流互鉴创造了初步条件

从人类文明史来看，文明实力对文明传播模式有重要的影响。近代文明传播以西方单向输出的模式展开，最根本的就是由于西方文明率先实现现代化带来的强大实力。二战以来，随着亚洲文明的复兴和西方文明的相对衰落，世界文明之间的力量对比一直在发生改变，但整体而言，西方文明的优势地位依然非常稳固。

---

① 习近平. 习近平谈治国理政：第三卷［M］. 北京：外文出版社，2020：468.

改革开放以来中国社会经济的迅速发展,对世界文明力量对比发生了并继续发挥着根本性的影响。1980年,中国的GDP仅占全球GDP的1.7%,美国的GDP是中国的9倍。到2020年,中国的GDP已经占到全球GDP的17.38%,仅次于美国所占的24.7%,远远高于其他西方国家,而且经济总量已经达到美国GDP的70%左右。专家普遍预计,到2030年,甚至更早,中国的GDP就会超越美国。中国GDP占全球GDP比例的变化,直观地展示了世界文明力量的对比。从这一对比可以看出,虽然西方文明依然占据优势,但是中华文明正在迅速复兴,实力在不断快速地加强,展现出强劲的发展势头。中国实力的迅速增强,已经深刻改变了世界文明的力量对比,并且这个进程还在快速推进。世界百年未有之大变局,最核心的一个表现就是中西文明力量对比的变化。这种变化给世界提供了自西方文明强势兴起以来首次平等对话的机会,而只有平等对话,才可能真正地实现文明传播中的交流互鉴。

(二)中国共产党领导中国人民开创的中国式现代化道路,为世界文明互鉴提供了新发展模式

发展模式是文明互鉴最核心的内容。在漫长的人类历史中,不同的文明有不同的发展模式。但是,16世纪以来,依靠船坚炮利在全世界扩张的西方文明,把自己的发展模式视为全人类唯一进步的发展模式,世界历史也随之依照西方中心论改写。20世纪末,苏联解体、东欧剧变,更是让西方强国欢呼为"历史的终结",西方的现代化道路被视为全人类都不得不走的唯一的现代化道路。换言之,自16世纪以来,西方文明逐渐被建构为唯一的先进文明,其他文明要生存和发展,整体而言,只能学习、模仿西方的现代化模式。这也是近几百年来世界发展的重要主题。其他文明即使历史悠久,在实现现代化的道路上也只能以西方为师。从这个意义上来说,近代以来,文明传播的形式从根本上来说只能是单向度的,没有对话,也没有相互的交流和互鉴。

中国共产党领导中国人民探索中国现代化道路的百年奋斗,以自己巨大的成功和鲜明的特点改变了这种单向度的文明传播形式。《决议》延续习近平总书记在中国共产党成立一百周年纪念大会上的讲话精神,将中国式的现代

化道路定位为人类文明的新形态,指出这种新形态"拓展了发展中国家走向现代化的途径,给世界上那些既希望加快发展又希望保持自身独立性的国家和民族提供了全新选择"。① 这样的定位,显示今天的中国不仅可以真正平视西方,而且还有信心提供替代西方的更优良、更有效的现代化模式。相比于西方的现代化道路,中国式现代化是人口规模空前巨大的现代化,是全体人民共同富裕的现代化,是物质文明与精神文明相协调的现代化,是人和自然和谐共生的现代化,是走和平发展道路的现代化,是创造了崭新政党文明的现代化。作为一种人类文明的新形态,中国式现代化道路打破了几百年来西方文明对现代化模式和话语权的垄断,不仅能给世界广大发展中国家实现现代化提供新的模式、经验和理论借鉴,给世界文明互鉴增添新内容,而且能够激发他们独立自主地探索适合本国国情的现代化模式的信心,对推动全球现代化发展和世界文明之间交流互鉴的深入具有极其重要的意义。

(三)百年大党领导新时代的中国积极致力于推动世界文明传播进入文明互鉴的新境界

中国共产党从成立之日就是具有世界眼光和担当的新型政党,正如《决议》所指出的那样:"一百年来,党既为中国人民谋幸福、为中华民族谋复兴,也为人类谋进步、为世界谋大同,以自强不息的奋斗深刻改变了世界发展的趋势和格局。"② 从实践来看,党在百年奋斗中始终以世界眼光关注人类前途命运,从人类发展大潮流、世界变化大格局、中国发展大历史着眼,正确处理中国与外部世界关系,坚持主持公道、伸张正义、站在历史正确的一边,站在人类进步的一边。特别是进入新时代以来,中国共产党领导中国以更加广阔和深远的视野审视世界和人类前途命运,针对"文明冲突论""中国威胁论"等西方论调,从文明史这样一个全新的历史视野积极倡导开展文明对话

---

① 中共中央关于党的百年奋斗重大成就和历史经验的决议[M].北京:人民出版社,2021:64.

② 中共中央关于党的百年奋斗重大成就和历史经验的决议[M].北京:人民出版社,2021:64.

和文明互鉴，努力推动世界文明传播进入文明互鉴的新境界，展现了强烈的文明自觉、文明自信和文明担当。

首先是积极提倡文明对话和文明互鉴。2014年3月27日，习近平主席在联合国教科文组织总部发表重要演讲时，首次提出"文明因交流而多彩，文明因互鉴而丰富。文明交流互鉴，是推动人类文明进步和世界和平发展的重要动力"的重要论述。指出人类文明因多样才有交流互鉴的价值，因平等才有交流互鉴的前提，因多样才有交流互鉴的动力。① 此后，习近平总书记又多次就相关问题发表了重要讲话，提出一系列关于文明交流互鉴的呼吁和重要论断，展现出中国积极推进文明交流互鉴的态度。

其次是提出了文明互鉴的基本原则。2015年9月28日，习近平主席在第70届联合国大会一般性辩论时的讲话中，提出"人类历史就是一幅不同文明相互交流、互鉴、融合的宏伟画卷"，② 指出文明之间要对话，不要排斥；要交流，不要取代。呼吁各种文明要互相尊重、平等相待、互学互鉴、兼收并蓄，推动人类文明实现创造性发展。2019年5月15日，习近平总书记在亚洲文明对话大会开幕式的讲话中，再次强调了相关原则，并将其概括为四点主张，即坚持相互尊重、平等相待，坚持美人之美、美美与共，坚持开放包容、互学互鉴，坚持与时俱进、创新发展。这一系列的主张，充分展示了中国推进世界文明交流互鉴的积极态度。

最后是为世界文明交流贡献中华文明智慧。具体而言，就是以构建人类命运共同体为总目标，弘扬和平、发展、公平、正义、民主、自由的全人类共同价值，引领世界文明交流互鉴不断向前发展。《决议》指出："党推动构建人类命运共同体，为解决人类重大问题，建设持久和平、普遍安全、共同繁荣、开放包容、清洁美丽的世界贡献了中国智慧、中国方案、中国力量，成为推动人类发展进步的重要力量。"③《决议》强调要推进中国特色哲学社会科

---

① 习近平谈治国理政［M］. 北京：外文出版社，2014：258.
② 习近平谈治国理政：第二卷［M］. 北京：外文出版社，2017：524–525.
③ 中共中央关于党的百年奋斗重大成就和历史经验的决议［M］. 北京：人民出版社，2021：64.

学学科体系、学术体系、话语体系建设,提倡要讲好中国故事、传播好中国声音,从文明传播的视角来看,这表明我们对文明交流互鉴的新境界的提倡不仅仅是一种呼吁,而且正在积极努力地践行推进。

  综上所述,理解党的百年《决议》,理解中国共产党百年奋斗的重大成就和伟大意义,需要在中国文明史和世界文明史的宏大视野中才能予以更加准确的评价。从中国文明史来看,中国共产党的百年奋斗是中华民族从传统到现代转型的一百年,更是中华民族从近代的衰败走向复兴的一百年,中国共产党引领中华民族从近代衰败落后的局面走向欣欣向荣的当代,重新跻身于世界文明的前列并日渐恢复了应有的自信。从世界文明史来看,中华民族的复兴,打破了近代以来西方独霸世界、单向输出文明的文明传播模式,正在推动世界文明交流进入文明对话、文明互鉴的新境界。如果各文明能在平等的基础上,保持文明自信,克服文明自卑或文明自负心态,人类文明的互鉴就会更加成功,人类也会有更加多元和精彩的未来。

讲好中国共产党故事的文明传播视野*

中国共产党领导的中华民族伟大复兴壮阔征程，正在日益深刻地影响着世界文明秩序与文明演变。在这种背景下，讲清楚当代中国发展的逻辑和前途，讲好中国共产党的故事，自然成为中国政治传播和国际传播的重要使命。从人类历史经验和当代世界格局来看，讲好中国共产党的故事，不仅需要从传统的传播学视域研究推进，还需要引入文明传播这一新视野，也即从文明与文明之间的交流互鉴角度来思考相关问题。

一、从文明传播视野讲好中国共产党故事的必要性

之所以需要从文明传播视野讲述中国共产党的故事，是因为人类历史从根本上来说是文明发展和交流的历史，而中国共产党百年来的伟大成就和深远影响，只有被置于中国文明发展史和中外文明交流史的视野中才能得到更加准确的解读和评估，也才能使世界更加准确、深刻地理解中国共产党及其百年奋斗的伟大历史意义。

首先，从历史的长时段来看，人类历史的发展和交流都建立在文明的基础上，因此理解人类历史，需要以文明为单位。在当今世界具有重要影响的美国著名政治学家亨廷顿曾指出："人类的历史是文明的历史。不可能用其

---

* 本文原载于《对外传播》2022年第2期。

他任何思路来思考人类的发展。"①20世纪以来众多具有世界影响的历史学家和社会科学家，也非常重视以文明为单位书写和解读人类历史。如我们熟知的历史学家斯宾格勒（Oswald Arnold Gottfried Spengler）、汤因比（Arnold Joseph Toynbee）、费尔南·布罗代尔（Fernand Braudel）、威廉·麦克尼尔（William Hardy McNeill），社会学家马克斯·韦伯（Max Weber）、迪尔凯姆（Émile Durkheim）、艾森斯塔特（Shmuel N. Eisenstadt）、沃勒斯坦（Immanuel Wallerstein）等，都是文明研究的大家。这些学者及其经典著作，充分证明了文明对我们理解人类历史及其发展的重要性，而文明之间的交流互动，不但是人类文明史发展的常态，也是推动人类文明发展、演变的重要动力。这种文明之间的交流互动其实就是文明传播活动，或者说具有文明传播的因素，因此，人们需要从文明传播的视野予以考察解读。

其次，从当代世界发展来看，多文明因素对世界的影响日益凸显，因此，从文明传播角度理解世界变得越来越重要。由于西方文明凭借其绝对优势在近代的强大影响力，19世纪、20世纪的世界基本上是被西方单一文明主导和塑造的。但从20世纪末开始，特别是21世纪以来，随着西方文明走向相对衰落，多文明因素对世界的影响正在日益增强。早在20世纪90年代，亨廷顿就敏锐地认识到这一点，他指出，历史上，全球政治第一次成为多级和多文明的；以文明为基础的世界秩序正在出现，②并因此提出了风靡全球的"文明冲突论"（Clash of Civilizations）。21世纪以来，这一趋势日益凸显。当今世界面临的百年未有之大变局，从国际关系或者世界发展的视野来看，最根本的体现就是东西方文明实力对比正在发生的深刻变革。随着实力的演变，西方文明基于自身价值观念、历史经验和利益需求构建的一套关于人类发展的概念和理论正受到挑战，近几百年来被西方文明冲击得七零八落的各种文明正在重新寻回自己的价值观和文明尊严。这样的背景提醒我们，在国际传

---

① 亨廷顿.文明的冲突与世界秩序的重建［M］.周琪，刘绯，张立平，译.北京：新华出版社，2010：19.
② 亨廷顿.文明的冲突与世界秩序的重建［M］.周琪，刘绯，张立平，译.北京：新华出版社，2010：4.

播和政治传播研究中重视文明因素,从文明传播视野理解推动不同文明之间的交流互鉴,具有前所未有的紧迫性。

最后,从中国及中国共产党的历史来看,着眼于文明层面,关注其在文明传播过程中扮演的角色,更是具有特殊的重要意义。中国不仅是一个国家,更是一种文明。中华文明是世界上唯一没有中断的文明,它在漫长的历史中、在世界文明传播中扮演了重要角色。中国共产党诞生于近代中华文明与西方文明强烈碰撞的历史背景之中,它本身不仅是文明传播的产物,而且领导近代积贫积弱,处于衰败状态、面临亡国灭种危机的中华民族科学借鉴西方文明先进因素,并加以创造性地转化和发展,经过百年奋斗,带领中华文明彻底摆脱了近代悲惨的境遇,走出了一条有中国特色的现代化之路,迎来了中华民族伟大复兴的光明前景。正在日益走近世界舞台中央的中国寻求讲好中国的故事、讲好中国共产党的故事,在更加平等的基础上推动世界各国文明交流互鉴。文明传播的视野,着眼于从世界各文明之间交流和互动的视野来理解世界历史,力图突破西方文明主导的以西方为中心的历史观和世界观,为中国积极追求的文明平等对话和文明交流互鉴提供理论基础。

二、从文明传播视野讲好中国共产党故事的核心主题

从文明传播视野讲好中国共产党故事,首先要确立故事的主题。文明传播,着眼于文明史的宏大视野,重点关注不同文明之间的交流互动,所以从这个视角讲好中国共产党的故事,其核心主题有二:一是讲好中国共产党成功借鉴西方文明先进因素,带领中国走向文明复兴的故事;二是讲好中国共产党推动世界各国文明走向平等对话、交流互鉴的故事。

(一)中国共产党对中华文明学习借鉴西方文明的贡献

从文明传播的视野来看,开始于鸦片战争的中西文明交流,以西方文明对中华文明的强势输出为特征,中华文明处于弱势和客体地位。因此,从这个视角讲好中国共产党的故事,关键是要讲清楚中国共产党如何在西强东弱

的文明传播格局中既保持开放性,又保持自主性,领导中国创造性地学习借鉴西方文明的先进因素,推动中国走上文明复兴之路的逻辑和贡献。

其一,从观念层面来说,要讲清楚中国共产党选择马克思主义,并实现马克思主义中国化三次飞跃的内在逻辑和伟大意义。

从文明传播的角度来看,面临西方文明的强大冲击,近代中国的首要任务是在观念层面正确应对西方思想。在中国共产党成立之前,中国人已经就如何应对西方思想做过艰苦探索,但这些探索都失败了。直到受俄国十月革命影响,中国先进分子找到马克思主义并成立了中国共产党,中国人才在庞杂的西方思想库中找到了能够指导中国革命和建设的真理。在党的百年奋斗中,中国共产党人不断把马克思主义与中国实践和中华优秀传统文化相结合,推动马克思主义中国化实现了三次历史性飞跃,在指导中国革命和建设取得伟大成功、推动中华文明走向现代化的同时,也使马克思主义与中华优秀传统文化不断相融互构,持续创造着中华文明的文化新形态。

其二,从制度层面来说,要讲清楚中国共产党建立并不断完善中国特色社会主义基本制度的历史必然性及其对中华文明复兴的伟大意义。

面对西方文明的强势输出,如何选择借鉴西方文明的先进制度,推动中国从传统向现代转型,是作为文明传播客体的中华文明在近代面临的关键挑战之一。在中国共产党成立之前,中国已经借鉴西方作过多次现代制度的创制,但无一成功。中国共产党在取得革命胜利之后,借鉴苏联的经验,成功建立了社会主义制度。改革开放之后,中国共产党又积极学习借鉴西方资本主义制度的有益成分,展现了吸收人类文明一切优秀成果的开放态度。值得指出的是,中国共产党在以开放心态学习借鉴他国制度文明的同时,展示了坚定的文明自觉性和自主性。这不但表现为在全球社会主义面临困境时中国毫不动摇地坚持了中国特色社会主义制度,而且表现为中国特色社会主义制度也包含对中国传统制度优秀因素的传承和转化。这种融合了中西文明优秀基因的社会主义制度正在日益展现出其独特的优越性。

其三,从实践层面来说,要讲清楚中国共产党既积极吸收西方文明先进因素,又坚持从中国实际出发,独立自主地探索并成功走出了特色鲜明的革命和现代化建设的中国道路的内在逻辑和历史意义。

中国共产党领导的中国革命开始是向苏联学习。但是，在照搬苏联模式遭遇挫折之后，以毛泽东同志为主要代表的中国共产党人吸取经验教训，从中国国情出发，艰苦探索，走出了一条成功的中国革命道路，领导中国人民和中华民族站起来。在现代化建设上，中国共产党既学习借鉴过苏联模式，也学习借鉴过西方发达国家的经验。但是，不论是对苏联模式，还是西方模式，中国共产党都不迷信、不盲从。特别是在东欧剧变、苏联解体，西方得意地宣布"历史终结"，西方现代化模式被吹嘘为唯一的现代化模式之后，中国共产党却领导中国走出了一条成功的中国特色社会主义道路，带领中国人民从站起来走向富起来、强起来，创造了人类文明发展史上的中国奇迹。这不仅使中华民族伟大复兴展现出光明前景，而且引领中华文明重新回到世界前列，中华民族的文明自信也日益增强。

（二）中国共产党对世界文明交流互鉴的贡献

文明平等交流互鉴，是文明共存和文明传播的理想。但从文明传播的历史来看，强大的文明往往凭借实力强势向弱势文明输出，弱势文明往往处于传播客体地位，难以在平等地位上开展交流互鉴。特别是自16世纪西方文明兴起以来，所谓文明传播，主要表现为西方文明对世界其他文明的强势输出，并因此而引发激烈的"文明冲突"。中国共产党领导中国的百年奋斗，深刻地改变了世界文明格局，推动世界文明传播向着平等交流互鉴的新境界不断迈进。从这个视角讲好中国共产党的故事，应该重点着眼于中国共产党领导中国的百年奋斗为推动文明传播进入文明交流互鉴的新阶段所作出的重大贡献。

首先，要讲清楚中国共产党百年伟大征程、伟大成就改变了世界文明力量的对比，为世界各国文明开展平等对话、交流互鉴创造了前提条件。

1949年新中国的成立，不仅使中华民族彻底摆脱了西方帝国主义列强的百年奴役，而且大大激发了全世界被压迫民族追求独立和平等的勇气，为改变不合理的世界文明格局和国际秩序作出了重要而持续的贡献。新中国成立70多年来，特别是改革开放40多年来，在中国共产党的领导下，中国创造了世所罕见的经济发展奇迹。今天的中国已经成为仅次于美国的世界第二大经济体，且军事、科技力量也取得了长足进步。中国实力的迅速增长，缩小了中西文明之间的实力差距，为文明之间的平等对话和交流互鉴创造了基本条件。

其次，要讲清楚中国共产党领导中国百年奋斗创造的文明新成果，为世界文明对话提供了新内容。

由于现代化起源于西方，因此数百年来，西方文明一直掌控着现代化的话语权，特别是自苏东剧变以来，西方建立在资本主义基础上的现代化模式被西方国家高调宣扬为唯一的现代化模式。但是，中国共产党却领导中国人民在学习借鉴先进文明成果的基础上，成功走出了中国式现代化道路，不但仅用几十年时间就走完发达国家几百年走过的工业化历程，而且创造了人类文明的新形态，为世界现代化道路提供了中国模式。就政党文明本身来看，中国共产党不仅是现代世界第一大党，而且在其百年奋斗历程中形成了具有鲜明特色且成熟的制度与文化。这些制度和文化与常见的西方政党的制度与文化有显著差别，也能成为世界文明交流互鉴的重要内容。

最后，要讲清楚中国共产党积极致力于推动世界各国文明平等对话和交流互鉴的自觉意识。

中国共产党从成立之日就是具有世界眼光和人类担当的政党。《中共中央关于党的百年奋斗重大成就和历史经验的决议》指出："一百年来，党既为中国人民谋幸福、为中华民族谋复兴，也为人类谋进步、为世界谋大同，以自强不息的奋斗深刻改变了世界发展的趋势和格局。"[①] 从历史来看，追求各民族平等共生、和平共处，推动公平合理的国际秩序的形成，一直是中国共产党的奋斗目标之一。进入新时代以来，中国共产党更是展现了推动世界文明对话和交流互鉴的强烈意识。面对西方宣扬的"文明冲突论""中国威胁论"，中国共产党提出了"人类命运共同体"理念，积极提倡文明对话和文明交流互鉴，指出"文明交流互鉴，是推动人类文明进步和世界和平发展的重

---

① 中共中央关于党的百年奋斗重大成就和历史经验的决议［M］.北京：人民出版社，2021：64.

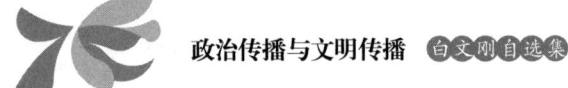

要动力",① 并提出了一系列文明交流互鉴的原则,引领了当代世界文明对话的潮流。

三、文明传播视野讲好中国共产党故事的关键方法

从文明传播视野讲好中国共产党的故事,需要多种方法。不过和讲好中国故事一样,最关键的,应该是在新历史观的基础上创新话语体系。之所以称之为关键方法,是因为历史观及话语体系深刻影响着故事的讲述,而西方主导的历史观和话语体系,又是我们讲好中国故事、中国共产党故事面临的最大挑战。

这个方法,包括两个重要步骤:一是突破西方主导的以西方文明为中心的历史观,特别是世界史观,建立文明对话的新历史观;二是在新历史观的基础上创新话语体系。这两个步骤是相互关联的,历史观的改变是话语创新的前提和基础,而话语创新又能反过来强化新历史观,帮助我们在新历史观的基础上讲好故事。

(一)建立文明对话的新历史观

从人类文明史来看,18、19世纪以来,随着西方文明、军事、经济、政治力量在全球的扩张,在文化领域,西方文明也建立了自己的文化霸权,而以西方为中心的历史观就是这套文化霸权的基础。西方把这套历史观推广到全世界,就自然地掌握了讲故事的主动权。

建立文明对话的新历史观,就是要突破西方主导的以西方为中心的旧历史观,特别是世界史观。从历史的长时段来看,这套历史观不但不能准确反映世界文明发展的历史,还阻碍了文明之间平等对话的可能性。因为从这套历史观出发,西方始终是世界文明的中心,甚至于西方文明就等同于文明本身,西方文明的特征,就是现代文明的特征。其他文明唯一的前途就是走西

---

① 习近平.习近平谈治国理政:第一卷[M].北京:外文出版社,2014:258.

方文明已经走过的道路。既然如此,所谓文明传播,特别是现代文明传播,就成为西方文明的单向输出,其他文明只有学习、模仿西方文明、并最终走向西方文明的这样一条发展途径。依照这样的历史观观察世界,当然不可能有所谓平等的文明对话和交流互鉴。

从文明传播的视野来看,所谓讲好中国共产党的故事,一是讲好中国共产党领导中华民族独立自主地学习借鉴西方文明先进因素,从而实现国家现代化和文明复兴的故事;二是讲好中国共产党领导中国推动世界走向文明平等对话、交流互鉴的故事。从这一目标出发,自然要求突破西方主导的旧历史观的束缚,真正从长时段文明交流互动的世界史视野,建立文明对话的新历史观。因为只有从这样的新历史观出发,才能充分展现中国共产党领导中国,在面对西方文明强势输出时独立自主地学习借鉴,不盲目拒绝,也不全盘接受的重大意义,才能充分表达中国共产党领导的正在复兴的中华文明不同于西方文明的文明传播态度。从五千年世界文明发展交流史来看,文明对话的新历史观无疑更符合历史实际,也充分体现了文明之间的平等关系和交流借鉴的必要性。因此,讲好中国共产党故事,首要和关键的一步,就是突破西方几百年来建立的在全球处于垄断地位的旧历史观,着眼历史的长时段,建立文明对话的新历史观。

(二)在文明对话的新历史观上创新话语体系

从整体来看,现代世界的话语体系是由西方文明创造和主导的。正因为如此,西方文明牢牢掌握了文明交流中的话语权,并依靠话语权维护了以西方为中心的历史观,形成了西方文明在文明交流中的话语优势。我国已经充分认识到了话语创新在对外传播中的重要意义,力图通过话语创新突破西方话语的束缚,讲好中国故事、中国共产党故事。

从文明传播的视角来看,我国话语体系的创新需要建立在文明对话的新历史观之上。具体而言,包括三个方面。第一,话语建设要体现中华文明的文明基因。从西方话语体系来看,它的很多概念都扎根于西方文明史中,并非都是现代的创造,只是添加了现代的元素。正因为如此,这才体现了西方文明的连贯性和优越性。中国共产党的百年奋斗，是五千年中华文明的延续和发展，所以讲好中国共产党的故事，在话语创新方面，自然也应该体现中华传统文明的优秀元素，并努力使其现代化。第二，话语建设要体现文明借鉴色彩。中国共产党领导现代中国进行的伟大奋斗，是在中西文明交流碰撞的背景中产生的，因此不可避免地要大量使用产生于西方的"外源性概念"。①但在使用这些概念和话语时，要充分认识到其西方文明背景和局限性，并依据中国实际予以界定和改造，使其中国化，以便更准确地讲述中国共产党与中国的故事。第三，话语建设要体现时代实践特色。所谓体现时代实践特色，就是要在中国共产党领导现代中国的发展实践中提出新概念、新表述，用以表述之前概念、话语不能准确表述的内容和意涵。从人类历史来看，不仅不同文明会有不同的概念、话语，不同的时代也会有不同的概念、话语。所以从文明对话的新历史观角度创新话语体系，也要积极从现代实践中提炼新概念、新话语，并将其融入整个话语体系。

需要说明的是，学界有一种观点，认为讲好中国故事，包括中国共产党的故事，要和国际接轨，尽量用西方能听懂的概念。从文明传播的角度来看，这未免失之偏颇。首先，从文明对话的历史观出发，我们应该以平等的态度开展交流互鉴。所谓与国际接轨，在很大程度上就是使用西方的话语，这本身就不是文明平等对话的姿态，而且作为有自己五千年绵延不绝文明史的中国，其实践也不可能完全用西方的话语讲清楚。所以，从文明传播的视角来看，我们应该从文明对话的历史观出发，构建融通古今中外的新概念、新范畴、新表述、新理论。唯其如此，才有可能讲好中国共产党的故事、讲好中国故事。

四、结语

从文明传播视野讲述中国共产党的故事，从根本上来说，首先追求的是

---

① 杨光斌. 世界政治理论［M］. 北京：中国社会科学出版社，2021：73.

中西文明的平等地位和平等对话，所以其主题和方法看上去似乎与我们常常讨论的传播思路不尽相同，甚至大相径庭。但从长远来看，这样的视角和思路是必要的。讲好中国共产党的故事也好，讲好中国故事也罢，一个主要目标就是改善中国形象。但是，由于西方文明近代以来在全球的强势传播，不论是历史观还是话语体系，都是以西方为中心的。如果不从文明传播视野着眼，打破这种历史观和话语体系桎梏，中国就很难真正平等地与西方文明开展对话和交流，也就很难讲清楚自己的故事，当然也就不能真正讲好自己的故事，从而建构理想的形象。从文明传播视角着眼，虽然看似要经历漫长的过程，但这是从更深层次着眼的思路，是文明自觉的必然选择。需要说明的是，这样的努力绝不是要复制西方的文化霸权，而是推动不同文明交流互鉴的努力。

后　记

收到入选"中传学者文库"的消息非常意外，因为我并没有申报。至今我也不知道是哪位老师推荐了我，要表达诚挚的感谢！当然，当时还有一个更大的意外，就是我的眼睛刚刚做了手术，正处于恢复期，没办法亲自按照新的格式要求修订论文。为了按时交稿，我请我的研究生赵隶阳、夏博阳、刘孟阳、陈祎玮、王思涵、荣宝莹分工修订、校对。他们都认真完成了任务，在此向他们表示感谢。

另外，特别感谢中国传媒大学出版社的沈悦编辑，她为本书的出版付出了辛勤的努力！

白文刚

2024 年 6 月 30 日